百見不如一打
百見不如一打
백견불여일타

이젠 프로젝트다!

React
리액트
쇼핑몰
프로젝트

百見不如一打
백견불여일타
수백 번 볼 본들 한번 만들어봄만 하랴!

리액트
쇼핑몰 프로젝트

지은이 홍준혁 **1쇄 발행일** 2024년 4월 23일

펴낸이 임성춘 **펴낸곳** 로드북 **편집** 홍원규 **디자인** 이호용(표지), 심용희(본문)

주소 서울시 동작구 동작대로 11길 96-5 401호

출판 등록 제 25100-2017-000015호(2011년 3월 22일)

전화 02)874-7883 **팩스** 02)6280-6901

정가 30,000원 **ISBN** 979-11-93229-28-6 93000

이메일 chief@roadbook.co.kr **블로그** www.roadbook.co.kr

百見不如一打

코드를 한번 쳐보고 실행해보는 것이
프로그래밍을 익히는 으뜸 공부법이라는
철학을 담았습니다.

"개발자가 지치지 않는 힘은 '기본기'에서 나옵니다."

모든 일이 그러하겠지만 개발은 정말 해도 해도 끝이 없는 분야입니다. 끊임없이 공부해야 하는 이러한 개발 생태계가 어쩌면 나랑은 맞지 않을 수도 있겠다는 생각을 자주 했습니다. 실제로 방황도 자주 하기도 했고요.

그러한 환경에서 살아나가려면 내가 어떤 방향으로 나아가야 할까 잘 생각해 봐야 합니다. 정해진 답은 없겠지만 저는 그 방향성을 기본기라고 생각합니다. 결국에 개발 생태계에는 새로운 기술이 끊임없이 나올 겁니다. 요즘 추세를 보면 그러한 현상이 점점 가속화하고 있습니다. 몇몇은 이러한 변화가 두렵기도 하고 허탈함을 느낄 수도 있습니다.

새로운 기술도 결국에는 기본기에서 파생된 것들입니다. 그래서 장황하게 많은 기술 사이에서 방황하지 말고 중요한 기본기부터 습득하세요. 이 책에서 말하고자 하는 내용이 바로 그겁니다.

여러분이 거대한 프로젝트를 만들고 싶다고 했을 때, 요즘 프런트엔드에서 유행하는 기술인 Next.js 아니면 Gatsby를 이용해서 페이지를 만들고 싶다고 가정해 봅시다. 어찌어찌 페이지의 동작은 흉내낼 수 있습니다. 하지만 프로젝트가 커지면 커질수록 프레임워크/라이브러리의 거품은 점차 걷어질 것이고 기본기가 부실하다면 그때부터 어찌할 바를 모르고 포기하게 될 수 있습니다. 어떻게 동작하는지도 모를 코드들을 외부 사이트로부터 가져와서 복사해 붙이고, 동작하는 것에만 만족하고 넘어간다면 점차 스파게티 코드가 되어갈 것이고 유지보수하기도 힘들어지겠죠?

복사해 붙여넣기를 하지 말라는 말은 아닙니다. 결국 여러분은 프로그래밍을 하는 사람이기 때문에 적어도 여러분이 작성한 코드가 어떻게 동작하는지는 알고 있어야 한다는 말입니다. 외부 사이트에서 긁어온 코드를 보더라도 어떻게 굴러가는지를 알고 있다면 여러분의 프로젝트 성향에 맞춰서 코드를 수정할 수 있는 엄청난 능력도 가지게 되겠죠. 그리고 프로젝트에서 문제가 발생했을 때 코드 동작을 예측하여 디버깅을 좀 더 수월하게 할 수 있게 됩니다.

이제 잠깐 책 얘기를 해보겠습니다. 이 책은 쇼핑몰의 가장 기본이 되는 기능들을 밑바닥부터 차근차근 구현하고 있습니다. 벽돌을 하나하나 쌓는 것처럼요. 코드를 블록 단위로 툭 던져놓고 "잘 돌아가죠?" 하는 부분이 거의 없습니다. 이 책을 끝낼 즈음에는 모든 코드가 어떻게 동작하는지 눈에 들어올 겁니다. 저는 이것이 기본기라고 생각합니다. "내가 짠 코드는 내가 책임진다. 내가 꿰뚫고 있다." 이런 마인드 말입니다.

이제 이런 기본기를 갖추기 위해 저와 같이 하나하나 쇼핑몰 서비스를 만들어 나가봅시다. 행운을 빕니다.

2024년 4월 10일
저자 홍준혁

"쇼핑몰 하나 만들 줄 알면 나머지는 혼자서 해나 갈 수 있다."

백견불여일타의 "이젠 프로젝트다" 시리즈는 만들면서 배워보는 콘셉트의 책들입니다. 무엇이든 만들어봐야 실무에 적용할 수 있기 때문입니다. 그렇다고 이론 공부 책이 필요 없다는 얘기는 아니지만, 이론은 빠르게 익히고 실습을 자주 해보는 것이 변화가 빠른 IT 생태계에 적응하는 가장 좋은 방법인 것만은 분명합니다.

만들어볼 주제로 '쇼핑몰 서비스'를 택한 이유는 쇼핑몰의 CRUD(상품 등록, 조회, 수정, 삭제) 기능 구현을 통해 다른 서비스 주제로 쉽게 확장할 수 있기 때문입니다.

이 책은 순수 리액트로만 쇼핑몰을 개발합니다. HTML도 CSS도 없습니다. 예제 소스가 올라간 깃허브에 보면 타입스크립트가 99%입니다. 서버는 다른 기능 없이 데이터만 주고받을 수 있게끔 최소한의 기능만 제공하고 있습니다. 그만큼 리액트에만 집중하여 실습할 수 있게 구성했습니다.

쇼핑몰을 주제로 한 만들기 콘셉트의 책은 이번이 두 번째입니다. 첫 번째는 〈스프링부트 쇼핑몰 프로젝트 with JPA〉입니다. 많은 독자의 사랑을 받은 책입니다. 아직도 백견불여일타 독자 카페에 가장 많은 질문이 올라오는 책입니다. 그만큼 '만들기'라는 주제가 가장 학습욕을 자극한다는 방증이기도 합니다.

만들기 콘셉트의 책에서 가장 중요한 것은 오류가 없어야 한다는 겁니다. 그래서 기획자가 직접 독자의 입장이 되어 따라하며 배우게 되었습니다. 이때는 책을 어떻게 만들 것인가의 편집자적인 시각을 버려야 온전히 독자의 입장에서 학습할 수 있습니다. 오로지 책에 있는 소스가 오류가 없어야 하며 제대로 실행되어야 함에 집중했습니다.

"그래도 오류가 나네요~"

편집자가 저자님에게 제일 많이 한 소리였던 것 같습니다. 오류를 읽어보려고, 혼자 해결해보려고 무척 노력했습니다. 그러다 보니 제가 찾아서 정정한 오류도 좀 있어서 뿌듯했던 기억이 많습니다.

IT 분야에서 정말 오랫동안 책을 만들어왔습니다. 수많은 책의 코드를 직접 따라해보며 실행해보고 의미를 이해하려고 하다 보니 저자와 신속한 커뮤니케이션은 필수입니다. 이 책은 실시간으로 카톡 문의를 빈번하게 했는데, 저자님의 휴식 시간까지 너무 많이 뺏은 건 아닌지 미안한 마음이 듭니다.

이 책을 기획할 때 딱 이 목표 하나로 진행했습니다.

"쇼핑몰 하나 만들 줄 알면 나머지는 혼자서 해나 갈 수 있다."

변경사항을 저장하지 않고 실행하다가 왜 안 되지? 하며 하루를 꼬박 날려버린 적도 있었고, 리액트 앱을 껐다가 다시 실행해야 되는데, 책에 표시되지 않아 한참을 헤맨 후에 책 내용에 포함하게 되는 경우도 있었습니다. 이렇게 하다 보니 사소한 소스 오타는 금방 찾아낼 수 있게 된 것 같습니다. 그리고 오류가 났을 때 뒤로 갈수록 오류 메시지가 비슷한 경우가 많아 쉽게 해결해서 찾았던 것 같습니다. 사실, 기획자가 잘못한 경우가 훨씬 많았지만요.

마지막으로 저자와 주고 받은 내용으로 기획자의 소회를 표현하고자 합니다. 개발 능력이 없는 기획자도 처음부터 끝까지 따라해보며 책을 학습했는데, 여러분은 저보다 충분히 더 잘 해낼 수 있을 겁니다.

마지막 몇 페이지의 고비를 제가 넘길 못하고 있네요. 어떤 독자들은 아마도 저보다 더 헤매는 분도 많을 겁니다.

2장까지만 보아도, 이렇게 간단한 걸 왜 이렇게 복잡한 구조로 짜야 할까? 하는 생각이 드는데, 정말 큰 서비스를 만들다 보면 이렇게 구조를 만들어놓지 않으면 안 된다는 거겠지요?

우리 책의 콘셉트가 분명 좋습니다. 그리고 대상은 분명히 초보자가 그대로 따라하며 결과를 확인하고 원리를 느낄 수 있게 해주면 좋겠습니다. 설사, 그 결과 화면이나 결과값이 무엇을 의미하는지 몰라도요.

결과가 똑같이 나왔을 때 초보자들은 기쁨을 느끼고 그 다음 단계로 나갈 힘을 얻을 수 있다고 보거든요. 예제를 이렇게도 해보고 저렇게도 해보면서, 스스로 코드를 바꿔보는 것이지요.

조금 귀찮더라도 저자님이 완전 초보자를 생각해서 단계별로 차근차근 잘 해주시면 좋겠습니다.

2024년 4월 10일
기획자 임성춘

일러두기

프로젝트 개발 환경

1. 운영체제: Mac OS, Windows10

2. 통합개발환경(IDE): VSCode

3. 사용 언어: 타입스크립트

4. 클라이언트 프레임워크: 리액트

5. 서버: 깃허브에서 API 서버 코드 기본 제공(설정 방법은 본문에서 자세히 설명합니다)

6. UI: MUI 컴포넌트,

7. 패키지 매니저: Yarn

8. 버전 관리: 깃

9. Node 버전: 18.17.0

이 책에서 구현하는 최종 프로젝트 모습

오직 리액트만 사용해서 간단한 CRUID 기능이 있는 쇼핑몰을 만들어 봅니다. 이후 디자인은 MUI 라는 UI 컴포넌트를 사용해서 쇼핑몰을 디자인했습니다. 화면으로 보면 간단해 보이지만, 가장 기본 적인 쇼핑몰의 기능을 순수 리액트로만 구현할 수 있어 다른 서비스를 개발할 때도 충분히 확장 응용 이 가능할 것입니다.

[쇼핑몰 홈 화면]

[장바구니 및 결제 정보 페이지]

[제품 상세 보기 페이지]

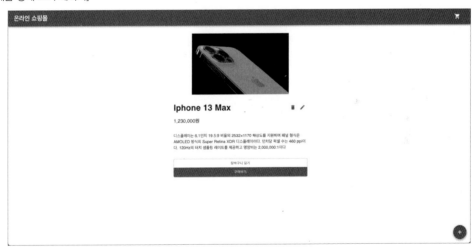

예제 다운로드

책에서 진행하는 예제의 소스코드는 다음 깃허브 주소에서 확인할 수 있습니다. 장별로 브랜치를 만들어 두었으니 해당 장의 소스코드를 이용하려면 해당 브랜치로 이동한 후 참고해 주십시오.

- **깃허브 주소** https://github.com/Hong-JunHyeok/shopping_app_example

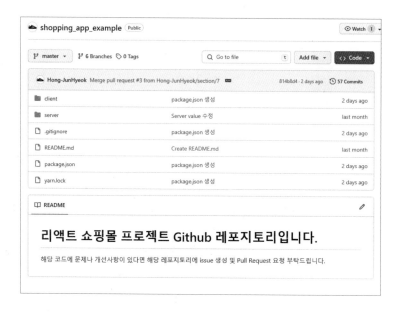

따라하다 잘 안 되면 깃허브 소스로 문의하기

- **1단계:** 자신의 깃허브 리포지토리를 만든다.
- **2단계:** VScode 터미널에서 자신의 깃허브 리포지토리를 등록합니다(VCS 〉 Get from Version Control 메뉴).
- **3단계:** 작업물을 커밋한 후 자신의 리포지토리에 푸시합니다.
- **4단계:** 자신의 깃허브 URL을 문제점과 함께 저자에게 문의합니다
  (자세한 절차는 백견 카페를 확인합니다).

이 책의 주요 특징

[함께 해봐요] 예제는 단계별로 따라할 수 있게 순서대로 진행했습니다. 소스코드의 01행에는 항상 해당 소스코드의 파일명을 주석으로 넣어 두었습니다.

참고로, 소스코드에는 설명의 편의를 위해 행 번호를 달았습니다. 하지만 소스코드가 너무 길어지는 경우에 일부를 생략하고 …로 중략했습니다. 따라서 실제 소스코드의 행 번호와 정확하게 일치하지 않을 수 있으니 이 점에 유의해서 실습해주기 바랍니다.

숙지해야 할 중요한 포인트는 〈여기서 잠깐〉에 짤막하게 두었습니다.

> **여기서 잠깐**
>
> 경고 메시지 표시 기능
>
> 프로그래밍 언어 및 편집기에 따라 사용되지 않는 변수나 함수를 감지하여 경고 메시지를 표시하는 기능이 있을 수 있습니다. 예를 들면 위 코드에서 작성한 setProducts, name, setName, explanation 등입니다.
>
> 이는 실수를 방지하기 위해서 편집기에서 경고 차원으로 메시지를 표시한 것뿐이니 무시해도 됩니다.

전체적인 흐름을 쉽게 이해할 수 있게 적재적소에 그림으로 설명했습니다.

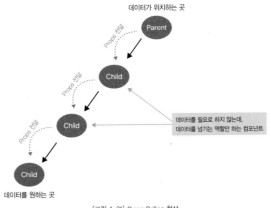

[그림 4-21] Props Drilling 현상

각 장의 끝에 〈정리하며〉를 두어 무엇을 배웠고, 놓치지 말아야 할 것은 무엇인지, 더 배워야 할 내용 또한 가이드를 해주고 있습니다. 그리고 다음 장에서 무엇을 추가로 배우며 개발해 나갈지 간략하게 제시해 줍니다.

> ### 정리하며
>
> 이 장에서는 앞으로 만들 쇼핑몰 웹사이트를 전체적으로 확인했습니다. 그 과정에서 모듈과 패키지 매니저가 무엇인지, 패키지 관리가 왜 필요한지에 대해서 알게 되었습니다. 또한 깃과 깃허브를 통해서 버전을 관리하는 방법도 알았습니다. 깃허브를 통해서 우리가 만들 쇼핑몰 웹사이트의 코드를 미리 받아서 앞으로 어떤 기능들을 만들어갈지도 살펴봤습니다.

백견불여일타 카페에서 함께 공부합시다.

백견불여일타 시리즈는 "만들어 보는 것만이 학습의 가장 빠른 지름길"이라는 콘셉트로 만들어진 실습 위주의 책입니다. HTML5와 안드로이드 앱 개발에서 없어서는 안 될 파이어베이스, C#, Vue.js, 쓸모있는 파이썬 프로그램 40 등의 다양한 주제로 많은 독자분들이 백견불여일타 카페에서 도움을 받고 있습니다. 외롭게 홀로 고군분투하며 어렵게 학습하는 입문자들에게 힘이 되는 공간으로 발전시켜나가도록 하겠습니다.

백견불여일타 네이버 카페 주소: cafe.naver.com/codefirst

차례

3장　리액트는 어떻게 동작하는가

4장　쇼핑몰 기본 구조 만들어보기

5장 쇼핑몰 설계를 어떻게 하면 좋을까(feat. 좋은 아키텍처란)

6장 MUI UI 컴포넌트를 활용하여 쇼핑몰 개선하기

7장 코드 리뷰: 개선점 찾기와 더 나은 서비스 만들기

1장

쇼핑몰 서비스 완성본 미리보기

 이 장에서 다루는 내용

우리는 이 책에서 리액트(React)로 쇼핑몰을 만들겠다는 목표를 설정했습니다. 그 첫 번째로 완성된 쇼핑몰 서비스를 먼저 실행하고 살펴보겠습니다. 학습에 앞서 최종 결과물을 실행하고 눈으로 직접 결과물을 확인해야 학습욕구를 높이고 동기부여도 할 수 있기 때문입니다. 어쩌면 모습도 단순하고 쇼핑몰의 극히 일부 기능만 있는 서비스지만, 순수하게 리액트 기술로만 만들었기 때문에 이 사이트를 만들고 나면 리액트를 이해하는 데 큰 도움이 될 것입니다.

다시 한 번 강조하지만 이 책을 통해 얻고자 하는 목표는 리액트를 사용하는 기반을 다지는 것입니다. 여러분만의 웹사이트를 리액트로 만들 때 필요한 기능을 구현하려면 리액트에 대한 기반이 잡혀있어야 합니다. 그래야 추후에 추가 기능을 구현하려고 구글링을 해도 리액트가 어떤 식으로 동작하는지 이해할 수 있고, 리액트의 기반이 잡혀 있어야 리액트를 자신의 것으로 만들 수 있는 능력이 생기는 것입니다.

그렇다고 이 책은 리액트의 A부터 Z까지를 파헤치지 않습니다. 리액트로 여러분만의 웹사이트를 만들 수 있도록 기반을 다지는 것에 더 큰 목표가 있기 때문입니다.

자, 그럼 이제 함께 여정을 떠나봅시다.

1.1 VSCode 설치하기

쇼핑몰 프로젝트를 만들기 위한 코드 편집기는 VSCode Visual Studio Code(비주얼 스튜디오 코드)입니다. VSCode는 누구나 무료로 쓸 수 있고 개발 및 학습용으로도 유용한 코드 편집기입니다. 프로젝트를 따라하는 데 문제가 없도록 VSCode의 사용법은 그때그때 설명합니다. VSCode의 다양한 기능을 공부하고 싶다면, 검색이나 매뉴얼 등으로 학습하기 바랍니다.

먼저, VSCode를 컴퓨터에 설치하겠습니다.

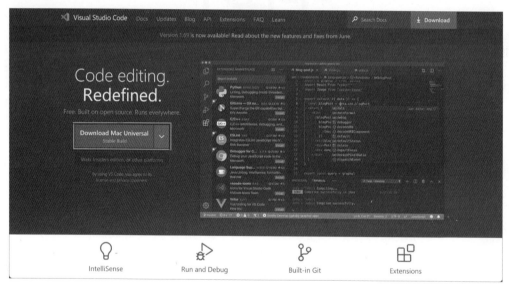

[그림 1-1] VSCode 홈페이지에서 다운로드한 후 설치하면 끝

구글에 'VSCode'를 입력하고 가장 상단에 있는 사이트에 접속하면 위와 같은 페이지가 나타납니다. 필자는 맥 사용자이므로 [Download Mac Universal]을 클릭해 다운로드하겠습니다. 윈도우 사용자는 [Download for Windows]라는 문구를 클릭하면 됩니다.

해당 버튼을 클릭하면 자동으로 다운로드가 실행됩니다. 만약 자동 다운로드가 정상적으로 진행되지 않는다면 버튼을 클릭해서 이동한 페이지에서 [direct download link]를 클릭하면 정상적으로 다운로드가 진행됩니다.

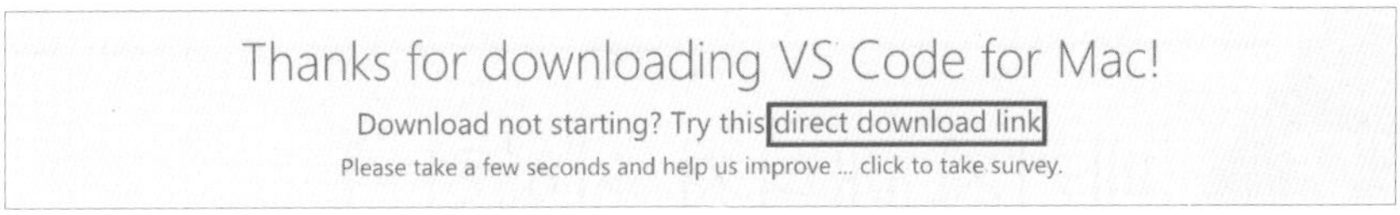

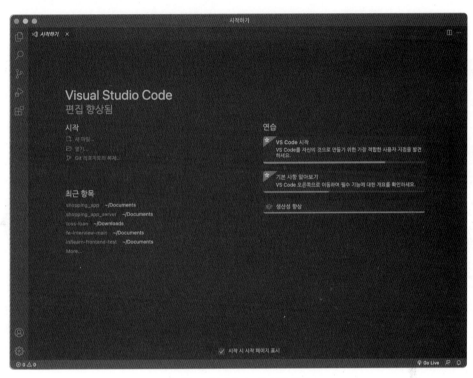

Thanks for downloading VS Code for Mac!
Download not starting? Try this direct download link
Please take a few seconds and help us improve ... click to take survey.

[그림 1-2] VSCode 수동 다운로드

파일 압축을 풀면 VSCode가 정상적으로 사용자의 컴퓨터에 설치됩니다. 이제 설치한 VSCode를 실행하겠습니다.

시작하기
Visual Studio Code
편집 향상됨
시작
최근 항목
연습
VS Code 시작
기본 사항 알아보기
생산성 향상
시작 시 시작 페이지 표시
Go Live

[그림 1-3] VSCode 첫 실행 화면

설치가 끝났으니 다음으로는 패키지 매니저Package Manager와 깃Git에 대해 알아보겠습니다. 쇼핑몰 서비스를 실행해보려면 반드시 알아야 하는 내용입니다.

1.2 패키지 매니저 이해하기

프로젝트를 실행해보기에 앞서 어떤 패키지 매니저를 사용할 것인지 알아봐야 합니다. 패키지 매니저는 기본적으로 Node 모듈을 설치하고 관리하는 기능을 제공합니다.

여기서 잠깐

Node 모듈

예를 들어, 덧셈, 뺄셈을 하기 위한 함수를 작성했다고 가정해봅시다.

```
const add = (a, b) => a + b;
const subtract = (a, b) => a - b;
const mathModule = {add, subtract};
```

add, subtract, 두 함수를 mathModule이라는 객체로 묶었습니다. 그리고 이 mathModule을 다른 곳에서 재사용할 수 있게 하려면 아래와 같이 작성하면 됩니다.

```
export default mathModule;
```

그러면 이 mathModule은 다른 파일에서 재사용할 수 있습니다. 이것이 바로 모듈이자 패키지입니다. 즉, 모듈이란 재사용이 가능한 코드의 단위라고 생각하면 됩니다.

사실, 모듈을 내보내는 방식은 버전에 따라서 다릅니다. 그러나 이 책에서는 가장 보편화된 방식인 자바스크립트 ES6를 사용하여 모듈을 내보내는 방식으로 설명했습니다. 그런데 이러한 모듈을 관리한다는 것은 정확히 어떤 것을 의미하는 걸까요?

모듈이 재사용 가능한 코드의 단위라는 것은 이해했는데, 왜 굳이 패키지 매니저라는 도구를 이용하여 이를 관리해야 할까요?

여러분이 사용하는 리액트도 사실은 커다란 외부 모듈입니다. 리액트 모듈을 사용하려면 리액트를 구현하기 위해서 여러분의 프로그램에 코드를 하나하나 작성하고 복사해서 붙여넣는 작업은 별로 효율적이지 못합니다. 그래서 리액트 팀은 이를 외부에서 쉽게 사용할 수 있도록 모듈화로 만들어 놓았습니다. 이를 Node 모듈이라고 하고 우리는 Node 패키지 매니저를 통해서 이 모듈을 쉽게 관리할 수 있게 되었습니다.

패키지 매니저의 종류는 다양합니다. NPM_{Node Package Manager}, Yarn(얀)이 대표적입니다. 각 패키지 매니저의 장단점을 알아보겠습니다.

먼저 NPM은 패키지 관리에 엄청난 혁명을 가져온 도구입니다. 패키지는 단일 패키지 하나만 다운로드하면 해결되는 것이 아니라, 패키지가 다른 패키지를 참조하는 경우가 많습니다. 이러한 경우를 "의존 관계가 있다"라고 합니다. 그래서 이전에는 이 의존 관계를 전부 수동으로 설정해줘야 했습니다. 하지만 NPM은 이를 자동화하고 편리하게 사용할 수 있게 해주었습니다.

그런데 이 NPM에는 문제가 있었습니다. 코드베이스가 커질수록 일관성이 없어지고 보안 및 성능에 문제가 발생하게 된 것입니다. 그래서 Yarn이라는 새로운 패키지 매니저가 등장했습니다. 기본 개념은 NPM을 따랐지만 NPM과 대조적으로 Yarn은 기존의 문제였던 취약한 보안을 해결하고 성능을 높였습니다.

예를 들어 보겠습니다. 앞으로 서비스를 개발할 때 package.json이라는 파일을 자주 보게 될 텐데, 이 파일에 버전을 명시할 때 다음처럼 ^를 붙이게 되는 경우가 있습니다.

```
"axios": "^0.26.1",
```

이렇게 명시해놓으면 먼저 새로운 패키지의 버전이 배포되었는지 확인하게 됩니다. 만약, 새로운 버전이 있다면 자동으로 최신 버전이 설치됩니다. 이는 새로운 버전으로 관리될 수 있다는 장점이 있지만 새로운 버전에서의 변경사항이 있을 경우 각 디바이스별로 항상 동일한 환경을 제공하지 못할 수 있다는 단점도 있습니다. 예를 들어 다음처럼 개발자별로 버전이 다르다고 가정하겠습니다.

- package.json에서 명시된 리액트 버전: ^16.8.2
- 개발자 김 씨의 리액트 버전: 16.8.2
- 개발자 이 씨의 리액트 버전: 16.8.3
- 개발자 박 씨의 리액트 버전: 16.9.1

서로 다른 패키지 버전을 사용하게 되면 각 사용하는 형식이 변경될 수도 있고 지원하는 환경도 달라질 수 있기 때문에 디버깅할 때 오류가 발생할 수도 있습니다. 그래서 Yarn은 패키지 잠금 파일을 지원합니다. 즉, yarn.lock이라는 파일을 자동으로 생성하게 되는데, 프로젝트에 최초로 설치된 버전을 잠금 파일에 명시를 해놓는 것입니다. 그러면 추후에 다른 개발자가 패키지를 다운로드할 때 Yarn의 잠금 파일을 자동으로 참조해서 동일한 패키지를 설치할 수 있습니다.

패키지 속도 또한 Yarn에서 많이 향상되었습니다. NPM은 절차적으로 수행하는 식으로 설계되어 다음 패키지를 설치하려면 이전 패키지를 완전히 설치해야만 합니다. 반면에 Yarn은 여러 패키지를 동시에 설치할 수 있게 되었습니다(최근에는 NPM도 최적화가 많이 되어 둘의 속도 차이는 매우 근소합니다).

만약, 기존 NPM, Yarn보다 빠른 속도와 최적화를 경험해보고 싶다면 Pnpm이라는 패키지 매니저도 추천합니다.

위 설명을 보면 NPM과 Yarn의 차이점은 거의 없다고 생각됩니다. 실제로 NPM이 지속적인 업데이트를 진행하면서 문제점을 해결하고 있어 최근에는 사실 큰 차이점이 없습니다. 따라서 NPM과 Yarn은 취향 차이라고 생각하고 필자는 이 프로젝트에서 Yarn을 사용하여 진행하겠습니다.

이제 Yarn을 설치하겠습니다. 여러분의 터미널에서 아래 명령어를 입력하기만 하면 됩니다.

```
npm i -g yarn
```

 여기서 잠깐

Node.js 설치

node.js가 설치되어 있지 않은 PC 환경이라면 node.js를 설치한 후에 진행해야 합니다. 이때 node.js 버전은 반드시 18.17.0으로 설치해야 합니다. 그래야 오류가 발생하지 않습니다. node.js를 설치하는 방법도 어렵지 않습니다. https://nodejs.org/en에 접속한 후 파일을 다운로드하고 설치 순서에 따라 클릭하면 됩니다. 그리고 설치가 완료된 후에는 꼭 터미널을 재시작해야 합니다.

만약, 설치 권한이 없다면 아래 명령어로 설치해주세요.

```
sudo npm i -g yarn
```

위 명령어를 입력하고 본인의 사용자 비밀번호를 입력하면 정상적으로 Yarn의 설치가 완료됩니다.

1.3 Yarn 사용하기

여러분이 Yarn을 사용하게 되었을 때 보편적으로 많이 사용하는 명령은 아래와 같습니다.

- `yarn init`
- `yarn add`
- `yarn upgrade`
- `yarn remove`
- `yarn install`

하나하나 살펴보면서 사용법을 숙지하겠습니다. 아래 명령어들은 간단하게 설명하려고 쓴 예시이므로 여러분이 직접 따라할 필요는 없습니다.

1.3.1 패키지를 초기화하고 종속성 추가하기

아래는 Yarn 패키지 매니저를 사용하여 프로젝트를 초기화하는 명령어입니다. 이 명령어를 입력하면 이름, 버전, 설명 및 진입점과 같은 프로젝트에 대한 정보를 제공하라는 메시지를 표시합니다.

```
yarn init
```

다음으로 여러분의 프로젝트에 "axios" 모듈을 추가한다고 가정하겠습니다. axios는 HTTP 요청을 만드는 데 보편적으로 사용되는 자바스크립트 JavaScript 라이브러리입니다. 다음 명령을 실행하면 axios를 추가할 수 있습니다.

```
yarn add axios
```

이처럼 Yarn은 axios 패키지를 다운로드하여 프로젝트의 종속성에 추가합니다. 또한 axios 종속성을 포함하도록 프로젝트 폴더의 package.json 파일을 업데이트합니다.

1.3.2 패키지 업데이트하기

axios 패키지를 최신 버전으로 업데이트하려면 아래 명령을 실행합니다.

```
yarn upgrade axios
```

또한 axios 패키지를 제거하는 경우에는 아래 명령을 실행하면 됩니다.

```
yarn remove axios
```

해당 작업 디렉터리에서 설치한 모듈에 대한 정보는 package.json에 모두 명시되어 있습니다. 그런데 여러분이 깃허브Github에 업로드한 작업물을 여러분의 로컬 환경으로 가져온다면 모듈이 설치되어 있지 않을 겁니다. 모듈의 용량을 깃허브에 올리기에는 용량이 한정적이기 때문입니다. 따라서 여러분이 아래 명령을 직접 입력하면 package.json에 명시된 모듈의 정보를 자동으로 설치할 수 있습니다.

```
yarn install
```

참고로, 최근에는 모듈들을 zip 파일로 압축해서 깃허브에 업로드하는 방식도 사용되고 있습니다. 해당 기술에 관심이 있다면 검색 브라우저에 Yarn Berry를 검색해보세요.

간단하게 yarn 사용법에 대해서 알아봤습니다.

여기서 잠깐

패키지 종속성

패키지 종속성은 프로젝트가 제대로 작동하기 위해 의존하는 외부 라이브러리 또는 모듈 간의 관계를 나타냅니다. 프로젝트를 수행할 때 개발자는 종종 기존 패키지나 라이브러리를 활용하여 시간과 노력을 절약합니다.

앞서 설명한 것처럼 아래 명령어는 프로젝트에 axios라는 외부 라이브러리를 추가하는 것이고 axios에서 제공하는 다양한 기능을 사용할 수 있게 되는 것입니다.

```
yarn add axios
```

1.4 깃 이해하고 사용하기

이번 절Section에서는 서비스의 완성본을 깃허브로부터 가져와서 확인하겠습니다. 앞으로 우리가 만들 서비스의 최종 모습과 학습목표를 한 눈에 파악하기 위해서입니다.

그러려면 깃Git이라는 개념을 먼저 이해해야 합니다. 먼저 '버전 관리'라는 것부터 시작하겠습니다. 누구나 스마트폰으로 모바일 앱을 사용합니다. 그리고 앱을 실행하다 보면 "새로운 버전 업데이트가 있습니다"라는 알림을 자주 보곤 합니다. 버전이라는 것은 여러분의 작업물(프로그램)이 수정, 개선되거나 새로워질 때마다 오르는 숫자를 의미합니다.

이러한 버전을 여러분이 열심히 만든 쇼핑몰 앱에서 관리하고 싶다면 어떻게 해야 할까요? 이러한 고민을 해결해 줄 버전 관리 도구가 이미 시중에 많이 나와 있습니다. 아래는 대표적인 버전 관리 도구입니다.

- 깃Git
- 서브버전Subversion
- 머큐리얼Mercurial
- 비트키퍼BitKeeper

많은 버전 관리 도구가 있지만 우리가 사용할 깃은 버전 관리 도구의 대명사로 불리며 많은 사람이 사용합니다. 앞선 설명을 통해 이제 버전이 뭔지는 알겠는데, 왜 군이 버전 관리를 해야 할까요? 가장 큰 이유는 히스토리History 때문입니다. 내가 작업한 과정들이 버전별로 명시되어 있고 작업물에서 어떤 문제나 취약점이 발견된다면 빠르게 이전 버전으로 작업물을 롤백RollBack할 수도 있고(되돌릴 수 있고) 언제 어떤 부분을 수정했는지도 알 수 있습니다. 이외에도 다양한 장점이 있기 때문에 현대의 프로그램들은 대부분 버전 관리를 하는 편입니다.

1.4.1 깃 설치

깃은 여러분의 컴퓨터, 즉 로컬 환경에서 돌아가는 도구이기 때문에 설치를 해야 합니다. 맥OS에서 깃을 설치하는 방법은 홈브루Homebrew를 설치한 다음, 아래 명령을 터미널에 입력하면 됩니다(홈브루의 설치 과정도 간단하기 때문에 별도로 설명하지 않습니다).

```
brew install git
```

윈도우 환경에서는 아래 URL에서 운영체제에 맞는 깃을 다운로드하고, 기본 옵션이 설정되어 있는 대로 진행하면 됩니다.

● https://git-scm.com/download/win

다운로드를 완료했으면 각 운영체제(윈도우, 유닉스 기반 운영체제)의 터미널에서 아래 명령을 했을 때, 아래와 같은 인터페이스가 나오면 정상적으로 설치가 완료된 것입니다.

```
git --version
```

[그림 1-4] 맥OS에서 깃의 버전 확인하기

1.4.2 깃 명령어

이제부터는 깃의 명령어에 대해서 다룹니다. 그렇지만 심도있게 다루는 게 아니라 정말 최소한의 기능을 사용할 수 있는 수준으로만 간략하게 설명하겠습니다.

작업물의 버전을 남기기 위해서 기본적으로 사용하는 명령어는 아래와 같습니다. 즉, 기본적인 버전 관리를 하려면 아래 명령어만 알면 됩니다.

● `git init`
● `git add`
● `git commit`

먼저 `git init`은 버전 관리를 할 폴더를 설정하는 명령어입니다. 이렇게 `git init`으로 깃이 설정된 폴더를 '작업 디렉터리Working Directory'라고 합니다. 작업 디렉터리에는 .git이라는 폴더가 생기는데 앞에 점(.)이 붙은 것은 숨김 폴더라는 의미입니다. .git이라는 폴더에는 프로젝트 관리를 위한 설정이 모두 들어 있으니 이 .git이 없어지지 않도록 잘 관리해야 합니다.

git add 명령어는 여러분이 작업한 파일을 '스테이지Stage' 상태로 변경합니다. 스테이지라는 단어를 다소 낯설게 느낄 수 있는데, 단어 의미대로 무대를 생각하면 됩니다.

```
git add [파일명]
```

이런 형식으로 명령어를 입력하면 해당 파일이 무대 위로 올라가게 됩니다. 작업한 파일이 아직 git add가 되지 않았다면 Untracked 상태입니다. 직역해서 "추적되지 않은 파일"이라는 뜻입니다. 이 파일을 깃으로 관리하게 하려면 git add 명령어로 깃이 관리하는 무대로 올려 보내야 하는 것입니다.

그런데 이처럼 작업을 하다보면 작업한 파일이 10개 혹은 그 이상이 된다면 파일명을 하나하나 작성해주는 게 귀찮을 수도 있습니다. 그래서 작업 디렉터리에 있는 모든 파일을 스테이지 상태로 변경해주는 방법이 있습니다.

```
git add .
```

점(.)은 '모든 파일'을 뜻하는 와일드카드입니다. 대부분의 상황에서는 이 명령어를 입력하면 됩니다. 그러면 스테이지에 올리길 원하지 않는 파일이 있는 경우에는 어떡할까요? 그럴 때는 .gitignore 파일을 작업 디렉터리에 추가하면 됩니다. .gitignore에 명시한 파일은 git add를 해도 스테이지에 올라가지 않습니다. 말 그대로 무시하는 것입니다.

여러분이 CRACreate React App로 만든 프로젝트에는 .gitignore가 자동으로 생성되어 있습니다(CRA에 대해서는 2장에서 자세히 다루겠습니다). 이렇게 스테이지에 파일이 올라가면 버전이 관리되는 걸까요? 사실 commit이라는 단계가 남아 있습니다.

```
git commit -m "커밋 메시지"
```

커밋은 스테이지된 파일들을 기반으로 버전을 만드는 역할을 합니다. 이 명령어가 실질적으로 버전을 만드는 피날레인 것입니다.

이 commit은 가독성을 위해서 커밋 메시지를 꼭 명시해야 합니다. 정해진 규약은 없고 자신이 알아보기 쉬운 선에서 작성하면 됩니다. 여기서 Commit된 파일들은 Unmodified 상태로 변경됩니다. 즉 "파일이 변경되지 않았다"는 뜻입니다. 최신 버전을 기점으로 해당 파일은 변경된 것이 아니기 때문입니다. 따라서 Unmodified는 git add .을 해도 스테이지가 되지 않습니다.

Unmodified 파일을 변경하게 되면 Modified 상태로 변경됩니다. "파일이 변경되었다"는 뜻입니다. 이 상태에서 git add . 명령을 사용하면 스테이지가 됩니다.

다음 명령어로 현재 작업 디렉터리에 있는 파일들의 상태를 확인할 수 있습니다.

```
git status
```

아래는 지금까지의 흐름을 정리해놓은 그림입니다.

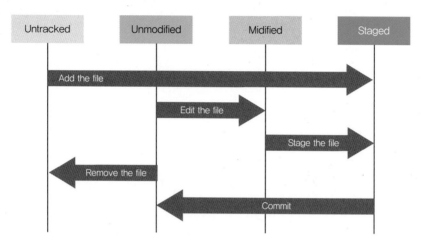

[그림 1-5] 깃 흐름도(출처: 깃 공식문서)

지금까지 학습한 내용을 바탕으로 여러분이 작업할 쇼핑몰 앱의 버전 관리를 진행할 예정입니다.

1.5 깃허브로 쇼핑몰 앱 접속하기

여러분의 피와 땀이 녹아든 작업물을 깃을 사용해서 버전 관리까지 잘 해놓았다고 합시다. 그런데 갑자기 PC의 전원이 꺼지더니 컴퓨터에 있는 모든 작업물이 사라져버리면 어떨까요? 그런 상황은 상상하기도 싫을 정도로 끔찍합니다. 그래서 원격 환경에 여러분의 작업물을 업로드하는 서비스가 있습니다. 바로 깃허브_{Github}입니다.

깃허브는 수만 개의 오픈소스 프로젝트를 저장하고 있습니다. 재미있는 점은 달로 보냈던 아폴로 11의 소스코드도 깃허브에 저장되어 있다는 겁니다. 이와 관련해서 좀 더 자세한 내용을 알고 싶으면 아래 사이트를 참고하기 바랍니다.

- https://github.com/chrislgarry/Apollo-11/blob/master/README.ko_kr.md

[그림 1-6] 최초로 달에 착륙한 아폴로 11호의 착륙선

이처럼 깃허브는 다양한 소스코드를 호스팅하고 있을 정도로 신뢰도가 높습니다. 그래서 이번 절에서는 여러분이 깃으로 관리한 소스코드를 깃허브에 업로드하는 방법을 알아보겠습니다.

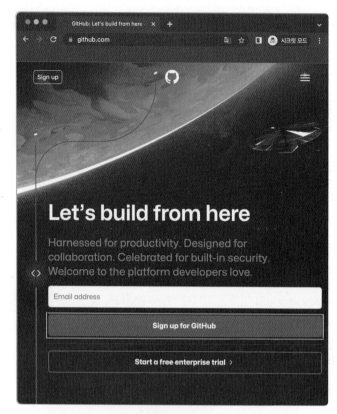

[그림 1-7] 깃허브 홈페이지

먼저 깃허브 홈페이지인 github.com에 들어갑니다. 그러면 [Sign up for Github]라는 버튼이 있습니다. 이 버튼을 누르고 깃허브의 회원으로 가입합니다.

회원가입이 완료되었다면 아래 주소로 접속하세요.

- https://bit.ly/shopping-app-example

위 주소로 접근하게 되면 아래 화면이 나옵니다.

[그림 1-8] 깃허브에 저장되어 있는 쇼핑몰 앱 코드

원격 저장소Repository인 깃허브에 저장하고 있는 쇼핑몰 앱의 코드입니다(이후에 업데이트하면 화면은 조금 다를 수 있습니다). 이제 우리가 해야 할 일은 원격 저장소에 저장된 파일을 여러분의 로컬 환경(PC)으로 가져오는 것입니다. 작업은 생각보다 간단합니다. 아래 단계만 기억하면 됩니다.

1. 원격 저장소의 URL 가져오기
2. 가져오고자 하는 파일의 디렉터리(폴더)에 접근하기
3. 해당 디렉터리에서 git clone <가져온 원격 저장소의 URL> 명령어를 통해서 가져오기

git clone이라는 게 뭘까요? 여러분의 로컬 환경에서 원격 저장소의 복사본을 만드는 데 사용됩니다. 작동 방식은 다음과 같습니다.

먼저 git clone 명령의 기본 구문입니다.

```
git clone <저장소 URL> <저장소 이름>
```

저장소 URL: 복제하려는 원격 저장소의 URL로 바꿉니다. 이 URL은 깃허브 또는 깃랩GitLab과 같이 저장소가 호스팅되는 플랫폼에서 얻을 수 있습니다.

저장소 이름: 복제하려는 디렉터리 이름을 정의합니다. 기본적으로 생략해도 되는 값인데, 아무것도 지정하지 않는다면 깃허브에 명시된 이름으로 자동 설정됩니다. 점(.)으로 지정하면 여러분이 현재 접근 중인 디렉터리가 작업 디렉터리가 됩니다. 좀 더 구체적으로 설명하겠습니다.

shopping_app_preview에서 git clone <저장소 URL>을 하게 된다면, 아래와 같이 구성됩니다.

```
shopping_app_preview
    └── shopping-app-example (원격 저장소 이름)
                 ├── client ...
                 └── server ...
```

이러면 두 개의 깊이가 생기게 되고 폴더가 지저분하게 됩니다.

git clone <저장소 URL> .

그래서 위와 같이 마지막 명령어에 점을 작성하게 되면 여러분의 현재 디렉터리가 작업 디렉터리가 되어서 아래와 같은 구조가 됩니다.

```
shopping_app_preview
                 ├── client ...
                 └── server ...
```

원격 연결: 복제로 생성된 로컬 저장소는 복제된 원격 저장소에 연결됩니다. 원격 저장소를 지칭하는 별명으로는 기본적으로 origin이라고 붙게 됩니다. 예를 들면 아래와 같습니다(아래 명령어는 따라하지 마세요).

git clone https://github.com/example/repository.git

이 예에서 **git clone** 명령은 컴퓨터의 https://github.com/example/repository.git에 있는 저장소의 로컬 복사본을 만듭니다. 복제 후 새로 생성된 디렉터리로 이동하여 로컬 저장소의 파일 작업을 시작할 수 있습니다.

그러면 우리가 만들 쇼핑몰 앱의 로컬 저장소 URL을 가져와 볼까요?

• https://github.com/Hong-JunHyeok/shopping_app_example.git

이것이 우리 쇼핑몰 앱 최종 완성본 로컬 저장소 URL입니다.

git clone https://github.com/Hong-JunHyeok/shopping_app_example.git .

위 명령어를 통해서 원격 저장소로부터 데이터를 가져오면 됩니다(**맨 끝에 점 붙이는 것을 잊지 마세요**). 그러려면 복제하려는 디렉터리에 접근해야 하는데 shopping_app_preview라는 이름으로 새로 만들어주겠습니다.

shopping_app 폴더는 우리가 작업하는 디렉터리, shopping_app_preview는 작업물을 미리 보기 위해서 따로 존재하는 디렉터리라고 정의하겠습니다. 즉, 서로 다른 디렉터리 공간에 위치시켜야 합니다.

```
~ % cd Documents
Documents % mkdir shopping_app_preview
Documents % cdr shopping_app_preview
shopping_app_preview % git clone https://github.com/Homg-JunHyeok/shopping_app.git .
```

위와 같이 명령하면 아래 같은 문구가 터미널에 나오면서 클론이 진행됩니다.

```
Cloning into '.'...
remote: Enumerating objects: 573, done.
remote: Counting objects: 100% (184/184), done.
remote: Compressing objects: 100% (121/121), done.
remote: Total 573 (delta 94), reused 139 (delta 56), pack-reused 389
Receiving objects: 100% (573/573), 494.43 KiB | 5.62 MiB/s, done.
Resolving deltas: 100% (291/291), done.
```

여기서 잠깐

클론 시 주의사항

클론할 때 cloning ... 이라는 문구가 나오고 계속 멈춰 있을 경우에는 확인해야 할 몇 가지 사항이 있습니다.

- **인터넷 연결 확인**: 인터넷 연결이 제대로 되어 있는지 확인합니다.
- **URL 확인**: 올바른 저장소 URL을 사용했는지 확인합니다.
- **깃 버전 업데이트**: 깃 버전이 오래된 경우, 최신 버전으로 업데이트하고 다시 시도합니다.

이 외에 해결되지 않는 문제가 있다면 백견불여일타 카페 혹은 아래 깃허브 이슈에 문의하기 바랍니다.

- https://github.com/Hong-JunHyeok/shopping_app_example/issues

1.6 완성본 프로젝트 살펴보기

이제 깃허브를 통해 완성된 프로젝트 파일을 클론했으니 완성된 프로젝트를 살펴보겠습니다.

[그림 1-9] 쇼핑몰 서비스의 디렉터리 구조

위와 같이 원격 저장소의 파일들이 여러분의 작업 디렉터리에 나오게 되면 성공적으로 클론을 완료한 것입니다. 잘 동작하는지도 확인하겠습니다.

[그림 1-10] run:both 명령어 실행하기

[그림 1-10]과 같이 작업 디렉터리의 터미널을 열어서 아래 명령어를 실행합니다.

```
yarn run:both
```

명령어가 실행되기까지 시간이 좀 소요되니 그동안 run:both 명령어에 대해 설명하겠습니다. 이 명령어는 client와 server 둘 다 실행시키게 됩니다. 좀 더 쉽게 이해하기 위해서는 package.json 파일을 보면 좋습니다. package.json 파일의 위치를 모른다면 [그림 1-9]를 참고하세요.

```json
{
  "name": "shopping_app_example",
  "version": "1.0.0",
  "description": "쇼핑몰 앱의 루트 디렉터리",
  "license": "MIT",
  "devDependencies": {
    "concurrently": "^8.0.1"
  },
  "scripts": {
    "run:client": "cd client && yarn install && yarn start",
    "run:server": "cd server && yarn install && yarn start",
    "run:both": "yarn install && concurrently \"yarn run:server\"
    \"yarn run:client\""
  }
}
```

위 코드는 package.json 파일 중 일부입니다. devDependencies 부분을 차례대로 설명하겠습니다. 다운로드한 모듈은 package.json에서 dependencies와 devDependencies에 아래의 형식으로 기록됩니다.

"모듈 명": "버전"

해당 작업 디렉터리에서 어떤 모듈이 사용되었는지 명시하기 위해서입니다. dependencies는 운영 환경에서 올바르게 실행되는 데 필요한 패키지 또는 라이브러리를 기록하는 곳이고 devDependencies는 개발 목적으로만 필요한 패키지 또는 라이브러리를 기록하는 곳입니다.

> **여기서 잠깐**
>
> **devDependencies 설치 방법**
> devDependencies를 설치하려면 yarn add -D <모듈명>과 같이 작성해야 합니다. 여기서 -D 플래그가 devDependencies로 모듈을 설치한다는 의미입니다.

concurrently 모듈은 영어 뜻 그대로 '동시에'라는 의미입니다. 원래 단일 터미널에서는 한 번에 하나의 명령어를 처리하도록 구현되어 있습니다. 하지만 우리는 client와 server를 두 개 다 실행하고 싶습니다. 그럴 땐 불가피하게 터미널 두 개를 열어 실행해야 합니다. 하지만 client와 server는 둘 다 켜져 있어야 하는, 의존성이 있는 관계이므로 어차피 두 개를 실행시켜야 합니다. 따라서 이 동작을 자동화하고 싶습니다. 그래서 client 실행 명령과 server 실행 명령을 '동시에' 실행하게 해주는 concurrently를 도입했습니다.

```
"scripts": {
    "run:client": "cd client && yarn install && yarn start",
    "run:server": "cd server && yarn install && yarn start",
    "run:both": "yarn install && concurrently \"yarn run:server\"
    \"yarn run:client\""
}
```

이제 scripts를 알아보겠습니다. package.json에서 scripts는 해당 프로젝트와 관련된 다양한 명령을 정의하고 실행할 수 있습니다. scripts를 터미널에서 실행하려면 아래 형식대로 작성하면 됩니다.

```
yarn <사전에 정의된 script>
```

실제 예시로 확인하겠습니다. yarn run:client 명령어를 실행합니다.

- `cd client`
- `yarn install`
- `yarn start`

그러면 위 코드가 순차적으로 실행됩니다. 눈치가 빠른 분들은 이미 알았겠지만 아래 명령어에서 &&는 순차적으로 실행한다는 뜻입니다.

```
"cd client && yarn install && yarn start"
```

그렇지만 매번 client를 실행하기 위해서 위와 같은 명령어를 작성하는 데 어려움이 있으니, yarn run:client라는 짧은 식별자를 통해 간편화한 것입니다. 이때 scripts의 식별자는 여러분이 임의대로 설정할 수 있습니다. yarn client 이런 식으로 작성해도 무방합니다. yarn run:server도 같은 맥락입니다.

그러면 이제 yarn run:both의 명령어를 설명해야 하는데, 이 부분은 concurrently의 사용법을 이해하면 쉽게 이해할 수 있습니다. concurrently는 아래와 같은 형식으로 사용됩니다.

```
concurrently "실행할 명령어 1" "실행할 명령어 2"
```

이제 아래의 코드를 보겠습니다.

```
"run:both": "yarn install && concurrently \"yarn run:server\" \"yarn
run:client\""
```

`yarn run:both`를 하게 되면 먼저 `yarn install` 명령어로 해당 작업 디렉터리의 패키지를 설치한 다음 `yarn run:server`와 `yarn run:client` 명령이 동시에 실행됩니다. `run:server`와 `run:client`의 동작은 앞서 설명한 것 그대로입니다.

그런데 위의 명령어에서 자주 보이는 \" 문법에 대해서도 이해가 필요합니다. 해당 부분은 큰따옴표 문자(")를 이스케이프하는 데 사용됩니다. 이스케이프란 "탈출하다"와 같은 의미입니다. 즉, 기본적으로 자바스크립트는 "를 만나면 끝의 "를 만날 때 문자열의 끝으로 인식하게 됩니다. 그래서 "(큰따옴표)의 구문이 의도한 대로 동작하게 하기 위해서는 \"를 통해서 이것이 문자열의 끝이 아니라는 것을 명시해줘야 오류가 나지 않습니다.

이 부분이 이해가 잘 되지 않으면 \"를 제거하고 명령어를 실행해보세요.

1.7 완성된 쇼핑몰 앱 둘러보기

이제 shopping_app_preview 작업 디렉터리에서 yarn run:both 명령어를 실행하여 프로젝트가 정상적으로 잘 동작하는지 살펴보겠습니다. 터미널을 열어 yarn run:both를 입력해주세요. 그러면 위에서 설명했던 명령어들이 실행되면서 모든 프로젝트 패키지의 설치, 실행이 자동화되어 화면이 나오게 됩니다.

만약, 자동으로 화면이 나오지 않는다면 크롬 브라우저 탭에서 http://localhost:3000/을 입력해보세요. 그러면 우리가 앞으로 개발하게 될 쇼핑몰 페이지가 나오게 됩니다.

[그림 1-11] 앞으로 만들게 될 쇼핑몰 홈 화면

이 화면이 홈 화면입니다. 상품들을 한눈에 볼 수 있습니다.

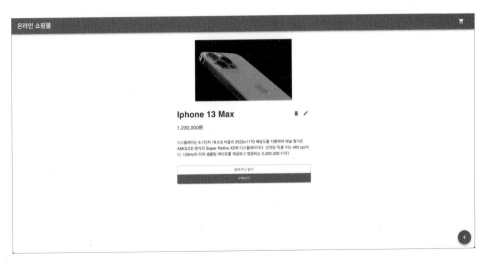

[그림 1-12] 상품 상세보기 페이지

이 화면은 상품 상세보기 페이지입니다. 구매하기, 장바구니 담기의 동작을 수행할 수 있습니다.

[그림 1-13] 구매하기 페이지

상품을 구매하는 경우, 이렇게 다양한 정보를 입력받는 폼이 있습니다. 정보를 모두 입력하면 상품을 구매할 수 있습니다.

[그림 1-14] 장바구니 및 결제 정보 페이지

마지막으로 상품을 장바구니에 담으면 이렇게 저장된 상품 정보들을 보여줍니다. 그런데도 정상적으로 나오지 않는다면 백견불여일타 카페 혹은 아래의 깃허브 이슈에 문의하기 바랍니다.

● https://github.com/Hong-JunHyeok/shopping_app_example/issues

정리하며

이 장에서는 앞으로 만들 쇼핑몰 웹사이트를 전체적으로 확인했습니다. 그 과정에서 모듈과 패키지 매니저가 무엇인지, 패키지 관리가 왜 필요한지에 대해서 알게 되었습니다. 또한 깃과 깃허브를 통해서 버전을 관리하는 방법도 알았습니다. 깃허브를 통해서 우리가 만들 쇼핑몰 웹사이트의 코드를 미리 받아서 앞으로 어떤 기능들을 만들어갈지도 살펴봤습니다.

2장

프로젝트
준비하기

 이 장에서 다루는 내용

1장에서는 우리가 앞으로 만들어볼 서비스의 완성본을 미리 확인했습니다. 2장은 작은 리액트 프로젝트를 하나 만들어 보면서 리액트의 기본 흐름과 모듈 시스템을 이해할 수 있는 내용으로 구성했습니다. 그리고 나서 앞으로 만들 쇼핑몰 앱의 기본 설정을 진행하겠습니다.

2장에서는 Create-React-App이라는 새로운 모듈과 프런트엔드^{Front End}와 API^{Application Programming Interface} 설정 방법을 배웁니다.

 **간단한 리액트 프로젝트 만들기**

쇼핑몰을 만들기 전에 간단한 리액트 프로젝트를 만들면서 리액트에 대한 감을 잡겠습니다. 여기서 만드는 웹사이트는 뒷장에서 계속 이어서 쓸 것이기 때문에 잘 따라서 구축해놓기 바랍니다.

리액트는 자바스크립트 라이브러리입니다. 그래서 직접 사용하려면 다운로드해야 합니다. 여러분의 프로젝트에 리액트를 도입하는 방법은 크게 두 가지가 있습니다. Yarn을 사용하여 모듈로써 다운로드하는 방법과 CDNContent Delivery Network을 사용하여 다운로드하는 방법입니다. 여기서는 먼저 리액트 CDN을 사용하여 리액트 애플리케이션을 만듭니다. 그리고 본격적으로 쇼핑몰 서비스를 만들 때는 Yarn을 이용하여 개발하겠습니다.

리액트 CDN은 크게 개발 버전과 운영 버전, 두 가지로 나뉩니다.

리액트의 개발 버전은 개발 프로세스에 최적화되어 있습니다. 여기에는 디버깅Debuging과 오류 추적을 돕고 개발자에게 유용한 경고 및 메시지를 제공하는 데 도움이 되는 추가 기능과 도구가 포함되어 있습니다.

반면에 운영 버전은 운영 환경에 배포하는 데 최적화되어 있습니다. 파일 크기를 줄이고 성능을 향상시키기 위해 불필요한 코드와 디버깅 도구를 제거한 리액트 라이브러리의 최소화되고 최적화된 버전입니다.

앞서 언급했던 CDN은 뭘까요? Content Delivery Network의 머리글자로 **콘텐츠 전송 네트워크**입니다. 지리적 제약 없이 전 세계에서 빠르고 안전하게 콘텐츠를 전송할 수 있는 기술이라는 의미입니다. 즉, 세계 각지 어디에서도 콘텐츠에 접근할 수 있는 기술입니다. 리액트 CDN을 통해 전송되는 콘텐츠는 리액트 라이브러리 그 자체입니다. 원격 환경에 배포되어 있는 리액트 모듈을 CDN을 통해서 여러분의 프로젝트에 도입하는 것입니다.

간단하게 개발용 리액트 CDN을 가져와서 프로젝트를 설정하겠습니다.

1. 작업 디렉터리를 여러분의 PC에 만듭니다. 이름은 아무래도 상관없습니다. VSCode를 사용하여 여러분이 만든 작업 디렉터리에 접속한 후 index.html이라는 이름으로 파일을 만들고 이 파일에 [함께 해봐요 2-1]을 작성합니다.

2. VSCode에서는 .html 파일에 〈!〉를 누른 후 〈탭Tab〉을 누르면 자동으로 HTML 파일의 기본적인 형태를 완성해줍니다. 완성된 틀에 title 태그를 React로 바꿔주고 body 내부의 id를 root로 지정한 div 태그를 만들어주세요. 이 태그가 어떤 역할을 수행하는지는 나중에 설명하겠습니다. 언어는 en에서 ko로 바꿔주세요. 이 설정을 바꾸지 않으면 페이지에서 "번역하시겠습니까?"라는 문구가 계속 뜹니다.

[함께 해봐요 2-1] 기본적인 HTML 페이지 만들기

```
01  <!DOCTYPE html>
02  <html lang="ko">
03  <head>
04      <meta charset="UTF-8">
05      <meta http-equiv="X-UA-Compatible" content="IE=edge">
06      <meta name="viewport" content="width=device-width, initial-scale=1.0">
07      <title>React</title>
08  </head>
09  <body>
10      <div id="root"></div>
11  </body>
12  </html>
```

우리가 최종적으로 리액트를 브라우저에 나타내려면 ReactDOM이라는 라이브러리가 추가로 필요합니다. 그래서 React와 ReactDOM, 두 가지 라이브러리를 CDN을 통해서 불어와야 합니다.

다운로드하기 위해서 head 태그 내부 하단부(7행과 8행 사이)에 아래 코드를 삽입해줍니다. 그러면 index.html 문서에서 React와 ReactDOM을 CDN을 통해서 가져올 수 있게 됩니다.

```
<script crossorigin src=
"https://unpkg.com/react@17/umd/react.development.js"></script>
<script crossorigin src=
"https://unpkg.com/react-dom@17/umd/react-dom.development.js"></script>
```

수정한 최종 HTML 코드는 다음과 같습니다.

```html
01  <!DOCTYPE html>
02  <html lang="ko">
03  <head>
04    <meta charset="UTF-8">
05    <meta http-equiv="X-UA-Compatible" content="IE=edge">
06    <meta name="viewport" content="width=device-width, initial-scale=1.0">
07    <script crossorigin src=
      "https://unpkg.com/react@17/umd/react.development.js"></script>
08    <script crossorigin src=
      "https://unpkg.com/react-dom@17/umd/react-dom.development.js"></script>
09    <title>React</title>
10  </head>
11  <body>
12    <div id="root"></div>
13  </body>
14  </html>
```

이제 리액트 코드를 작성합니다.

```html
01  <script>
02    const el = React.createElement("h1", null, "안녕하세요?");
03    // 태그가 h1이고 자식 요소가 "안녕하세요?"인 컴포넌트 만들기
04    const dom = document.querySelector("#root");  // 최상위 Node 가져오기
05    ReactDOM.render(el, dom);  // 만든 컴포넌트를 최상위 Node에 렌더링하기
06  </script>
```

body 태그 하단에 위와 같이 작성합니다. createElement 메서드로 컴포넌트를 만들고, render 메서드를 사용하여 실제 DOM에 렌더링Rendering을 진행했습니다. 우리가 사전에 div 태그에 id 값으로 root를 줬는데, 이 태그는 ReactDOM이 리액트 엘리먼트Element(요소)를 실제 브라우저에 렌더링하는 실제 위치를 의미합니다.

createElement에서 첫 번째 매개변수(Parameter)는 요소 이름, 두 번째는 상위 컴포넌트로부터 받은 데이터인 props, 세 번째는 자식 요소인 children을 의미합니다.

index.html을 열기 위해서 효율적인 모듈을 하나 소개하겠습니다. VSCode 좌측에 [마켓플레이스] 버튼을 클릭해 'Live Server'를 검색하고 설치합니다.

[그림 2-1] VSCode에서 Live Server 검색과 설치하기

그럼 여러분의 VSCode 우측 하단부에 이런 버튼이 생기게 됩니다.

[그림 2-2] Go Live 버튼

[Go Live] 버튼을 클릭하면 자동으로 index.html 파일이 열리게 됩니다. 또한 코드를 변경한 후 저장하면 자동으로 반영된다는 장점도 있습니다. 브라우저 화면을 확인합니다.

안녕하세요?

[그림 2-3] 첫 리액트 렌더링 결과

하지만 위 index.html 코드에서 `createElement` 함수로 요소를 만드는 게 불편합니다. 우리에게 좀 더 친숙한 방법으로 만들기 위해서 JSX라는 문법을 사용하여 이 단점을 보완하겠습니다.

JSX는 JavaScript XML의 머리글자입니다. 즉, 자바스크립트에 XML을 추가한 문법입니다. 자바스크립트 언어에서 공식적으로 지원하는 스펙이 아니기 때문에 이를 일반적인 자바스크립트의 형태로 변환해야 합니다.

```
<h1>안녕하세요?</h1>
```

위 코드는 HTML처럼 생겼지만 **실제로는 HTML과는 연관이 없는 JSX 문법입니다**(자세한 내용은 3장에서 JSX를 다룰 때 자세히 설명하겠습니다). 위 코드를 일반적인 자바스크립트의 형태로 변환하면 아래 같은 형태가 됩니다.

```
React.createElement("h1", null, "안녕하세요?");
```

바로 우리가 앞서 작성했던 코드로 변환되는 모습이라는 것을 확인할 수 있습니다. 위와 같이 코드를 변화시킬 수 있도록 **바벨**Babel을 설정하겠습니다. 바벨이란 최신 자바스크립트 문법을 예전 브라우저에서도 돌아갈 수 있도록 컴파일하는 도구입니다.

프런트엔드 생태계는 정말 빠르게 변화하고 있습니다. 최신 브라우저도 지원하지 못하는 자바스크립트 문법도 많습니다. 그래서 이러한 새로운 문법을 기존 브라우저에서 사용하기 위해서 바벨로 변환하는 작업을 하게 됩니다.

위에서 예시로 들었던 JSX 또한 자바스크립트에서 확장된 새로운 문법입니다. 하지만 브라우저에서 JSX 문법을 지원하지 않습니다. 그래서 이를 바벨로 코드를 변환해서 브라우저가 실행할 수 있게 해주는 것입니다.

앞서 만들었던 간단한 리액트 앱을 바벨을 이용해서 JSX 문법으로 변경하는 작업을 하겠습니다.

head 태그 내부 하단에 바벨 CDN 코드를 작성합니다(또는 바벨 공식문서에서 복사하기/붙여넣기 Copy/Paste하면 됩니다.)

```
<script src="https://unpkg.com/@babel/standalone/babel.min.js"></script>
```

그리고 body 태그 하단부에 script 태그를 아래와 같이 수정합니다.

```
<script type="text/babel">
    const dom = document.querySelector("#root");
    const el = <h1>안녕하세요?</h1>;
    ReactDOM.render(el, dom);
 </script>
```

기존 코드와 달라진 점을 한번 살펴보겠습니다.

먼저 script 태그의 type 속성이 추가되었습니다. text/babel로 설정하면, 바벨이 이를 감지하고 자동으로 코드를 변환해줍니다. 그리고 JSX 문법을 사용해서 요소를 만든 모습을 볼 수 있습니다. 이제 저장하고 브라우저에서 잘 나타나는지 확인합니다.

[함께 해봐요 2-4] 바벨로 변경한 전체 HTML 파일

```
01  <!DOCTYPE html>
02  <html lang="ko">
03  <head>
04      <meta charset="UTF-8">
05      <meta http-equiv="X-UA-Compatible" content="IE=edge">
06      <meta name="viewport" content="width=device-width, initial-scale=1.0">
07      <script crossorigin
        src="https://unpkg.com/react@17/umd/react.development.js"></script>
08      <script crossorigin
        src="https://unpkg.com/react-dom@17/umd/react-dom.development.js"></script>
09      <script src="https://unpkg.com/@babel/standalone/babel.min.js"></script>
10      <title>React</title>
11  </head>
12  <body>
13      <div id="root"></div>
14      <script type="text/babel">
15          const dom = document.querySelector("#root");
16          const el = <h1>안녕하세요?</h1>;
17          ReactDOM.render(el, dom);
18      </script>
19  </body>
20  </html>
```

2.2 모듈 분리해서 보기

이 절에서는 CDN을 사용하여 간단하게 리액트 프로젝트를 만들겠습니다. 이전에 설정했던 내용을 기반으로 앞으로 진행할 쇼핑몰 프로젝트를 개발해도 문제가 없을까요? 아직까지는 문제가 없어 보입니다. 우리가 만든 각각의 요소(엘리먼트)가 화면에 잘 렌더링되기 때문입니다.

실제 프로젝트에서는 코드가 커지는 현상을 방지하고 관심사를 분리하기 위해서 모듈을 분리합니다. 앞서 작성했던 코드는 index.html에 script가 몰려있으니 js 파일로 분리하여 script의 src 속성으로 가져오는 식으로 변경하겠습니다.

우선 루트 디렉터리에 App.js라는 파일을 만듭니다. 빈 태그(<></>)는 프래그먼트Fragment라고 합니다. JSX 특성상 꼭 상위에 하나의 태그를 가지고 있어야 하는데, 마땅히, 감쌀 태그가 없을 때 사용하면 유용합니다. JSX 특성에 관련해서는 뒤에서 좀 더 자세히 다루겠습니다.

[함께 해봐요 2-5] 루트 디렉터리에 App.js 파일 만들기

```
01  // App.js
02  const App = () => {
03      return (
04          <>
05              <h1>Hello World</h1>
06              <h2>A</h2>
07              <h2>B</h2>
08          </>
09      )
10  }
11
12  const dom = document.querySelector("#root");
13  ReactDOM.render(<App />, dom);
```

이제 index.html에서 해당 파일을 불러옵니다.

```
01  <!DOCTYPE html>
02  <html lang="ko">
03  <head>
04      <meta charset="UTF-8">
05      <meta http-equiv="X-UA-Compatible" content="IE=edge">
06      <meta name="viewport" content="width=device-width, initial-scale=1.0">
07      <script crossorigin src=
        "https://unpkg.com/react@17/umd/react.development.js"></script>
08      <script crossorigin src=
        "https://unpkg.com/react-dom@17/umd/react-dom.development.js"></script>
09      <script src="https://unpkg.com/@babel/standalone/babel.min.js"></script>
10      <title>React</title>
11  </head>
12  <body>
13      <div id="root"></div>
14      <script type="text/babel" src="./App.js"></script>
15  </body>
16  </html>
```

JSX 문법을 사용했으므로 text/babel로 묶어주고 스크립트를 불러옵니다.

[그림 2-4] 스크립트 분리하기

화면에서 잘 나오는 모습입니다. 추가적으로 여기서 A를 출력하는 부분과 B를 출력하는 부분을 분리한다고 해봅시다. A.js와 B.js 두 파일을 만들어서 App.js로 불러오는 방식을 사용해서 구현하겠습니다.

먼저, 다음처럼 A.js 파일을 만듭니다.

```
// A.js
function A() {
 return (
   <h1>A</h1>
 );
}
```

그리고 B.js도 만들어주세요.

```
// B.js
function B() {
 return (
   <h1>B</h1>
 );
}
```

분리된 A, B 컴포넌트를 App.js에 불러올 수 있도록 index.html에서 script 태그를 이용하여 불러
오겠습니다.

```
01  // index.html
02  <!DOCTYPE html>
03  <html lang="ko">
04  <head>
05    <meta charset="UTF-8">
06    <meta http-equiv="X-UA-Compatible" content="IE=edge">
07    <meta name="viewport" content="width=device-width, initial-scale=1.0">
08    <script crossorigin src=
      "https://unpkg.com/react@17/umd/react.development.js"></script>
09    <script crossorigin src=
      "https://unpkg.com/react-dom@17/umd/react-dom.development.js"></script>
10    <script src="https://unpkg.com/@babel/standalone/babel.min.js"></script>
11    <title>React</title>
12  </head>
13  <body>
14    <div id="root"></div>
15    <script type="text/babel" src="./A.js"></script>
16    <script type="text/babel" src="./B.js"></script>
17    <script type="text/babel" src="./App.js"></script>
18  </body>
19  </html>
```

먼저 불러올 모듈을 앞에 선언하고 App.js를 밑에 선언해야 순서가 보장됩니다. HTML은 브라우저
가 읽어낼 때 순차적으로 읽어내기 때문에 순서가 뒤바뀌면 App.js에서 A.js와 B.js 파일을 불러올
수 없습니다.

```
01  // App.js
02  function App() {
03    return (
04      <>
05        <h1>App</h1>
06        <A />
07        <B />
08      </>
09    );
10  }
11
12  const dom = document.querySelector('#root');
13  ReactDOM.render(<App />, dom);
```

위와 같이 코드를 작성하고 브라우저 화면을 확인합니다. 이전과 동일하게 화면이 뜨면 모듈 분리에 성공한 것입니다. 하지만 위와 같이 불러와야 하는 파일이 수백 개가 있다고 가정해봅시다. 실제로 현업에서 사용되는 파일의 개수는 수백 개가 더 될 수 있습니다.

그러면 index.html에서 수백 개의 파일을 불러와야 합니다. 또한 A.js와 B.js 모두 전역 객체의 속성값으로 관리되기 때문에 파일이 커질수록 동작을 예측하기 힘들어집니다. 자바스크립트에서 전역 객체는 어떤 환경에서든 접근 가능한 최상위 객체를 가리킵니다. 브라우저 환경에서는 전역 객체가 window라는 이름의 객체이고 Node.js 환경에서는 global이라는 이름으로 명시되어 있습니다.

```
> console.log(windows);

▼ Window {window: Window, ...
  ▶ A: ƒ A( )
  ▶ B: ƒ B( )
```

[그림 2-5] 전역 객체의 속성값으로 존재하는 A, B 모듈

모듈 번들러Module Bundler를 이용해서 위의 문제점을 해결할 수 있습니다.

모듈 번들러란 **개발을 하면서 생기는 다양한 파일들을 하나로 묶어주는 기능을 수행하는 도구**입니다. 하나로 묶으면 기본적으로 HTTP 요청을 하는 횟수가 줄어들게 됩니다. 기존의 **script** 태그로 수백 개의 파일을 불러오려면 HTTP 요청을 수백 번하게 됩니다. 그만큼 시간낭비가 발생하게 됩니다.

대표적인 모듈 번들러 중 하나인 웹팩Webpack은 여러 파일을 하나로 줄여주는 기능뿐만 아니라 HTML, CSS, JS 같은 코드를 압축할 수도 있고, 이미지 압축이나 CSS 전처리기 변환 같은 기능을 자동화해주는 기능도 있습니다.

웹팩은 "필요할 때마다 요청하여 사용하자"라는 철학이 있습니다. 초기에 필요한 모듈만 사용하고 사용자의 상호작용(Interaction)이나 특정 이벤트가 발생했을 때 추가적으로 필요한 모듈을 불러오는 Lazy Load도 지원하기 때문에 웹 애플리케이션의 빠른 로딩 속도를 기대할 수 있습니다. Lazy Load 관련해서는 뒤에서 다루겠습니다.

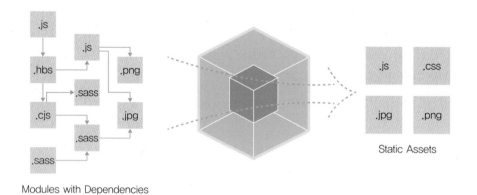

[그림 2-6] 웹팩의 동작 요약

2.3 Create-React-App 프로젝트 설정하기

이 절에서는 본격적으로 리액트 앱을 빌드하겠습니다. 이 책에서는 복잡한 설정을 하지 않고 가장 빠르고 간단하게 리액트 앱을 빌드할 수 있는 Create React App(이하 CRA)을 사용하여 구축하겠습니다.

예전에는 CRA로 리액트 애플리케이션을 빌드하는 것이 정석이었는데, 요즘에는 Vite라는 라이브러리로 리액트를 빌드합니다. 하지만 여기서는 거대한 프로젝트를 진행하는 것이 아니기 때문에 최적화가 필요 없어 보편적으로 많이 사용한 CRA로 진행하겠습니다.

Yarn 설치를 완료했다면 shopping_app이라는 디렉터리(폴더)를 만들어줍니다. 이 디렉터리는 앞서 깃허브에서 클론했던 shopping_app_preview와는 별개로 여러분이 직접 쇼핑몰 웹사이트를 만들어 보는 작업 공간입니다. 그러므로 서버server와 클라이언트client 코드는 전부 shopping_app 디렉터리 내부에 만들어 줄 것입니다.

방금 만들었던 shopping_app 디렉터리를 터미널에서 접근한 다음, 리액트 프로젝트를 생성하기 위해서 아래 과정과 명령어를 통해 리액트 애플리케이션을 만들어 줍니다.

먼저, shopping_app이라는 디렉터리를 만들어줍니다.

```
mkdir shopping_app
```

만든 shopping_app 디렉터리로 접근합니다.

```
cd shopping_app
```

리액트의 기본 설정을 해주는 명령어를 실행해야 하는데, 우리가 만들 예제에서는 타입스크립트Typescript 기반으로 만듭니다.

```
yarn create react-app client --template=typescript
```

CRA가 파일을 구성하는 데 시간이 조금 소요됩니다. CRA를 이용해서 client라는 이름의 프로젝트를 만들었습니다. --template=typescript 옵션은 기본적으로 CRA가 만들어주는 자바스크립트 파일이 아닌 타입스크립트 파일로 리액트 앱을 구성해 달라는 플래그Flag를 의미합니다.

그러면 지금 폴더의 구조는 다음과 같은 형식으로 구성됩니다.

```
shopping_app
        └client
```

client라는 폴더는 프런트엔드, 클라이언트 단에서 다루게 되는 코드를 의미하게 되는 것입니다. 폴더의 이름이 동작에 영향을 끼치지는 않지만 개발자가 잘 식별할 수 있게 역할에 맞는 이름을 짓는 것이 중요합니다.

CRA는 별도로 설정하지 않아도 자동으로 설정을 다 해줍니다. CRA에서 만들어진 설정 파일은 기본적으로 숨겨져 있기 때문에 eject 명령어를 이용해서 사용자화할 수도 있습니다. 위에서 설명한 명령어를 타이핑하고 〈Enter〉를 누르면 자동으로 프로젝트 설정이 진행됩니다. 완료될 때까지 시간이 좀 걸립니다.

만약, 이 과정에서 오류가 나타난다면 Node의 버전을 최신 안정화 버전으로 바꿔서 설치하면 됩니다. 버전이 낮다면 해당 명령어가 정상적으로 동작하지 않을 수도 있습니다.

[그림 2-7] CRA 프로젝트 구성

shopping_app 폴더 내부에 client라는 폴더가 생성되었습니다. 이제 리액트 프로젝트를 실행하기 위해서 아래 명령어를 순서대로 입력해주세요.

```
cd client/
yarn start
```

`yarn start` 명령어를 사용하여 앱을 실행하면, 프로젝트의 소스코드를 브라우저에서 이해할 수 있는 번들로 변환하는 빌드 과정이 발생합니다. 즉, 웹팩과 바벨 등의 도구를 사용하여 자바스크립트, CSS, 이미지 등을 번들로 묶는 작업이 수행되는 겁니다. 명령어 수행 시간은 PC 환경에 따라 느릴 수도 있습니다.

잘 실행된다면 아래와 같은 화면이 나옵니다.

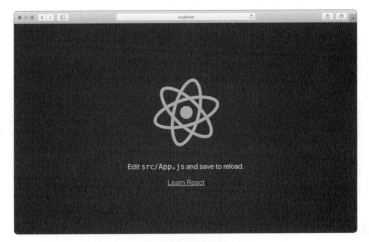

[그림 2-8] 실행 결과

잘 실행되었으니 다음 단계로 가겠습니다.

[그림 2-9] 최소한의 파일 구성

src 폴더 내에 App.tsx, index.tsx을 제외한 다른 파일을 제거합니다. 그런 다음 App.tsx와 index.tsx를 아래와 같이 수정해주세요. 참고로 tsx란 JSX와 Typescript를 합친 확장자입니다.

```
01  // App.tsx
02  function App() {
03    return (
04      <h1>쇼핑몰 앱 만들어보기</h1>
05    );
06  }
07
08  export default App;
```

그리고 App 컴포넌트를 다른 곳에서 사용할 수 있도록 내보내기를 하겠습니다.

```
01  // index.tsx
02  import React from 'react';
03  import ReactDOM from 'react-dom/client';
04  import App from './App';
05
06  const root = ReactDOM.createRoot(
07    document.getElementById('root') as HTMLElement,
08  );
09  root.render(
10    <React.StrictMode>
11      <App />
12    </React.StrictMode>,
13  );
```

또 public 폴더 내부의 index.html 파일을 제외한 모든 파일을 제거하고 index.html을 아래와 같이 작성합니다.

```
01  <!DOCTYPE html>
02  <html lang="ko">
03    <head>
04      <title>쇼핑몰 앱</title>
05    </head>
```

```
06    <body>
07      <div id="root"></div>
08    </body>
09  </html>
```

추가로 client 폴더 내에 tsconfig.json의 파일에서 compilerOptions 내에 target을 es6로 수정해줍니다(이미 es6로 설정되어 있다면 수정할 필요가 없습니다).

target 옵션을 설정하는 이유는 타입스크립트 컴파일러가 어떤 ECMA스크립트 버전으로 코드를 변환할지를 결정하기 위해서이고, 이는 저와 여러분들의 버전을 맞춰서 오류를 최소화하기 위함입니다.

저장할 때 자동 포매팅이 잘 동작하는지 확인합니다. 리액트 앱이 종료된 상태라면 yarn start 명령어를 통해서 앱을 실행한 후 프로젝트가 정상적으로 빌드되는지 확인해야 합니다. 이제 리액트 앱을 개발하기 위한 기본 설정이 끝났습니다.

2.4 API 서버 설정하기

프런트엔드 환경을 설정했으니 다음으로 백엔드 API 서버를 설정하겠습니다. 이 책에서 다루는 핵심 주제가 리액트이기 때문에 백엔드 서버는 미리 만들어진 코드를 클론하는 방식으로 진행하겠습니다. 클론이란 원격 저장소에 있는 프로젝트를 로컬 저장소로 복제하는 행위를 의미합니다.

아래 주소에 접속하면 해당 프로젝트의 깃허브로 이동합니다.

- https://github.com/Hong-JunHyeok/shopping_app_server

[그림 2-10] 깃허브 클론 화면

위 그림에서 복사하기 아이콘(🗗)을 눌러 주소를 복사합니다. 현재 client 서버가 실행 중이라면 〈Ctrl〉+〈C〉 단축키로 종료하고 빠져 나와서 shopping-app으로 디렉터리를 옮깁니다. 그리고 shopping_app 디렉터리(이하 루트 디렉터리)로 돌아와서 아래와 같이 명령어를 입력합니다. git clone + (복사한 깃 주소) 형식으로 입력하면 됩니다.

- git clone https://github.com/Hong-JunHyeok/shopping_app_server.git server

그러면 server라는 이름으로 shopping_app에 정상적으로 클론을 받아올 수 있습니다.

```
shopping_app
        ├─client
        └─server
```

추가로 별도의 설정을 해줘야 하는 부분이 있는데, 바로 **환경변수 설정**입니다. 이 API 서버에서 포트 번호에 대한 정보를 숨김 파일로 설정해놓았습니다. 그래서 깃허브에 올라가 있지 않고 여러분이 클론한 시점에서 직접 만들어줘야 정상적으로 동작합니다. .env 설정을 하면 여러분이 포트 번호를 직접 지정할 수 있지만 그렇게 하지 않아도 기본 3090 포트로 지정되어서 잘 동작합니다.

포트 번호뿐만 아니라 여러 민감한 정보는 깃허브에 올리지 않는 것이 중요합니다. 그래서 그런 경우에는 숨김 파일로 설정해놓는 경우가 많습니다. 일례로 데이터베이스 관련 정보가 있습니다. 그런 정보를 깃허브에 올리는 것은 자신의 도어락 비밀번호를 페이스북Facebook에 업로드하는 것과 다름없습니다. 그러므로 이런 **민감한 정보는 무조건 올리면 안 됩니다.**

이 프로젝트에서는 별도의 민감한 정보가 없으므로 포트 정보만 환경변수로 지정했습니다. 그래서 포트 설정 부분을 환경변수로 어떻게 설정하는지에 대해서만 알아보겠습니다.

아래 명령어로 클론받았던 server 디렉터리에 .env라는 파일을 만들어줍니다. 아래 명령어로 .env 파일을 만들 수 있습니다.

```
cd server
touch .env
```

혹은 VSCode에서 파일을 직접 추가할 수도 있습니다.

[그림 2-11] .env 파일 만들기

루트 디렉터리에도 .env 파일을 만들어줍니다. 한 번 더 강조하지만 앞에 .을 붙여주는 이유는 숨김 파일이라는 명시입니다. 유닉스UNIX에서 앞에 .이 붙어있으면 이를 숨김 파일로 판단해서 ls 명령어로 조회해도 아래와 같이 나오지 않습니다.

```
shopping_app_server % ls
README.md       package.json    src     tsconfig.json   yarn.lock
```

파일을 만들었으면 .env 파일에 아래와 같이 작성합니다. 이 책에서는 백엔드 API 포트 번호를 기본적으로 3090번을 사용합니다. 만약, 여러분의 로컬 환경에서 이미 3090번 포트를 사용하고 있다면 다른 포트 번호를 사용해도 무방합니다.

```
PORT=3090
```

환경변수로 설정해놓으면 백엔드 코드에서 process.env.PORT로 접근할 수 있습니다. 이제 실제로 동작을 하는지 실행하겠습니다. server 디렉터리에서 yarn install로 모듈을 설치하고 API 서버를 실행하기 위해서 yarn start 명령어를 입력해주세요.

```
[nodemon] 2.0.19
[nodemon] to restart at any time, enter `rs`
[nodemon] watching path(s): src/**/*.ts
[nodemon] watching extensions: ts,json
[nodemon] starting `ts-node src/index.ts`
Server is running at http://localhost:3090
```

정상적으로 설정한 포트가 잘 나타나는 모습을 확인할 수 있습니다. 이제 쇼핑몰 프로젝트를 만들기 위한 환경설정을 완료했습니다.

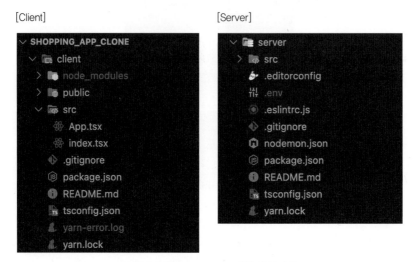

[그림 2-12] shopping_app 최종 설정 파일

2.5 클라이언트 사이드 렌더링

리액트는 기본적으로 클라이언트 사이드 렌더링Client Side Rendering을 합니다. 클라이언트 사이드 렌더링(이하 CSR)은 말 그대로 렌더링을 수행하는 주체가 클라이언트에 있다는 말입니다. 문장 자체로만 봤을 때는 직관적으로 다가오지 않을 수 있는데, 여기서 말하는 클라이언트는 브라우저를 말하는 겁니다. 크롬, 사파리 같은 브라우저 말이죠. 각 브라우저들은 자바스크립트 렌더링 엔진이 탑재되어 있기 때문에 렌더링을 수행할 수 있습니다. 일종의 작은 컴퓨터 같은 겁니다. 그러면 브라우저가 렌더링을 어떻게 진행할지 그 순서를 차례대로 보겠습니다.

렌더링을 진행하기에 앞서 가장 먼저 사용자는 웹사이트에 접속합니다. 그러면 브라우저는 해당 URL에 리소스 요청을 보냅니다. 리소스는 JS 파일이 될 수도 있고 이미지 파일이 될 수도 있습니다. 웹을 렌더링하는 데 필요한 모든 자료를 리소스라고 하겠습니다.

하지만 리액트로 구현된 웹사이트들은 빈 HTML을 리소스로 던져주게 됩니다. 정확히는 CDN을 불러올 수 있는 HTML을 리소스로 보내주게 되는 것입니다. 이게 무슨 말일까요? 실제로 우리가 만들 쇼핑몰 앱에서 어떤 HTML 파일을 리소스로 전달하는지 확인해볼까요?

```html
<!DOCTYPE html>
<html lang="ko">
  <head>
    <title>쇼핑몰 앱</title>
  <script defer src="/static/js/bundle.js"></script></head>
  <body>
    <div id="root"></div>
  </body>
</html>
```

head 태그 안에는 title과 script 그리고 body 태그 안에는 div 하나가 있습니다.

[그림 2-13] HTML에서는 안에 요소가 있어야 나오는 화면

하지만 적어도 우리가 배운 HTML에서는, 태그 안에 요소가 있어야 화면에 나오고 비로소 사용자에게 보여지게 되는 것인데, 이게 어떻게 된 걸까요? 답은 script 태그에 있습니다. 잘 살펴보면 bundle.js라는 것을 요청하는 것을 확인할 수 있습니다.

```
<script defer src="/static/js/bundle.js"></script>
```

bundle.js에는 리액트 애플리케이션과 여러분이 작성한 코드가 하나의 번들로서 묶여 있습니다(이때 하나로 묶는 작업은 웹팩Webpack이 해줍니다). 그러면 bundle.js에서는 아래 코드 내부에 여러분이 작성한 리액트 엘리먼트들을 렌더링합니다.

```
<div id="root"></div>
```

참고로, id를 root라고 지정했는데 이는 제약사항은 아니고 통상적으로 이렇게 사용합니다.

client 폴더 내부에 있는 index.tsx 파일을 기억하나요?

```
// index.tsx
import React from "react";
import ReactDOM from "react-dom/client";
import { BrowserRouter } from "react-router-dom";
import CssBaseline from "@mui/material/CssBaseline";
import App from "./App";
```

68

```
const root = ReactDOM.createRoot(
  document.getElementById("root") as HTMLElement
);

root.render(
  <React.StrictMode>
    <BrowserRouter>
      <App />

      <CssBaseline />
    </BrowserRouter>
  </React.StrictMode>
);
```

위 코드를 보면 ReactDOM.createRoot에서 id가 root인 요소를 찾은 다음에 render를 진행하고 있습니다. 그래서 다른 이름으로 지정해도 큰 문제는 없습니다. 그런데 이렇게 복잡하게 클라이언트 단에서 렌더링을 진행한다고 했을 때 어떤 점이 좋고 나쁠까요?

단점부터 말하자면 처음에 bundle.js라는 커다란 파일을 다운로드하고 실행하는 시간이 있기 때문에 초기 로딩 속도가 느려지게 됩니다. 그리고 검색엔진 최적화(이하 SEO)에 좋지 않습니다. 즉, 검색엔진 봇이 HTML을 탐색하여 내부 콘텐츠를 검수한 후 검색 결과, 몇 번째에 보여줄 것인지 정하는 것이 좋지 않다는 의미입니다.

CSR은 초기에 내용이 없는 빈 HTML을 보여주기 때문입니다. 물론, 요즘에는 크롬 검색엔진 봇이 좋아져서 봇 내부에 JS 엔진을 탑재하여 SEO도 좋게 했지만 그래도 모든 브라우저가 이를 구현한 것도 아닐뿐더러, 여러모로 단점이긴 합니다.

반대로 장점은 초기에 bundle.js에서 한꺼번에 다운로드하고 실행하기 때문에 초기 진입만 잘 완수한다면 그 뒤로는 속도가 빠르게 진행된다는 점입니다. 그리고 렌더링을 서버가 아닌 각 개인의 브라우저에서 진행하게 되니 부하가 될 일도 크게 줄어들게 됩니다.

CSR과는 반대로, 서버 사이트 렌더링Server Side Rendering(이하 SSR)이라고 서버 단에서 렌더링을 진행하는 방식도 있습니다.

이 방식은 자세하게 다루지는 않겠지만 HTML을 서버 단에서 전부 렌더링하여 클라이언트로 넘어올 때, HTML에 내용이 있는 상태로 내려오게 된다는 게 핵심입니다. SSR이 되는 과정도 간단하게 살펴보겠습니다.

1. 사용자가 SSR로 구현된 웹사이트에 접속한다.
2. 서버는 바로 렌더링할 수 있는 HTML 파일을 만들어서 클라이언트에 넘겨준다.

사실, SSR은 좀 더 복잡하지만 지금은 간략하게만 설명하고 넘어가겠습니다.

SSR의 단점으로는 페이지 이동을 할 때마다 서버에 리소스를 요청하여 렌더링을 해야 하기 때문에 CSR과는 달리 속도가 느리게 됩니다. 페이지 이동 속도가 느리기 때문에 사용자 경험이 좋지 않겠죠. 그래서 통계적으로 SSR로 구현한 웹 서비스의 호스팅 비용이 좀 더 듭니다.

장점이라면 HTML이 콘텐츠가 있는 상태로 넘어오게 되므로 SEO에서의 이점이 있습니다. 그리고 렌더링을 컴퓨팅 성능이 더 좋은 서버에서 진행하기 때문에 초기 렌더링 속도가 CSR에 비해서 좀 더 빨라지게 된다는 것입니다.

렌더링에는 정말 다양한 방법이 있고 구현해야 하는 웹 서비스의 특징마다 어떤 렌더링 방식을 선호해야 하는지도 모두 다릅니다. 때문에 이러한 방법들이 있다는 것을 인지한 후, 여러분의 서비스를 만들 때 서비스 특성에 맞는 렌더링 방식을 잘 택하길 바랍니다.

요즘에는 CSR과 SSR 각각의 장점을 살려서 렌더링하는 방식을 구현한 프레임워크인 Next.js, Remix.js 같은 서비스가 트렌드입니다. 실무에서도 정말 많이 사용되는 기술이므로 나중에 기회가 될 때 관련 내용도 다뤄보겠습니다.

2.6 API 서버 테스트하기

yarn start로 API 서버를 실행한 다음, API가 잘 동작하는지 테스트하는 단계를 거쳐야 합니다. 이번 예제에서는 포스트맨POSTMAN이라는 도구를 사용해서 테스트를 진행하겠습니다.

[그림 2-14] 포스트맨 로고

이 절은 포스트맨을 다운로드했다고 가정하고 진행하겠습니다. 운영체제 환경에 따라서 화면이 다를 수도 있습니다.

> **여기서 잠깐**
>
> **설치 버전 확인**
> 웹사이트에서는 로컬 환경 API 테스트가 불가능하므로 꼭 데스크톱 버전을 설치해주세요!

홈 화면에서 [WorkSpaces] → [Create WorkSpace] 버튼을 눌러 새로운 워크스페이스를 만듭니다.

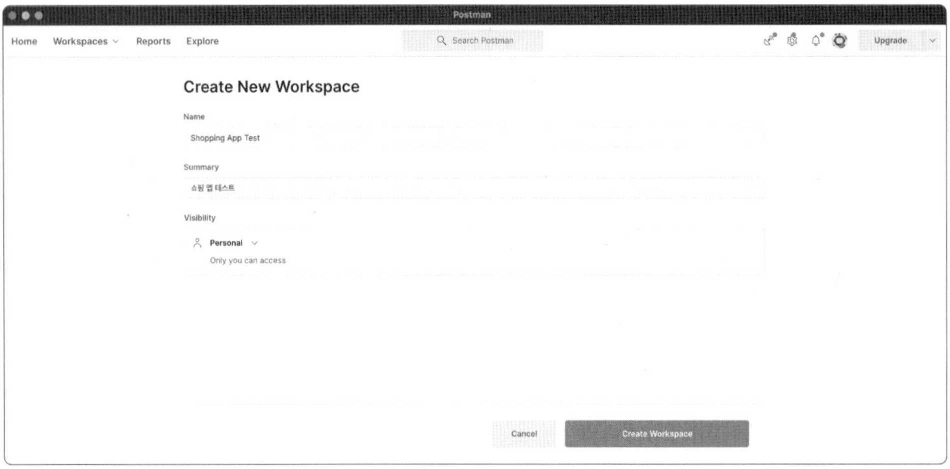

[그림 2-15] 새 워크스페이스 만들기

[그림 2-16] 새로운 탭 생성 모달

워크스페이스가 만들어졌으면 [New] 버튼을 누릅니다. 위와 같은 창이 뜨면 [HTTP Request] 버튼을 눌러 새로운 탭을 생성합니다. 우리의 API 서버 기본 포트 번호는 3090입니다(혹은 직접 지정한 다른 포트번호). 그리고 로컬 환경에서 돌아가는 서버이므로 http://localhost:3090이 우리의 서버 URL입니다. 그럼, 해당 주소로 요청을 보내겠습니다. 그 전에 꼭 서버를 실행해주세요.

[그림 2-17] 요청 결과 확인

주소를 입력한 후 [Send] 버튼을 누르면 아래에 결과가 나타나게 됩니다. 성공적으로 서버가 동작한다는 의미입니다. 계속 진행하겠습니다. 만약, 오류가 발생하는 경우에는 API 서버가 정상적으로 동작하는 중인지 확인해주세요.

GET /product를 요청하게 되면 상품 목록를 불러옵니다. 포스트맨에서 테스트하겠습니다.

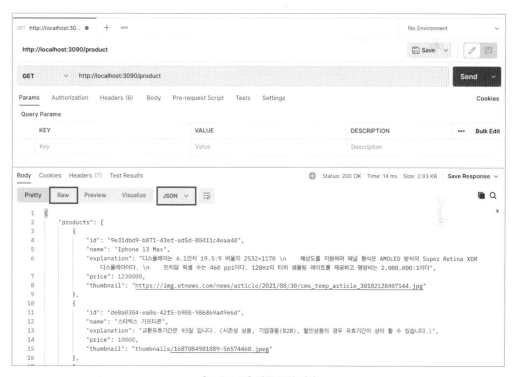

[그림 2-18] 상품 조회 결과

잘 동작하는 모습을 볼 수 있습니다. 지금까지 GET 요청만 해보았는데, POST, DELETE, PUT 등도 모두 가능합니다.

상품을 추가하려면 POST /product로 요청을 보내면 됩니다. 상품을 추가하기 위해서는 데이터를 전달받아야 하는데, 그 데이터는 HTTP Body에 전달하겠습니다. raw를 선택하고 데이터 타입을 JSON으로 변경하고 아래 데이터 타입으로 요청을 보냅니다.

```
{
    "name": "새 상품",
    "explanation": "새 상품입니다.",
    "price": 12000
}
```

[그림 2-19] 상품 추가 데이터 입력 폼

[Body] 탭에 form-data를 누릅니다. 그리고 전송해야 할 데이터를 작성한 뒤에 요청을 보내면 상품 등록에 성공했다는 메시지와 함께 GET /product로 확인해보면 성공적으로 추가된 모습을 확인할 수 있습니다.

여기서는 포스트맨으로 "데이터가 서버와 왔다 갔다" 하는 것만 테스트했습니다. 웹 서비스는 사실 데이터가 서로 오고 가는 게 성공했는지가 가장 중요합니다. 서버에서 그 데이터를 받아서 백엔드에서 어떻게 가공하고 처리하는지는 백엔드가 알아서 하면 되기 때문입니다.

리액트는 클라이언트 프레임워크이기 때문에 서버에 데이터를 어떻게 전달하는지까지를 배우면 되기 때문에 포스트맨을 사용했습니다. 여러분도 리액트로 클라이언트를 만들면서 '서버에 데이터가 이렇게 전달되겠구나' 하는 상상을 통해 코딩을 하면 실력 향상에 훨씬 더 도움이 될 것입니다.

정리하며

2장에서는 본격적으로 쇼핑몰 프로젝트를 진행하기에 앞서 기본적으로 알아야 할 것과 준비해야 할 것을 배웠습니다. 마지막에 간단한 쇼핑몰 데이터를 여러분이 실행한 백엔드로 보내고 받는 것까지 테스트함으로써 API의 구본 동작 구조를 알아봤습니다. 앞으로 쇼핑몰 앱을 만들면서 많은 데이터가 생길 겁니다. 백엔드로 보내서 요청을 처리하고 가공된 데이터를 받아와서 처리하는 과정을 리액트로 구현하는 방법을 3장부터 알아보겠습니다.

지금까지 구현한 코드는 아래 URL에서 확인할 수 있습니다.

- https://github.com/Hong-JunHyeok/shopping_app_example/tree/chap02

3장

리액트는 어떻게
동작하는가

 이 장에서 다루는 내용

우리는 앞서 쇼핑몰 프로젝트를 진행하기 위해 설정해야 할 것들, 기본적인 리액트 애플리케이션의 구성 등을 알아봤습니다. 이 책은 쇼핑몰이라는 특정 서비스를 만들어봄으로써 리액트를 현장에서 빠르게 활용할 수 있도록 기획했습니다. 하지만 복습하는 차원에서라도 리액트와 관련한 기본 문법과 동작 원리를 정리하고 넘어가겠습니다. 여기서 다루지 않거나 부족한 부분은 공식 문서를 참조하길 바랍니다.

3.1 웹 서비스의 전반적인 흐름

웹은 무엇일까요? World Wide Web(www라고 줄여서 말하기도 합니다)으로, 인터넷에 연결된 사용자들이 정보를 공유할 수 있는 공간을 의미합니다.

여러분들이 웹을 개발하면서 어떤 식으로 데이터를 요청하고 그 요청에 응답하고 렌더링되는지 등을 고민해본 경험이 있을 겁니다. 그리고 www.google.com을 여러분의 브라우저에 입력했을 때 어떤 일이 벌어지는지에 대해서도 생각해 봤을 겁니다. 이런 고민에 답할 수 있을 정도로 웹 서비스의 흐름을 이해한다면 개발자로서 시야도 한층 넓어집니다.

웹 서비스의 흐름

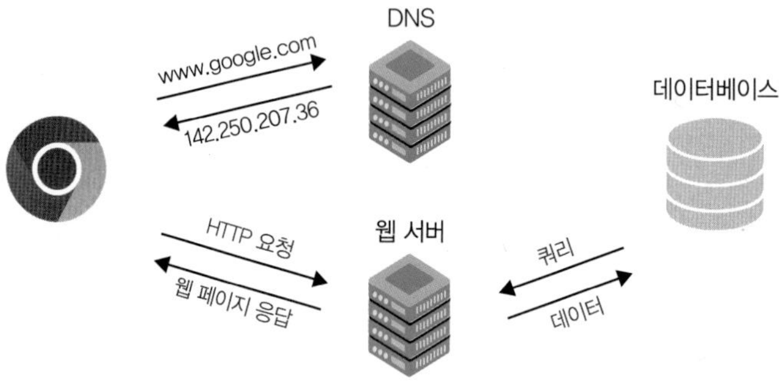

[그림 3-1] 웹 서비스의 흐름도

위 그림은 웹 서비스의 흐름을 간략하게 추상화한 그림입니다.

여러분의 브라우저(크롬, 엣지, 사파리 등)에서 www.google.com을 입력했습니다. 하지만 서버의 리소스를 식별하려면 IP 주소가 필요합니다. www.google.com은 IP가 아닌 **도메인 이름입니다**. 그래서 이 도메인 이름을 IP 주소로 변환해주는 작업이 필요합니다. 그 작업을 수행하는 것이 DNSDomain Name Service입니다.

DNS에 도메인 이름을 전달하면 그에 맞는 IP 주소를 반환합니다. DNS는 왜 필요할까요? 가장 큰 목적은 편리함 때문입니다. 사용자가 IP 주소를 매번 외우고 입력하여 접속하는 과정은 매우 귀찮고 힘듭니다. 또한 복잡한 숫자 체계로 구성되는 IP 주소를 사람이 기억하기에도 무리가 따릅니다. 그래서 이러한 불편한 점을 해결하기 위해서 DNS를 통해 우리가 기억하기 편한 언어체계로 변환하는 작업을 하게 됩니다.

이제 IP 주소를 얻어냈으니 브라우저는 웹 서버의 위치를 알 수 있습니다. 이제 본격적으로 서버와 브라우저가 연결하게 됩니다. 여기서는 인터넷 프로토콜 종류 중 하나인 HTTP를 통해서 연결됩니다. HTTP 요청은 대부분 TCP를 사용하는데, TCP는 연결지향 프로토콜이기 때문에 3웨이 핸드셰이크 3way handshake라는 동작으로 개념적 연결이 이루어지게 됩니다.

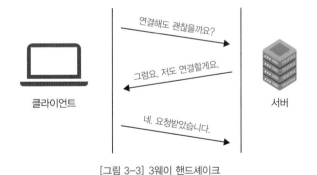

[그림 3-3] 3웨이 핸드셰이크

3웨이 핸드셰이크는 TCP의 특징으로 서로 간의 정확한 전송을 보장하기 위한 일종의 약속입니다. 연결을 완료했다면, 웹 서버에 HTTP 요청을 보내게 됩니다. 웹 서버는 요청을 받은 다음에 HTML을 브라우저에 넘겨주는 역할을 수행하게 됩니다. 이때, HTML을 만드는 데 데이터베이스 데이터가 필요하다면 쿼리Qurey를 활용하여 가져옵니다.

마침내 브라우저는 서버의 데이터를 받았습니다. 그럼 크롬 개발자 도구를 이용하여 어떤 형식으로 데이터가 왔는지 확인하겠습니다.

> **여기서 잠깐**
>
> **크롬 개발자 도구를 여는 방법**
> 크롬 개발자 도구는 맥OS 기준으로 〈Command〉+〈Option〉+〈i〉를 누르면 확인할 수 있습니다. 윈도우에서는 〈Ctrl〉+〈Shift〉+〈i〉를 누르면 됩니다. 개발자 도구의 [네트워크] 탭으로 들어가서 어떤 네트워크 송신과 수신이 있었는지 확인할 수 있습니다.

[그림 3-4] 크롬 개발과 도구에서 확인한 www.google.com의 HTML 코드

굉장히 복잡하게 보이는 코드가 있습니다. 위 응답은 웹 서버가 우리에게 전달해준 HTML 파일입니다.

이제 브라우저 차례입니다. 브라우저는 HTML을 파싱Parsing(구문 분석)하여 화면에 그려주는 작업을 수행하게 됩니다. 크롬 개발자 도구의 [네트워크] 탭에서 여러 가지 HTTP 통신을 주고받고 있습니다. [그림 3-5]처럼 이미지, JS 파일, 폰트 등 구글 홈페이지를 구축하는 데 필요한 리소스를 받고 있는 모습을 볼 수 있습니다.

브라우저의 렌더링 과정은 다음과 같습니다.

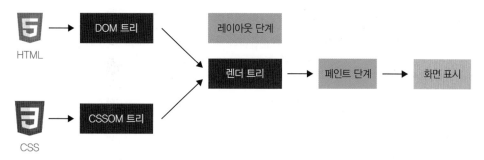

[그림 3-5] 브라우저 렌더링 과정

웹 서버로부터 HTML 파일을 받게 되면 브라우저가 이해할 수 있는 형태로 변환해줘야 합니다. 이때 객체의 형태로 변환되어 DOMDocument Object Model을 구성하게 됩니다. HTML과 마찬가지로 CSS도 브라우저가 이해할 수 있는 형식으로 변환되어 CSSOMCSS Object Model을 구성하게 됩니다.

DOM과 CSSOM이 결합된 형태를 만들어야 하는데, 이를 **렌더 트리**Render Tree라고 합니다. 페이지를 렌더링하는 데 필요한 노드들만 포함하게 됩니다.

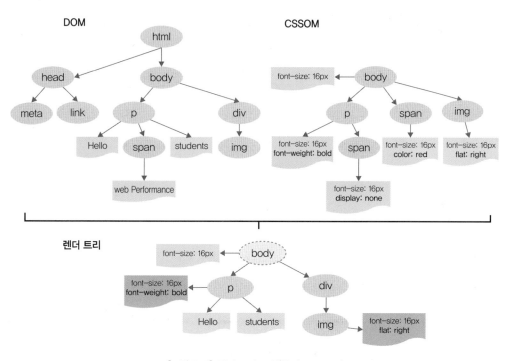

[그림 3-6] 렌더 트리 구성(출처: web.dev)

렌더 트리를 구성하게 되었으면 뷰포트Viewport(화면) 내부에서 각 요소가 어느 위치에 있어야 하고 크기는 어느 정도여야 하는지에 대한 계산이 필요합니다. 이 단계를 **레이아웃**Layout **단계**라고 합니다.

최종적으로 수치 계산이 완료되었으면 사용자가 화면에서 볼 수 있도록 그려야 합니다. 이전의 레이아웃 단계에서 노드의 위치와 크기를 계산했기 때문에 실제 화면에 픽셀로 그려나가는 과정을 **페인트** Paint **단계**라고 합니다.

과정을 다시 한 번 정리하겠습니다.

1. HTML을 파싱하여 DOM을 생성합니다.
2. CSS를 파싱하여 CSSOM을 생성합니다.
3. 트리를 결합한 후 렌더 트리를 구성합니다.
4. 레이아웃 단계를 거쳐 수치, 크기 등을 계산합니다.
5. 페인트 단계로 넘어가 브라우저에 그리는 작업을 수행하게 됩니다.

모든 단계가 완료되면 최종적으로 사용자의 브라우저에서 다음 화면이 나타납니다.

[그림 3-7] 최종 구글 메인 페이지 화면

아무 상호작용이 없는 정적 페이지라면 여기서 렌더링 과정은 끝납니다. 하지만 웹 애플리케이션의 특성상 사용자의 특정 액션에 의해 HTML 요소가 추가되거나 삭제되는 경우 혹은 스타일이 변경되는 경우가 많습니다. 그런 경우에는 어떤 식으로 동작할까요?

예를 들어, 특정 상품을 추가하는 코드를 작성했다고 가정해봅시다. 그러면 HTML 요소가 변경되었으므로 수치를 계산하는 작업을 다시 수행해야 할 것입니다. 이 과정을 **리플로우**Reflow라고 합니다. 또 수치가 변경된 후 실제 화면에 보여주기 위해서 페인트 작업을 수행해야 합니다. 이 과정을 **리페인트**Repaint라고 합니다.

변경사항이 생겼다고 무조건 리플로우, 리페인트가 동작하는 것은 아닙니다. 레이아웃에 영향을 미치지 않는 단순한 동작 같은 경우에는 리플로우 없이 리페인트만 일어나게 됩니다. 따라서 렌더링 최적화를 위해서 리플로우를 최소화하는 것이 좋을 겁니다.

실제 웹 서비스 흐름은 위 설명보다 훨씬 복잡합니다. 하지만 우리가 다루고자 하는 것은 큰 틀에서의 흐름을 이해하는 것이기 때문에 이 정도만 이해해도 뒤에서 설명할 리액트 렌더링의 흐름을 이해하는데는 무리가 없습니다.

3.2 컴포넌트를 알아보자(with JSX)

JSX는 JavaScript XML의 머리글자로, XML 형식으로 작성하는 자바스크립트 문법이라는 의미입니다. 그런데 HTML이 아니라 XML인 이유가 무엇일까요? JSX의 문법이 HTML보다 XML 쪽에 가깝기 때문입니다. 예를 들어, 상위에 꼭 하나의 부모 요소가 감싸야 하는 문법이 있습니다.

```
<h1>제목1</h1>
<h2>제목2</h2>
```

위와 같은 형태는 상위에 하나의 부모 요소가 감싸는 형태가 아니므로 올바른 JSX 문법 형식이 아닙니다. 따라서 JSX 문법으로 작성하려면 아래와 같은 형태가 되어야 합니다.

```
<div>
    <h1>제목1</h1>
    <h2>제목2</h2>
</div>
```

그런데 위 구조는 쓸데없이 <div>라는 태그를 사용했습니다. 의도한 것은 h1, h2 태그만 렌더링하고 싶은데 JSX 문법 특성상 그럴 수 없습니다. 그럴 때 이를 해결할 수 있는 방법으로 리액트 플래그먼트React Fragment를 사용하는 것입니다. 플래그먼트는 의미가 없는 빈 태그를 만들 수 있습니다.

```
<>
    <h1>제목1</h1>
    <h2>제목2</h2>
</>
```

위와 같이 태그명 없이 <></>만으로 간단하게 플래그먼트를 구현할 수 있습니다. 그래서 위 JSX 문법이 실제로 렌더링된다면 아래와 같이 의도한 대로 보이게 됩니다.

```
<h1>제목1</h1>
<h2>제목2</h2>
```

JSX의 특징은 다음과 같습니다.

1. JSX 내부에 **자바스크립트 표현식을 포함할 수 있습니다.** 즉, 자바스크립트 표현식을 **중괄호({ })** 로 감싸서 사용하면 됩니다. 이를 통해 동적인 UI를 생성할 수 있습니다.
2. JSX에서는 HTML과 마찬가지로 속성과 이벤트를 처리할 수 있습니다. 이를 통해 **동적인 UI를 만들 수 있습니다.**
3. JSX에서 **컴포넌트 이름은 대문자로 시작해야 합니다.** 소문자로 시작하는 태그 이름은 HTML 태그로 인식되기 때문입니다.

그 외에 다양한 특징이 있지만 세세한 부분은 해당 내용이 나올 때 다시 언급하겠습니다.

JSX에 표현식으로 표현하는 것은 정확히 어떤 의미일까요? 예를 들어, 아래와 같이 NUMBER라는 변수가 선언되어 있고 h1 내부에서 표현하고 싶다고 가정하겠습니다.

```
const 컴포넌트 이름 = () => {
  const NUMBER = 10;
  return (
      <h1>수의 값은 __입니다.</h1>
  );
}
export default 컴포넌트 이름;
```

그러면 h1 태그 내의 __ 부분에 어떤 코드를 작성해야 의도한 대로 동작할 수 있을까요? 그럴 땐 중괄호({})를 사용해서 자바스크립트의 값이나 식을 대입할 수 있습니다.

> **여기서 잠깐**
>
> **자바스크립트의 값과 식**
>
> '값(Value)'이란 프로그램이 조작할 수 있는 **어떤 표현**입니다. **어떤 표현**에는 문자열, 문자, 숫자처럼 어떤 데이터 타입도 가질 수 있습니다.
>
> '식(Expression)' 또는 '표현식'이란 값을 결정짓기 위해 평가될 수 있는 구문입니다. 여기서 평가는 쉽게 생각해서 연산의 과정이라고 생각하면 됩니다.

```
const 컴포넌트 이름 = () => {
  const NUMBER = 10;
  return (
      <h1>수의 값은 {NUMBER}입니다.</h1>
  );
}
export default 컴포넌트 이름;
```

따라서 위와 같이 { } 안에 값을 넣어줌으로써 화면에 아래와 같은 내용이 정상적으로 나오게 됩니다.

 "수의 값은 10입니다."

JSX를 알아보았으니 리액트에서의 컴포넌트라는 개념도 알아보겠습니다. 리액트에서는 화면을 구성할 때 가장 작은 단위를 컴포넌트Component라고 칭합니다. 예를 들어, 리액트로 만든 애플리케이션이 아래 그림이라고 해봅시다.

[그림 3-8] 리액트로 만든 애플리케이션 예시

그러면 컴포넌트는 각 레고 블록을 의미하는 것입니다.

[그림 3-9] 리액트 애플리케이션을 구성하는 컴포넌트 예시

이제 실제 코드로 컴포넌트를 어떻게 만들 수 있는지 알아보겠습니다. 리액트 컴포넌트를 만들 수 있는 방법에는 크게 두 가지가 있습니다.

- 함수 컴포넌트 방식
- 클래스 컴포넌트 방식

여기서 클래스를 사용해서 만드는 방법은 예전 리액트 버전에서 사용되던 방법이었고 최근에는 함수를 이용한 컴포넌트 방식을 좀 더 권장하고 있습니다. 그래서 이 책에서도 앞으로 함수 컴포넌트 방식으로 설명하겠습니다.

다음 코드를 보겠습니다(이해를 쉽게 하려고 작성한 코드이므로 따라할 필요는 없습니다).

```
const 컴포넌트 이름 = () => {
    //
    // 컴포넌트 관련 로직이다.
    //

    return (
        // 화면에 표시할 내용이다.
    );
}

export default 컴포넌트 이름;
```

함수로 작성된 컴포넌트는 위와 같은 형식으로 사용됩니다. 우리가 자바스크립트에서 일반 함수를 선언하듯이 함수 컴포넌트도 동일하게 작성합니다. 작성할 때 유의할 점은 꼭 컴포넌트의 첫 문자는 대문자로 작성해야 한다는 점입니다. 소문자로 작성하면 변환하면서 리액트 컴포넌트로 인식하는 것이 아니라 HTML 태그로 인식하기 때문에 문제가 발생합니다.

그리고 이 함수의 return 부분은 컴포넌트(함수)가 실행될 때 화면에 나타나게 될 부분을 명시하는 것입니다. 예를 들어 H1 태그의 문자를 보여주고 싶으면 아래와 같이 작성하면 됩니다.

```
const 컴포넌트 이름 = () => {
    //
    // 컴포넌트 관련 로직
    //

    return (
        <h1>안녕하세요. 함수 컴포넌트입니다.</h1>
    );
}

export default 컴포넌트 이름;
```

3.3 Props: 컴포넌트 간 데이터 전달을 위한 객체

리액트에서 Props는 컴포넌트 간 데이터를 전달하는 데 사용되는 객체입니다. 여기서 말하는 데이터는 앞서 설명한 값 혹은 식을 의미합니다. Props는 부모 컴포넌트에서 자식 컴포넌트로 전달되며, 읽기 전용(Read-only)입니다. 즉, 자식 컴포넌트에서 Props를 직접 변경할 수 없습니다.

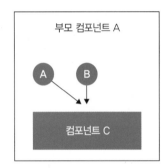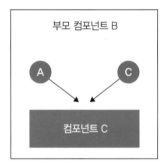

[그림 3-10] 리액트 컴포넌트와 Props의 이해

위 그림을 보면 컴포넌트 C라는 공통 컴포넌트가 있습니다. 해당 컴포넌트에서는 총 A, B, C라는 데이터를 받을 수 있게 설계되어 있습니다. 부모 컴포넌트 A에서는 A, B라는 데이터를 전달하고 부모 컴포넌트 B에서는 A, C라는 데이터를 전달하고 있습니다. 이때 컴포넌트 C 입장에서 A, B, C를 Props라고 부르게 됩니다.

여기서 컴포넌트 C는 같은 컴포넌트라고 해도 다른 Props를 전달받고 있기 때문에 다른 동작을 수행할 수 있습니다. 이 상황을 코드로 설명하겠습니다. 역시 예시를 위한 코드이므로 따라할 필요는 없습니다.

```
// 부모 컴포넌트 A
const ParentA = () => {
    const dataA = "Data A from Parent A";
    const dataB = "Data B from Parent A";
    return (
      // ChildC 컴포넌트를 렌더링하고, propA와 propB를 전달한다.
      <ChildC
        propA={dataA}
```

```
          propB={dataB}
        />
    );
};

  // 부모 컴포넌트 B
const ParentB = () => {
  const dataA = "Data A from Parent B";
  const dataC = "Data C from Parent B";
    return (
      // Child C 컴포넌트를 렌더링하고, propA와 propC를 전달한다.
      <ChildC
        propA={dataA}
        propC={dataC}
      />
    );
};

// 자식 컴포넌트 C
const ChildC = (props) => {
  const { propA, propB, propC } = props;
    return (
      <div>
        <p>Prop A: {propA}</p>
        {/* propB가 존재하는 경우에만 렌더링 */}
        {propB && <p>Prop B: {propB}</p>}
        {/* propC가 존재하는 경우에만 렌더링 */}
        {propC && <p>Prop C: {propC}</p>}
      </div>
    );
};
```

두 컴포넌트 C에서 필수로 전달해야 하는 Prop은 propA입니다. 하지만 propB와 propC는 경우에 따라 존재할 수도 있고 존재하지 않을 수도 있습니다. 그래서 위 코드에서 사각형에 있는 코드 같이 조건부로 렌더링을 해주는 것입니다.

조건부 렌더링은 if문 대신 **삼항 연산자 또는 && 연산자를 사용해 구현**할 수 있습니다. 위 예시에서는 && 연산자를 사용해서 propB와 propC가 존재하는 경우에만 해당 Props를 렌더링하도록 구현했습니다. 예를 들어, propB가 존재하는 경우에는 {propB && <p>Prop B: {propB}</p>} 구문이 다음처럼 평가됩니다.

```
true && <p>Prop B: {propB}</p>
```

true 값은 && 연산자에서는 무시되고, 다음 구문이 반환됩니다.

```
<p>Prop B: {propB}</p>
```

반면, propB가 존재하지 않는 경우(즉 undefined인 경우, Prop이 전달되지 않았을 경우에 자동으로 undefined가 할당됩니다)에는 {propB && <p>Prop B: {propB}</p>} 구문이 false가 되므로, 해당 컴포넌트는 렌더링되지 않습니다.

```
false && <p>Prop B: {propB}</p>
```

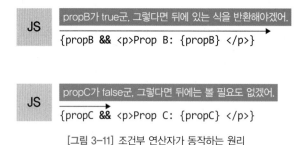

[그림 3-11] 조건부 연산자가 동작하는 원리

이렇게 조건부 렌더링을 사용하면, Props가 존재하지 않는 경우 컴포넌트에서 생기는 오류를 방지할 수 있고, 불필요한 렌더링을 줄일 수 있습니다. 그런데 여기서 Prop이 전달되지 않았을 경우에는 기본값으로 undefined가 할당된다고 했습니다. 그렇다면 모든 Props에 조건부 처리를 모두 해줘야 할까요? 경우에 따라서 그렇게 할 수도 있지만 우리는 컴포넌트 Props에 기본값을 할당할 수도 있습니다.

아래와 같이 작성하면 Props가 전달되지 않아도 undefined가 할당되는 것이 아닌 사전에 정의한 값이 할당되도록 할 수 있습니다.

```
const 컴포넌트 = ({ propA = 'Prop A의 기본값', propB }) => {
    return (
        <div>
            <p>Prop A: {propA}</p>
            <p>Prop B: {propB}</p>
        </div>
    );
};
```

이렇게 간단하게 Props의 기본 개념, 동작을 살펴봤습니다. 지금까지 배운 Props 개념을 정리해봅시다.

Props는 리액트 컴포넌트에서 다른 컴포넌트로 데이터를 전달하기 위한 방법입니다. 이 데이터는 부모 컴포넌트에서 자식 컴포넌트로 전달되며, 자식 컴포넌트에서는 이 데이터를 사용해서 화면을 구성하거나 다른 동작을 수행합니다.

예를 들어, 부모 컴포넌트에서 자식 컴포넌트로 이름이나 나이 같은 정보를 전달할 수 있습니다. 자식 컴포넌트에서는 이 정보를 사용해서 이름이나 나이를 출력하거나 다른 동작을 수행할 수 있습니다. 하지만 Props가 없는 경우, 컴포넌트에서 데이터를 전달받을 수 없게 됩니다. 이 경우에는 조건부 렌더링, 기본값 할당을 하는 방식으로 해결할 수 있습니다.

Props를 잘 활용하면 컴포넌트를 마치 게임 속 캐릭터를 최적화하듯이 다양한 형태로 재활용할 수 있습니다.

3.4 리액트 앱의 렌더링 방식 (with State)

이 절에서는 리액트가 어떤 식으로 동작하게 되는지 알아봅니다.

이전에 간단하게 만들었던 리액트로 만든 프로젝트를 브라우저에서 불러오는 과정에서 어떤 방식으로 브라우저에 렌더링이 되는지 자세히 알아보겠습니다. 이전에 만들었던 index.html 파일을 다시 보겠습니다.

```
01  <!DOCTYPE html>
02  <html lang="ko">
03  <head>
04    <meta charset="UTF-8">
05    <meta http-equiv="X-UA-Compatible" content="IE=edge">
06    <meta name="viewport" content="width=device-width, initial-scale=1.0">
07    <script crossorigin src=
      "https://unpkg.com/react@17/umd/react.development.js"></script>
08    <script crossorigin src=
      "https://unpkg.com/react-dom@17/umd/react-dom.development.js"></script>
09    <script src="https://unpkg.com/@babel/standalone/babel.min.js"></script>
10    <title>React</title>
11  </head>
12  <body>
13    <div id="root"></div>
14    <script type="text/babel">
15      const dom = document.querySelector("#root");
16      const el = <h1>안녕하세요?</h1>;
17      ReactDOM.render(el, dom);
18    </script>
19  </body>
20  </html>
```

우리가 만들었던 HTML은 내부에 아무런 콘텐츠가 없는 문서입니다. 앞서 브라우저가 위의 HTML 을 읽는 단계에서 DOM과 CSSOM을 생성하여 결합한 다음, 레이아웃 단계와 페인트 단계를 거쳐서 화면에 보여진다고 했으니 위의 HTML 코드를 파싱하게 되면 초기 화면에는 빈 화면이 나타나게 될 겁니다. 그럼 어디에서 콘텐츠를 표시하게 될까요?

여기서 집중해야 할 부분은 script 부분입니다.

script 내부의 el 변수를 리액트에서 JSON 형식으로 변환합니다.

```
{
  "type": "h1",
  "props": null,
  "children": [
    "안녕하세요?"
  ]
}
```

그리고 해당 객체를 기반으로 가상의 DOM에 적용시킵니다. 그런데 왜 가상의 DOM을 사용하는 걸 까요? 그 이유는 기존 DOM의 특성에 있습니다. 앞서 설명했던 브라우저 렌더링 방식을 보면, 즉 특 정 DOM을 조작하면, 해당 DOM을 화면에 반영하기 위해서 레이아웃 과정을 거치게 되고 페인트를 하게 된다고 설명했습니다. 그러면 DOM을 조작하는 경우가 매우 많아지게 되면 어떤 문제점이 발생 할 수 있을까요?

예측할 수 있듯, DOM 조작이 발생할 때마다 수치 계산과 그리는 작업을 하게 됩니다. 10,000번 의 DOM 변화가 일어나면 10,000번의 렌더가 발생하게 되는 문제점이 있습니다. 리액트 팀은 이런 DOM의 특성이 사용자의 상호작용이 많은 앱에서 성능상 문제가 발생할 수 있다고 판단했습니다.

그래서 리액트 팀은 가상 DOM이라는, 가상의 메모리 공간에 존재하는 DOM 영역을 만듭니다. 바 로 DOM에 적용하는 것이 아닌 가상 DOM에 변경사항을 누적시킵니다. 그리고 실제 DOM 업데이 트를 딱 한 번 수행하게 됩니다. 그러면 수치 계산과 그리는 작업을 최소화할 수 있어서 효율적으로 동작할 수 있습니다.

위 예제에서는 가상 DOM의 장점이 드러나지 않습니다. DOM을 변화시키는 동작을 하지 않기 때문 입니다. 뒤의 예제를 설명하면서 그 부분을 좀 더 다루어보겠습니다.

위 과정을 진행하고 나면 최종적으로 사용자 화면에 정상적으로 문구가 나타나게 됩니다.

위 예제는 데이터의 흐름이 존재하지 않고 오직 "안녕하세요?"라는 문구만 출력합니다. 여기서 데이터의 흐름이 생긴다면 어떻게 될까요?

리액트는 기본적으로 데이터가 위에서 아래로 흐릅니다. 즉, 상위 컴포넌트의 데이터를 props를 통해서 하위 컴포넌트로 전달하는 방식으로 데이터가 위에서 아래로 흐르는 것입니다.

App.tsx 코드를 아래와 같이 작성하겠습니다.

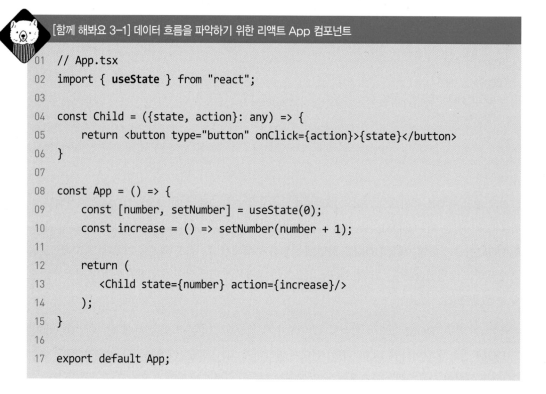

[함께 해봐요 3-1] 데이터 흐름을 파악하기 위한 리액트 App 컴포넌트

```
01  // App.tsx
02  import { useState } from "react";
03
04  const Child = ({state, action}: any) => {
05      return <button type="button" onClick={action}>{state}</button>
06  }
07
08  const App = () => {
09      const [number, setNumber] = useState(0);
10      const increase = () => setNumber(number + 1);
11
12      return (
13          <Child state={number} action={increase}/>
14      );
15  }
16
17  export default App;
```

처음 보는 함수가 나왔습니다. useState입니다. useState는 리액트에서 State를 사용할 수 있게 해주는 함수입니다. 이해를 돕기 위해서 State를 간단하게 설명하자면 컴포넌트의 '상태'를 나타냅니다. 리액트에서 상태state가 변할 때마다 리액트는 해당 컴포넌트를 다시 렌더링하여 업데이트된 상태를 화면에 반영합니다. State 동작 관련된 내용은 뒤에서 다루게 되니 우선은 따라와 주세요.

이 함수는 배열을 반환하는데, 배열의 첫 번째 값에는 State, 두 번째 값에는 state setter 함수가 있습니다. const [number, setNumber] = useState(0) 형식으로 사용하는 것은 자바스크립트의 구조분해할당 문법을 사용해서 함축해놓은 형태입니다. 구조분해할당 문법이 없다면 아래와 같이 작성해야 합니다.

```
const numberArray = useState(0);
const number = numberArray[0];
const setNumber = numberArray[1];
```

구조분해할당 문법

[함께 해봐요 3-1]에 numbers 배열이 있다고 가정해봅시다.

```
const numbers = [1, 2, 3];
```

여기서 첫 번째, 두 번째 요소들을 변수에 할당하고 싶다면 어떻게 할까요?
다음처럼 작성할 수 있습니다.

```
// 기존 방식
const numbers = [1, 2, 3];
const firstNumber = numbers[0];
const secondNumber = numbers[1];
```

하지만 자바스크립트에서는 이를 좀 더 쉽고 간단하게 구현할 수 있습니다. 이를 구조분해할당 문법이라고
합니다.

```
// 구조분해할당
const [firstNumber, secondNumber] = [1, 2, 3];
```

이렇게 하면 변수를 할당하기 위한 코드가 세 줄에서 한 줄로 줄어듭니다. 사실, 동작하는 방식은 같고 문법
적으로 쉽게 하기 위한 자바스크립트의 배려라고 이해하면 됩니다. 이는 배열 자료구조 외의 객체에서도 사
용할 수 있습니다.

```
// 기존 방식
const person = { name: 'John', age: 30 };
const name = person.name;
const age = person.age;
```

객체에서 name과 age를 각각 할당하고 싶다고 할 때 구조분해할당 문법을 사용하면 더욱 간단하게 구현할
수 있습니다.

```
// 구조분해할당
const { name, age } = { name: 'John', age: 30 };
```

State라는 개념이 다소 생소하게 들릴 수도 있지만 사실 여러분에게 매우 친숙한 개념입니다. 바로 변
수입니다.

그러면 "변수 선언문으로 사용하면 되는 것을 왜 굳이 함수를 사용해서 번거롭게 하는거지?"라는 의
문이 생깁니다. 하지만 리액트에서 useState로 관리되는 상태는 일반 변수와는 조금 다릅니다. 앞서
만들었던 예제의 흐름을 설명하면서 무슨 말인지 살펴보겠습니다.

App 컴포넌트에서 state와 action을 Child 컴포넌트로 넘기고 있습니다. 그리고 Child에서 버
튼을 클릭해서 increase라는 액션을 실행했습니다. 그러면 App 컴포넌트가 다시 렌더링됩니다.
setNumber로 number 상태를 변경했기 때문입니다. 동작하는 원리를 정확하게 알아봅시다.

리액트에서는 setState를 호출할 때마다 새로운 state와 함께 해당 컴포넌트는 리렌더링을 수행합니다. 첫 렌더링을 할 때 number라는 상태는 0인 값을 가지고 있습니다. 그러면 App 컴포넌트를 다음과 같이 바라볼 수 있습니다(아래도 이해를 돕기 위한 코드입니다).

```
const number = 0;

const increase = setNumber(0 + 1);

return (
  <div>
    <Child state={number} action={increase}/>
  </div>
);
```

다시 한 번 강조하자면, 현재 number는 0인 상태입니다. setNumber(number + 1)의 동작은 setNumber(0 + 1)과 동일한 동작을 합니다. setNumber의 함수는 매개변수로 전달된 값으로 number 상태를 변경해주고 다시 렌더링해주는 역할을 수행합니다.

즉, setNumber(1)의 의미는 "number가 1인 **컴포넌트를 다시 렌더링 해줘**"라고 해석할 수 있습니다. 그럼 increase 함수를 실행한 상태로 App 컴포넌트를 다시 바라보겠습니다.

```
const number = 1;

const increase = setNumber(1 + 1);

return (
  <div>
    <Child state={number} action={increase}/>
  </div>
);
```

정상적으로 number가 1인 컴포넌트로 렌더링되었습니다.

그리고 **부모 컴포넌트가 리렌더링되면, 자식 컴포넌트도 리렌더링됩니다**. 그래서 Child도 항상 최신의 상태를 받아낼 수 있습니다.

```
const Child = ({state, action}: any) => {
  return <button type="button" onClick={action}>{state}</button>
}
```

만약, App 컴포넌트의 number 상태가 1이라면 Child 컴포넌트는 아래 코드와 같이 해석될 수 있습니다(실제 코드가 이런 식으로 변경되지 않습니다. 이해를 돕기 위한 예시 코드입니다).

```
const Child = () => {
  return <button type="button" onClick={() => setNumber(1 + 1)}>{1}</button>
}
```

부모 컴포넌트(App)에서 자식 컴포넌트(Child)로 데이터를 넘겨 동작하는 방식을 알아봤습니다. setNumber라는 함수를 실행하여 number 상태가 변경되고 DOM을 변경시켰습니다. 그런데 조금 이상합니다.

> "클릭할 때마다 증가하는데 그럼 DOM 조작을 할 때마다
> 연산과 그리는 동작을 매번 수행하는 것이 아닌가?"

이런 생각을 하게 됩니다. 실제로도 그렇게 동작합니다. 그럼 왜 군이 가상 DOM을 사용하는 것일까요?

App.tsx의 코드를 아래와 같이 변경하겠습니다.

[함께 해봐요 3-2] 가상 DOM을 사용하는 이유를 알아보기 위해 App 컴포넌트 수정하기

```
01  import { useState } from "react";
02
03  const Child = ({ state }: any) => {
04    return <button type="button">{state}</button>;
05  };
06
07  const App = () => {
08    const [number1, setNumber1] = useState(0);
09    const [number2, setNumber2] = useState(0);
10
11    const handleChange = () => {
12      setNumber1((prev) => prev + 2);
13      setNumber2((prev) => prev + 3);
14    };
15
16    return (
17      <div>
18        <Child state={number1} />
19        <Child state={number2} />
```

```
20        <button onClick={handleChange}>Change</button>
21      </div>
22    );
23  };
24
25  export default App;
```

위와 같이 Change 버튼을 클릭하면 number1과 number2가 변경됩니다. 그러면 number1이 변경되어 리렌더링이 일어나고, number2가 변경된 후 리렌더링이 일어나므로 총 두 번의 리렌더링이 일어나는 것으로 예측할 수 있습니다.

하지만 위 코드에서 버튼을 클릭했을 때 리렌더링은 한 번만 일어납니다. setState는 호출 즉시 렌더링을 하는 것이 아닌, 동시에 변경되는 state들을 전부 누적한 후에 한꺼번에 렌더링이 일어나기 때문입니다.

가상 DOM을 사용함으로써 가능한 동작입니다. 이처럼 동시에 변경이 일어나는 동작을 한꺼번에 반영한다는 것입니다. 여기서 가상 DOM은 기존의 DOM을 직접 조작하는 동작보다 더 빠르게 동작하는지 의문이 생깁니다. 많은 분이 리액트를 학습할 때 오해하는 부분 중 하나입니다. **가상 DOM을 이용한 동작은 직접 조작하는 동작보다 느립니다.** 그럴 수밖에 없는 게 직접 DOM에 접근하기 이전에 가상 DOM이라는 가상 메모리 공간에 적용한 후에야 DOM을 수정하는 방식이라서 단계를 하나 더 거치기 때문입니다. 그러니 직접 DOM을 조작하는 게 더 빠를 수 밖에 없습니다.

그러면 "굳이 가상 DOM을 도입하는 게 큰 이점이 있을까?"라는 의문점이 생기게 됩니다. 정말 복잡하고 DOM 조작이 많은 애플리케이션에서는 큰 이점이 있겠지만 대부분의 간단한 애플리케이션에서는 가상 DOM을 적용하는 것이 효율성 측면에서 크게 이점이 있지는 않습니다. 그래서 리액트의 도입은 무조건적인 것이 아닌 상황에 따라 적절하게 도입하는 것이 중요합니다.

리액트 렌더링 방식에 대해서 간단하게 알아봤습니다.

3.5 훅 개념과 활용법

이 절에서는 훅Hook이라는 것은 무엇이고 왜 사용하는 것인지에 대해서 살펴보겠습니다.

리액트에서 컴포넌트를 만드는 방법에는 크게 두 가지가 있다고 했습니다. 첫 번째가 클래스를 이용해서 만드는 방법이고 두 번째가 함수를 이용해서 만드는 방법입니다. 예전 버전의 리액트에서는 클래스를 이용해서 만드는 방법이 유일했습니다. 사실 함수 컴포넌트도 사용할 수 있었지만 상태 (State), 생명주기Life Cycle 같은 개념이 함수 컴포넌트에서는 없었기 때문입니다.

> **여기서 잠깐**
>
> **리액트 컴포넌트 생명주기**
>
> 리액트에서 모든 구성요소에는 동작과 화면에서의 렌더링을 결정하는 상태가 있습니다. 구성요소의 상태는 사용자 상호작용 또는 구성요소 및 해당 자식 구성요소의 재렌더링을 트리거하는 기타 요인에 따라 변경될 수 있습니다.
>
> 리액트 구성요소의 생명주기는 네 가지 단계로 나눌 수 있습니다.
>
> ❶ Initialization: 컴포넌트가 처음 생성될 때 생성자를 사용하거나 기본값을 사용하여 초기 상태를 설정합니다.
>
> ❷ Mounting: 컴포넌트가 초기화된 후 DOM에 마운트(Mount)되어 화면에 출력됩니다. 여기서 마운트란 DOM 객체가 생성되고 브라우저에 나타나는 것을 의미합니다. 즉 실제 화면에 나타나는 과정입니다.
>
> ❸ Updating: 구성요소의 상태가 변경되면 업데이트 주기를 거칩니다. 이 주기는 상태 변경으로 시작하여 렌더링 함수를 호출하고 구성요소의 UI를 업데이트한 다음 구성요소의 자식을 업데이트합니다.
>
> ❹ Unmounting: 컴포넌트가 DOM에서 제거되면 언마운팅(Unmounting) 단계를 거칩니다.

훅은 리액트 16.8에서 도입되었으며 함수 컴포넌트에서도 상태, 생명주기 같은 개념을 사용할 수 있다는 이점이 있습니다.

리액트에서 대표적으로 사용되는 훅의 종류에는 상태 관리를 위한 useState, 컴포넌트가 렌더링될 때 특정 동작을 수행할 수 있도록 하기 위한 useEffect, 뒤에서 설명할 컨텍스트에 접근하기 위한 useContext, DOM 요소에 접근하거나 변경 가능한 데이터를 보유하기 위한 useRef 등 다양한 훅을 지원하고 있습니다.

여기에 그치지 않고 사용자의 입맛에 맞게 개조한 커스텀 훅Custom Hook도 직접 구현할 수 있습니다. 아래는 커스텀 훅의 예시 코드입니다.

```
01  const useButtonClickCount = () => {
02    const [count, setCount] = useState(0);
03
04    const handleClick = () => {
05      setCount(count + 1);
06    };
07
08    return [count, handleClick];
09  }
10
11  const MyComponent = () => {
12    const [count, handleClick] = useButtonClickCount();
13
14    return (
15      <div>
16        <p>Button clicked {count} times</p>
17        <button onClick={handleClick}>Click me</button>
18      </div>
19    );
20  }
```

useButtonClickCount라는 커스텀 훅을 만들었고 내부적으로 useState라는 훅을 사용합니다. 이 훅은 button을 클릭할 때마다 count의 횟수가 증가하도록 구현했습니다.

이런 식으로 커스텀 훅을 제작하여 사용할 수도 있습니다. 커스텀 훅을 사용함으로써 여러 컴포넌트 요소에서 로직을 재사용할 수 있습니다. 여러 컴포넌트 요소에서 동일한 코드를 작성하는 경우에는 해당 코드를 커스텀 훅으로 추출하는 것이 좋습니다. 이렇게 하면 코드를 보다 체계적이고 쉽게 유지 관리할 수 있기 때문입니다.

또한 커스텀 훅은 복잡한 로직 또는 상태 저장 동작을 캡슐화하여 코드에 대해 더 쉽게 추론하고 구성 요소가 UI 렌더링에 더 집중할 수 있도록 합니다.

커스텀 훅을 사용하면 코드를 재사용 가능한 모듈로 패키징할 수 있으므로 프로젝트 간에 또는 다른 개발자와 코드를 공유할 수 있다는 이점이 있습니다.

이번에는 useEeffect라는 훅을 사용해서 예제를 작성하겠습니다. useEffect는 함수 컴포넌트에서 **사이드 이펙트**Side Effect**를 수행할 수 있게 해줍니다.** 여기서 사이드 이펙트란, 데이터베이스 업데이트,

API에서 데이터 가져오기, DOM 조작 등과 같이 컴포넌트 외부에서 발생하는 변경 작업을 의미합니다(아래도 예시 코드이므로 따라할 필요는 없습니다).

```
01  import React, { useState, useEffect } from 'react';
02
03  const MyComponent = () => {
04    const [count, setCount] = useState(0);
05
06    useEffect(() => {
07      // 이 함수는 컴포넌트가 렌더링될 때마다 호출된다.
08      document.title = 'You clicked ${count} times';
09    });
10
11    return (
12      <div>
13        <p>You clicked {count} times</p>
14        <button onClick={() => setCount(count + 1)}>
15          Click me
16        </button>
17      </div>
18    );
19  }
```

위 코드를 보면 앞서 설명한 useState를 이용한 Count가 있고, 사용자가 버튼을 클릭할 때마다 Count가 증가합니다. 또한, 현재 Count를 기반으로 문서 제목을 업데이트하는 사이드 이펙트가 있습니다.

useEffect를 호출할 때 첫 번째 인자로 함수(콜백함수)를 전달합니다. 이 함수는 컴포넌트가 렌더링될 때마다 실행됩니다. 추가로 useEffect에 두 번째 인자로 배열을 전달할 수도 있습니다(이후 Deps라고 부릅니다). Deps는 useEffect 훅의 이펙트가 의존하는 값을 담고 있습니다. 이 값 중 어느 하나라도 변경될 때마다 이펙트가 실행됩니다. 이번에는 조금 실무적인 예시로 설명하겠습니다.

```
01  import React, { useState, useEffect } from 'react';
02
03  const MyComponent = () => {
04    const [userData, setUserData] = useState(null);
05    const [loading, setLoading] = useState(true);
06
07    useEffect(() => {
08      // userData 상태가 변경되었을 때만 useEffect가 실행된다.
```

```
09    const fetchUserData = async () => {
10      setLoading(true);
11
12  const response = await fetch('https://jsonplaceholder.typicode.com/users/1');
13      const data = await response.json();
14      setUserData(data);
15      setLoading(false);
16    }
17
18    fetchUserData();
19  }, [userData]);
20
21  if (loading) {
22    return <div>Loading...</div>;
23  }
24
25  return (
26    <div>
27      <h2>{userData.name}</h2>
28      <p>Email: {userData.email}</p>
29      <p>Phone: {userData.phone}</p>
30    </div>
31  );
32 }
```

위 예시에서는 API에서 사용자 데이터를 가져와 화면에 표시합니다. 우리는 useState를 사용하여 사용자 데이터 및 로딩 상태를 관리하고 useEffect를 사용하여 API에서 데이터를 가져옵니다.

useEffect의 Deps를 사용하여 userData가 변경될 때만 이펙트가 실행되도록 작성했습니다. Deps를 작성하지 않으면 userData가 변경되지 않은 경우에도 모든 렌더링 후에 이펙트가 호출되어 비효율적일 수 있습니다.

useEffect의 Deps의 인자로 [userData]로 전달함으로써 리액트가 userData가 변경될 때만 이펙트를 실행하도록 지시합니다. userData가 업데이트되면 userData의 새 값으로 효과가 다시 호출됩니다.

useEffect는 실무 코드에서 자주 사용되는 훅이므로 잘 숙지하기 바랍니다.

정리하며

짧은 지면으로 리액트의 기초 문법이나 동작 원리를 설명하기엔 부족하지만, 꼭 필요하다고 생각하는 기초 지식을 간추려 설명했습니다. 리액트 생명주기, props 객체, 컴포넌트, 클래스 컴포넌트 등의 용어가 낯선 분도 있을 겁니다. 특히 훅을 처음 본 독자들은 생소하기까지 할 것입니다. 그런 분들이라도 뒤에 나오는 쇼핑몰 예제들을 따라하면서 감을 익히고 리액트 기본 문법을 공부하다 보면 쉽게 이해할 수 있습니다.

이 책이 리액트 기본 문법은 떼고 실습을 해보려는 독자가 보는 책이기는 하지만, 그럼에도 리마인드 차원에서 이 정도는 알아야겠기에 정리를 했습니다. 리액트의 기초 지식이 부족한 독자들은 자신이 무엇이 부족한지 알 수 있는 시간이 되었기를 바랍니다.

다음 장부터 본격적으로 리액트로 쇼핑몰을 개발하겠습니다.

쇼핑몰 기본 구조
만들어보기

 이 장에서 다루는 내용

3장까지는 쇼핑몰을 개발하기 위해 알아야 할 기본 지식을 살펴봤습니다. 이제 본격적으로 쇼핑몰을 순수 리액트로만 만들어봅니다. 그리고 4장 이후부터는 새로운 기능을 추가한 후 UI 변경까지 진행할 예정입니다. 화려한 UI가 아닌 텍스트와 이미지로만 되어 있는 UI라서 웹 브라우저에 표시되는 결과를 보고 실망할지도 모르겠습니다. 그렇지만 1장에서 언급한 것처럼 리액트로 개발하는 이유를 생각하면 왜 그렇게 만들었는지 이해가 될 것입니다.

4장은 리액트로 웹 서비스를 개발할 때 필요한 기술을 많이 다룹니다. 다른 서비스를 개발하더라도 충분히 응용할 수 있는 내용이니 꼭 내 것으로 만들기 바랍니다.

4.1 요구사항 살펴보기

보통의 쇼핑몰에는 결제, 화려한 상세 페이지, 독자 문의 등 수많은 기능이 있습니다. 이처럼 완성형 쇼핑몰은 클라이언트 기술뿐만 아니라, 디자인, UX, UI, 백엔드, HTML, CSS, 리액트나 Vue, Node.js나 스프링부트를 이용한 백엔드 등 수 많은 기술이 들어갑니다. 하지만 우리는 오로지 리액트를 학습하기 위해 순수하게 리액트로만 쇼핑몰이라는 서비스의 기능을 단순화해서 개발할 예정이라는 점을 다시 한 번 언급하고 시작하겠습니다.

먼저, 이 책에서 요구하는 쇼핑몰의 기본 요구사항은 아래와 같다고 가정하겠습니다.

- **Create**: 상품을 등록할 수 있어야 합니다.
- **Read**: 상품을 조회할 수 있어야 합니다.
- **Update**: 상품을 수정할 수 있어야 합니다.
- **Delete**: 상품을 삭제할 수 있어야 합니다.

위 네 가지 동작을 CRUD라고 합니다. 소프트웨어를 구성하는 기본 동작을 정의한 것인데, 쇼핑몰 서비스를 구성하는 데 없어서는 안 될 기능들입니다.

우리가 만들 쇼핑몰은 우선 상품을 조회하는 기능부터 개발합니다. 그리고 상품 등록(추가), 상품 삭제, 상품 수정 순으로 CRUD 개발을 완료한 후, 그 밖의 요구사항을 추가로 개발하는 순서로 진행하겠습니다.

앞으로 여러분은 뒤에서 어떤 기능을 추가할지 모른 채 진행합니다. 그 이유는 갑작스러운 요구사항에 대처하는 방법을 다루기 위해서입니다. 개발을 진행하면서 견고하게 설계했다고 생각하는 경우에도 요구사항이 추가되면 그 설계를 완전히 수정해야 하는 상황이 발생할 수도 있습니다. 이는 아무리 실력 있는 개발자가 설계했다고 하더라도 피치 못합니다. 따라서 요구사항에 유연하게 설계를 하는 방법을 숙지한다면 발 빠르게 해결할 수 있게 됩니다.

예를 들어, 컴포넌트 단위로 재사용성을 극대화하며 개발하는 방법과 단일 책임 원칙을 준수하며 컴포넌트를 설계하는 방법 등 여러 방법이 있습니다. 이러한 설계 방법에 관해서는 5장에서 자세히 다룰 예정이며 이 장에서는 리액트로 정말 간단한 CRUD 기반의 서비스를 개발하는 것에 의미를 둡니다.

참고로 자바스크립트에 대한 기본 이해가 없다면 이 책에서 다루는 예제를 이해하기 힘들 수 있습니다. 최소 자료형, 변수, 함수 등의 개념은 숙지하고 학습할 것을 권합니다.

아래 사이트에서 '코어 자바스크립트' 파트를 한번 읽어보고 그 내용을 이해했다면 학습을 진행해도 좋습니다. 아래 사이트는 자바스크립트에 관한 양질의 학습 리소스를 제공하는 웹 사이트입니다.

- https://ko.javascript.info/

거듭 강조하지만 이 장은 리액트로 어떻게 개발하는지에 대해 감을 잡는 시간이라고 생각하면 됩니다. 내용이 많지만 하나하나 따라하면서 "왜 그렇게 동작하는지, 왜 이런 문법이 필요한지"를 생각하며 학습하기 바랍니다.

4.2 상품 목록 렌더링하기

우리는 2장에서 이미 리액트 쇼핑몰 프로젝트를 위한 기본 구성을 마쳤습니다. 2장을 건너뛰고 이 부분을 읽고 있는 독자라면 2장으로 돌아가서 client와 server로 구성된 리액트 빌드 부분을 먼저 읽어보고 여러분의 VSCode에 구축해두기 바랍니다.

앞으로 쇼핑몰 앱을 개발할 때 client와 server 둘 다 실행한 상태로 개발을 진행해야 하므로 이를 동시에 실행해주기 위해서 터미널을 두 개 열어줍니다. 이때 VSCode의 터미널 분할 기능을 이용하면 굉장히 유용한데, 분할을 하면 아래와 같이 사용할 수 있습니다. 터미널 우측에 보이는 분할 아이콘(■)을 눌러서 터미널을 분할할 수 있습니다. 참고로 터미널 환경을 깨끗이 비우고 싶다면 맥일 경우에는 clear 명령어를 통해서, 윈도우일 경우에는 cls 명령어를 사용합니다. 그러면 기존 작업들을 없애고 깨끗한 화면으로 바꿀 수 있습니다.

[그림 4-1] VSCode의 터미널 분할 화면

윈도우 환경이라면 터미널 환경을 Power Shell로 맞춥니다. CMD로 작업하게 되면 아래에서 설명하는 명령어가 맞지 않아 진행이 어렵습니다. 필자는 맥 환경의 터미널에서 작업했습니다.

우리는 2장에서 이미 기본적인 리액트 앱을 만들었고 client라는 디렉터리에 리액트 애플리케이션을 설정했습니다. 해당 client 디렉터리로 이동한 후 다음처럼 리액트 실행 명령어를 입력해서 리액트 개발 서버를 실행하겠습니다.

```
cd client/
yarn start
```

마찬가지로 server라는 디렉터리에 백엔드 API 서버를 깃허브에서 클론했습니다. 두 번째 터미널에는 server 디렉터리로 이동한 후 다음처럼 백엔드 API 서버 실행 명령어를 입력하여 실행합니다.

```
cd server/
yarn start
```

만약, 여러분의 프로세스에서 3000번대를 이미 사용하고 있다면 CRA가 알아서 다른 포트 번호로 설정되어 실행됩니다. 이와 관련된 내용은 터미널 실행 창에서 설명해주고 있으니 접속이 안 되는 분들은 참고하기 바랍니다. 따라서 웹 브라우저에서 http://localhost:3000에 접속하여 리액트 애플리케이션이 제대로 실행되는지 확인해야 합니다. 이를 통해 프런트엔드 부분이 정상적으로 동작하는지 확인할 수 있습니다.

한편, 2장에서는 백엔드 API 서버를 구축할 때 .env 파일에 환경변수로 포트를 설정했습니다. 예를 들어, .env 파일에서 PORT=3090과 같이 포트 번호를 설정한 경우, 백엔드 서버는 http://localhost:3090에서 실행됩니다. 따라서 해당 URL로 접속하여 백엔드 API 서버가 올바르게 실행되는지 확인할 수 있습니다.

요약하자면, 리액트 애플리케이션은 기본적으로 3000번대 포트에서 실행되며, 백엔드 API 서버는 .env 파일에 설정한 포트 번호로 실행됩니다. 각각의 실행 여부를 확인하여 애플리케이션이 제대로 동작하는지 확인할 수 있습니다.

> **여기서 잠깐**
>
> **리액트 개발 서버**
>
> 리액트 개발 서버는 여러분이 작성한 코드를 기반으로 번들링(Bundling)된 HTML, 자바스크립트, CSS 파일과 함께 애플리케이션을 사용자의 브라우저에 제공하는 역할을 합니다. 여기서 번들링이란 여러 개의 소스파일을 하나의 파일로 결합하는 과정을 말합니다. 리액트 개발 서버는 이렇게 번들링된 파일들을 제공하여 앱을 실행시키고 화면에 렌더링합니다.
>
> 추가로 리액트 개발 서버는 수정된 소스코드를 자동으로 감지하고, 변경된 부분을 즉시 반영하기 위해 자동으로 페이지를 다시 로드하는 기능을 제공하기도 합니다. 이런 이유로 개발자는 코드를 수정한 후에 새로고침 없이 변경사항을 확인할 수 있습니다.

우선, 상품 목록을 조회하는 기능을 구현하기 위해서 client 디렉터리 내부에 미리 만들어진 App.tsx 파일에 아래와 같이 작성합니다. 굵게 표시된 내용이 새로 추가된 소스입니다.

 [함께 해봐요 4-1] interface 키워드로 ProdutType을 만들고 products 변수 선언하기

```
01  // App.tsx
02  interface ProductType {
03    id: number;
04    name: string;
```

```tsx
05    explanation: string;
06    price: number;
07  }
08
09  function App() {
10    const products: ProductType[] = [];
11
12    console.log(products);
13
14    return (
15      <>
16        <h1>쇼핑몰 앱 만들어보기</h1>
17      </>
18    );
19  }
20
21  export default App;
```

interface 키워드를 사용하여 ProductType이라는 별칭으로 상품 데이터의 타입 별칭을 명시했습니다(02행). 타입스크립트 문법인데, 잘 모른다면 앞으로 자주 사용할 키워드이기 때문에 익숙해져야 합니다.

상품 목록을 다루는 변수인 products를 선언했습니다(10행). products라는 배열은 ProductType이 배열 형태로 존재할 수 있기 때문에 ProductType[]으로 타입을 명시했습니다.

현재 products는 빈 배열로 초기화했습니다. 즉, 아무런 값이 존재하지 않는 상태인데, 서버에서 데이터를 가져오는 작업을 하기 전에 임의로 가짜 데이터를 넣어서 화면에서 렌더링이 잘 이루어지는지 확인하기 위해서입니다.

products 초깃값으로 아래처럼 가짜 데이터를 넣어주겠습니다.

[함께 해봐요 4-2] products 변수의 초깃값으로 가짜 데이터 입력하기

```tsx
01  // App.tsx
02  interface ProductType {
03    id: number;
04    name: string;
05    explanation: string;
06    price: number;
07  }
08
```

```
09  function App() {
10    const products: ProductType[] = [
11      {
12        id: 0,
13        name: "Iphone 13 Max",
14        explanation: '디스플레이는 6.1인치 19.5:9 비율의 2532×1170
15        해상도를 지원하며 패널 형식은 AMOLED 방식의 Super Retina XDR 디스플레이이다.
16        인치당 픽셀 수는 460 ppi이다. 120Hz의 터치 샘플링 레이트를 제공하고 명암비는 2,000,000:1이다',
17        price: 1230000,
18      },
19    ];
20    console.log(products);
21
22    return (
23      <>
24        <h1>쇼핑몰 앱 만들어보기</h1>
25      </>
26    );
27  }
28  export default App;
```

type 키워드로 상품 객체의 타입을 명시한 타입이 아닌 다른 타입으로 할당하면 편집기에서 오류가 발생하게 됩니다. 즉, 사전에 예기치 못한 오류를 막을 수 있게 되는 겁니다. 이는 타입스크립트를 사용해서 얻을 수 있는 장점입니다.

크롬 웹브라우저에서 개발자 도구를 열어서 배열이 잘 나오는지 확인해보겠습니다.

[그림 4-2] products 콘솔 내역

그런데 콘솔이 두 개가 찍혀있습니다. 원래는 렌더링되었을 때 console.log가 한 번 찍히는 게 맞지만 실제 개발자 콘솔을 확인해보니 예상한 결과와는 다르게 두 개가 찍혀있는 모습을 볼 수 있습니다. 왜 이렇게 동작할까요?

그 이유는 React StrictMode가 활성화되어 있어서 그렇습니다. StrictMode는 리액트 내에 잠재적인 오류를 검출하기 위한 도구입니다. StrictMode에서 기본적으로 렌더링 부작용을 검출해내기 위해서 렌더링을 두 번 하기 때문에 console.log가 두 번 찍히게 됩니다.

우리가 따로 StrictMode를 설정해준 적은 없지만 CRA로 템플릿 프로젝트를 만들면 자동으로 StrictMode가 설정됩니다. 개발할 때 실수를 유발하는 행위를 검출하는 데 큰 도움이 되니 StrictMode는 따로 설정을 해제하지 않겠습니다. 여러분의 서비스를 프로덕션으로 배포하는 경우에는 자동으로 StrictMode가 비활성화됩니다.

이제 이 데이터를 화면에 렌더링하는 방법을 알아보겠습니다.

JSX 문법은 중괄호({ }) 내부에 자바스크립트 값을 대입할 수 있습니다. 예를 들어 a라는 변수를 리액트 화면에 표현하려면 아래와 같이 작성할 수 있습니다(예시 코드이므로 따라하지 않아도 됩니다).

```
function Component() {
  const a = 10;

  return (
    <h1>{a}</h1>
  );
```

조금 더 나아가서 연산된 결과값도 렌더링할 수 있습니다(예시 코드이므로 따라하지 않아도 됩니다).

```
function Component() {
  const a = 10;

  return (
    <h1>{a + 10}</h1>
  );
}
```

그럼 앞서 만든 products 상태를 화면에 표시하려면 이러한 방식대로 작성하면 될까요?

```tsx
01  // App.tsx
02  interface ProductType {
03    id: number;
04    name: string;
05    explanation: string;
06    price: number;
07  }
08
09  function App() {
10    const products: ProductType[] = [
11      {
12        id: 0,
13        name: "Iphone 13 Max",
14        explanation: '디스플레이는 6.1인치 19.5:9 비율의 2532×1170
15        해상도를 지원하며 패널 형식은 AMOLED 방식의 Super Retina XDR 디스플레이이다.
16        인치당 픽셀 수는 460 ppi이다. 120Hz의 터치 샘플링 레이트를 제공하고 명암비는 2,000,000:1이다',
17        price: 1230000,
18      },
19    ];
20
21    return <h1>{products}</h1>;
22  }
23
24  export default App;
```

이렇게 작성하고 보니까 타입 오류가 발생합니다. 객체 데이터 자체가 리액트 엘리먼트가 될 수 없기 때문입니다.

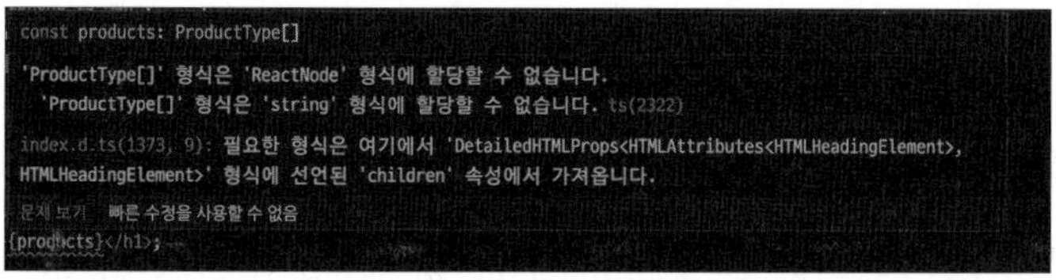

[그림 4-3] 타입 오류

위에서 정의해놓은 것을 제외한 모든 객체를 JSX로 표현하려면 타입이 호환될 수 있도록 변환해서 렌더링하면 됩니다.

그렇다면 각 속성(id, name, price 등 원시 타입인 것들)에 접근해서 요소로 렌더링하면 될 것 같습니다. 저 데이터는 배열의 첫 번째 인자에 존재하므로 앞서 작성한 App.tsx의 마지막 return 부분(21행)을 아래와 같이 수정하면 화면에서 정상적으로 렌더링됩니다.

[함께 해봐요 4-4] products 상태를 화면에 표시하기(오류 수정 버전)

```
01  // App.tsx
02  ...
21  return (
22    <>
23      <div>{products[0].id}</div>
24      <div>{products[0].name}</div>
25      <div>{products[0].price}</div>
26      <div>{products[0].explanation}</div>
27    </>
28  );
```

위 방식으로 하면 당장은 문제없어 보입니다. 그런데 데이터가 여러 개일 경우도 생각해야 합니다. 데이터가 여러 개라면 하드코딩으로 각 인덱스를 접근하여 렌더링해야 할 것입니다. 매우 비효율적입니다. 또 위 방식은 동적으로 바뀌는 데이터를 다루는 데 불가능합니다. 그래서 배열을 렌더링하는 데 map 메서드를 사용하면 위 문제를 해결할 수 있습니다.

map 메서드의 기능은 각 배열 요소를 순회하면서 주어진 함수를 호출한 값을 모아서 새로운 배열을 만들게 됩니다. 예를 들어, 아래와 같은 예시가 있다고 하겠습니다. 크롬 개발자 도구 콘솔 탭에서 작성했습니다.

```
> const arr = [1,2,3,4];
  console.log(arr.map((x) => x* 2));
▶ (4) [2, 4, 6, 8]
```

[그림 4-4] map 예시

각 요소는 1,2,3,4입니다. map은 함수를 하나 받습니다. 이 함수가 반환하는 값들이 새로운 배열이 됩니다. 해당 함수의 매개변수에는 현재 순회하는 값을 받게 되는데, 첫 번째 순회 때 x 값은 1이 됩니다. 두 번째 순회를 하면 x 값은 2가 됩니다. 배열의 끝까지 순회를 하게 됩니다.

위 예시에서는 각 요소에 2를 곱해주는 동작을 하고 있습니다. 2를 곱한 결과를 기반으로 새로운 배열을 만들게 되는 것입니다.

이 map 메서드를 리액트에 대입하여 사용할 수 있습니다. App.tsx의 마지막 return 부분을 수정합니다.

```
01  // App.tsx
02  ...
21  return (
22    <>
23      {products.map((product) => (
24        <div>
25          <div>{product.id}</div>
26          <div>{product.name}</div>
27          <div>{product.price}</div>
28          <div>{product.explanation}</div>
29        </div>
30      ))}
31    </>
32  );
```

위와 같이 작성하고 저장한 후 화면을 보면 정상적으로 배열이 추가되는 모습을 확인할 수 있습니다.

각 상품 요소를 리액트 엘리먼트_{React Element}로 변환시켜 새로운 배열을 만드는 것입니다. 화면에 데이터는 잘 나타나지만 개발자 콘솔을 확인해보면 경고 문구가 나타나는 모습을 볼 수 있습니다.

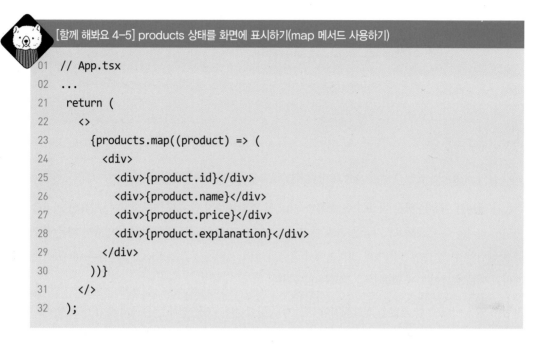

```
⊗ ▶Warning: Each child in a list should
  have a unique "key" prop.

  Check the render method of `App`. See h
  more information.
      at App (http://localhost:3000/stati
```

[그림 4-5] key prop 오류

왜 이런 경고 문구가 발생하는지, 그 이유를 찾기 전에 해결 방법부터 알아보겠습니다.

```
01  // App.tsx
02  ...
21  return (
22    <>
```

```
23        {products.map((product) => (
24          <div key={product.id}>
25            <div>{product.id}</div>
26            <div>{product.name}</div>
27            <div>{product.price}</div>
28            <div>{product.explanation}</div>
29          </div>
30        ))}
31      </>
32    );
```

위와 같이 작성하면 콘솔 창에서 오류가 사라지는 모습을 확인할 수 있습니다.

오류가 발생한 이유는 바로 각 요소에 고유한 키key를 전달해주지 않아서 그렇습니다. 고유한 키값을 어디서 가져올 수 있을까요? 지금은 가짜 데이터로 임의의 고유한 id를 만들어서 대입했기 때문에 오류를 해결할 수 있었습니다. 미리 깃허브에서 클론한 API 서버에서 각 product 객체에는 id 값이 존재하기 때문에 굳이 가짜 id를 만들 필요는 없습니다.

그런데 왜 굳이 고유한 키값을 전달해줘야 하는지 궁금합니다. 조금 전에 콘솔에서 오류가 뜨긴 해도 렌더링이 잘 되는 모습을 확인했습니다. 그럼 굳이 키값을 전달해줘야 할지 의문입니다.

리액트 공식 문서에 적힌 내용을 인용하겠습니다.

> "키는 리액트가 어떤 항목을 변경, 추가 또는 삭제할지 식별하는 것을 돕습니다.
> 키는 요소(엘리먼트)에 안정적인 고유성을 부여하기 위해 배열 내부의 요소에 지정해야 합니다."

요약하면 식별과 안정적인 고유성을 부여하기 위해서 지정해줘야 한다고 하는데, 추상적으로 설명해서 크게 와닿지 않습니다. 리액트의 렌더링 방식을 알면 좀 더 이해하기 쉽습니다.

아래 코드를 살펴보겠습니다.

```
const arr = ['a', 'b', 'c', 'd'];

return (
  <>
    {arr.map((x) => <div>{x}</div>)}
  </>
);
```

위 코드는 각 배열의 요소를 div 태그로 묶어서 렌더링합니다. 여기서 만약 'e'라는 새로운 요소가 'b'와 'c' 중간에 새로 생기면 리액트는 어떻게 동작할까요?

'e'로 묶은 새로운 div 태그가 중간에 삽입되는 게 아닌 원래 존재하던 'b'가 새로운 요소인 'e'로, 'c'는 'b'로, 그리고 마지막에 'd'라는 요소가 생성되어 최종적으로 중간에 새로운 'e'가 삽입된 형태의 배열이 만들어집니다.

중간에 새로운 요소를 추가하기 위해 뒤의 요소가 전부 바뀌게 되었습니다. 만약, 추가하려는 요소 아래로 배열 요소가 100만 개 넘게 있다고 가정하면 어마어마한 비효율적인 작업을 수행하게 됩니다.

리액트에서는 키 속성을 제공해 위와 같은 비효율적인 문제를 해결할 수 있습니다. 앞선 코드에서는 변경이 필요하지 않는 요소까지 전부 바뀌게 되는 게 문제였는데, 고유한 키값을 전달하면 중간에 배열값을 추가하려는 동작을 해도 변경되지 않은 내용은 그대로 두고 중간에 삽입할 수 있게 됩니다.

```
[
  { id: 0, value: 'a' },
  { id: 1, value: 'b' },
  { id: 2, value: 'c' },
  { id: 3, value: 'd' },
]
```

위의 데이터 타입을 키와 함께 렌더링하겠습니다.

```
const arr = [
  { id: 0, value: 'a' },
  { id: 1, value: 'b' },
  { id: 2, value: 'c' },
  { id: 3, value: 'd' },
];

return (
  <>
    {arr.map((x) => <div key={x.id}>{x.value}</div>)}
  </>
);
```

각 요소에 고유한 id 값이 있으므로 키값으로 전달했습니다. 앞서와 같이 'e'가 추가되는 상황에는 아래와 같이 동작합니다.

```
[
  { id: 0, value: 'a' },
  { id: 1, value: 'b' },
  { id: 4, value: 'e' }, // 추가된 값이다.
  { id: 2, value: 'c' }, // 불필요한 렌더링이 발생하지 않는다.
  { id: 3, value: 'd' }, // 불필요한 렌더링이 발생하지 않는다.
]
```

새로운 'e' 값을 가진 객체를 'b'와 'c' 사이에 렌더링하기 위해서 아래의 모든 요소를 변경할 필요가 없습니다. 각 요소가 고유한 값을 가지고 있고 순서를 보장할 수 있기 때문입니다.

만약, 고유한 id 값이 없다면 어떨까요? 대부분의 상황에서는 고유한 id 값이 존재하겠지만, 그렇지 못한 경우가 발생했을 때에는 배열의 index 값을 고유한 키값으로 주는 방식을 사용하면 됩니다. 각 배열의 index는 1씩 증가하므로 고유한 값이므로 유효해보입니다. 그렇게 동작하게 하려면 아래와 같이 작성하면 됩니다.

```
const arr = ['a', 'b', 'c', 'd'];

  return (
    <>
      {arr.map((x, index) => <div key={index}>{x}</div>)}
    </>
  );
```

map 메서드에서 콜백 함수의 두 번째 매개변수에는 각 요소의 index 값을 전달해줍니다. 그 값을 키 키로 넘긴 모습입니다.

그러면 상품 데이터를 렌더링하는 경우에도 사실 고유의 id 값을 사용하지 않고 배열의 index를 사용하면 되지 않을까요? 하지만 배열의 index를 키로 사용하는 방법은 권장되지 않습니다. 그 이유를 조금 더 자세히 살펴보겠습니다.

위 코드를 렌더링한 결과 코드는 아래와 같습니다.

```
<div key={0}>a</div>
<div key={1}>b</div>
<div key={2}>c</div>
<div key={3}>d</div>
```

arr 배열 중간에 e라는 데이터가 추가되었을 때는 렌더링 결과가 아래와 같습니다.

```
<div key={0}>a</div>
<div key={1}>b</div>
<div key={2}>e</div>
<div key={3}>c</div>
<div key={4}>d</div>
```

arr 배열의 중간에 요소가 삽입되어 인덱스도 재배치를 하게 됩니다. 그러면 렌더링을 하는 데 성능 저하가 생기는 문제가 발생합니다. 또한 재배치를 하는 과정에서 예상하지 못한 결과가 발생할 수도 있습니다. 정말, 오류 문구를 해결하기 위한 방법인 것입니다. 그래서 배열의 index를 키 값으로 사용하는 경우는 정적인 배열에만 사용하는 것을 권합니다.

아래는 최종 App.js 코드입니다.

[함께 해봐요 4-7] 상품 목록을 렌더링하는 최종 App.js 코드

```tsx
01   // App.tsx
02
03   interface ProductType {
04     id: number;
05     name: string;
06     explanation: string;
07     price: number;
08   }
09
10   function App() {
11     const products: ProductType[] = [
12       {
13         id: 0,
14         name: "Iphone 13 Max",
15         explanation: '디스플레이는 6.1인치 19.5:9 비율의 2532×1170
16         해상도를 지원하며 패널 형식은 AMOLED 방식의 Super Retina XDR 디스플레이이다.
17         인치당 픽셀 수는 460 ppi이다. 120Hz의 터치 샘플링 레이트를 제공하고 명암비는 2,000,000:1이다',
18         price: 1230000,
19       },
20     ];
21
```

```
22    return (
23      <>
24        {products.map((product) => (
25          <div key={product.id}>
26            <div>{product.id}</div>
27            <div>{product.name}</div>
28            <div>{product.price}</div>
29            <div>{product.explanation}</div>
30          </div>
31        ))}
32      </>
33    );
34  }
35
36  export default App;
```

상품 목록을 렌더링했으니 다음 절에서는 상품을 추가하는 로직을 작성하겠습니다.

4.3 상품 추가하기

상품 추가 로직도 실제 서버와 연동하기 전에 브라우저에서 가짜 상품 데이터를 추가하는 방식으로 구현하겠습니다. 먼저 form과 input을 활용해서 기본적인 데이터 타입을 받는 틀을 만들겠습니다. 기존에 작성한 상품 리스트들을 map 함수를 돌려 렌더링한 코드 상단에 form 태그를 작성해주세요.

[함께 해봐요 4-8] 상품 추가하기를 위한 form 작성하기

```
01  // App.tsx
02  ...
03    return (
04      <>
05        <form onSubmit={() => console.log("제출")}>
06          <input type="text" placeholder="상품 이름" />
07          <input type="text" placeholder="상품 설명" />
08          <input type="number" placeholder="상품 가격" />
09          <input type="submit" value="상품 만들기" />
10        </form>
11
12        {products.map((product) => (
13          ...
14        ))}
15      </>
16    );
```

[그림 4-6] 상품 추가하기 폼 화면

리액트에서 form 태그의 "제출" 이벤트를 핸들링하기 위해서는 onSubmit이라는 속성을 form 태그에 명시하면 됩니다. 이제 브라우저 화면으로 돌아가서 [상품 만들기] 버튼을 클릭하고 크롬 웹브라우저 개발자 도구의 콘솔을 확인해보세요.

조금 이상합니다. 개발자 콘솔은 "제출"이라는 문자가 나타나야 하는데, 이 문제는 보이지 않고 브라우저 URL에는 "?"이라는 문자가 생겼습니다. 어떻게 된 걸까요?

[그림 4-7] 콘솔에서 Form 동작 확인해보기

브라우저에서 form 제출 이벤트가 발생했을 때 아무런 명시를 하지 않는다면 기본적인 동작으로 페이지를 '새로고침'하게 됩니다. URL에서 확인할 수 있었던 ?는 쿼리스트링Query String이라고 해서 데이터를 URL로 전달하는 방식 중 하나입니다. 그런데 현재 쿼리스트링을 전달하기 위한 데이터를 명시하지 않았으므로 ?만 찍히게 된 것입니다. 원래는 ?a=10&b=20 이런 식으로 데이터를 전달할 수 있습니다.

우리는 이 동작이 필요하지 않습니다. 그저 제출 이벤트가 발생할 때 console.log만 찍히게 하고 싶습니다. 그래서 브라우저의 기본 동작을 없애기 위해서 event.preventDefault()라는 함수를 사용합니다.

event 객체는 모든 이벤트 핸들러의 첫 번째 매개변수로 전달됩니다. 그 event 객체에는 prevent Default가 있습니다. 그 함수를 호출하면 기본 브라우저 동작을 막을 수 있습니다.

[함께 해봐요 4-9] '상품 추가하기'를 위한 form 작성하기(수정 버전)

```
01  // App.tsx
02  ...
03  return (
04    <>
05      <form
06        onSubmit={(event) => {
07          event.preventDefault();
08          console.log("제출");
```

```
09          }}
10      >
11        <input type="text" placeholder="상품 이름" />
12        <input type="text" placeholder="상품 설명" />
13        <input type="number" placeholder="상품 가격" />
14        <input type="submit" value="상품 만들기" />
15      </form>
16  ...
17  </>
18  )
```

파일을 저장하고 브라우저를 확인하면 이제 의도한 대로 새로고침이 발생하지 않고 개발자 콘솔에는 "제출"이라는 문자만 찍히는 모습을 확인할 수 있습니다.

이제 상품의 데이터를 다루어야 합니다. 그러기 위해서 '상태(state)'를 사용해야 합니다. 상태는 변화하는 데이터라고 했습니다. 상태를 사용하려면 위 코드에서 변화하는 데이터를 먼저 파악해야 합니다.

- 상품 이름: product name
- 상품 설명: product explanation
- 상품 가격: product price
- 상품 목록: products

상품 목록은 상품의 목록을 의미하며, 상품 목록 값이 변하는 이유는 상품을 추가하고 삭제할 때 상품 목록의 값이 변하기 때문입니다. 이름, 설명, 가격도 폼에 입력되어 변경되는 데이터이므로 '상태'로 관리합니다. 따라서 위 데이터를 전부 '상태'로 관리해야 합니다.

리액트에서 '상태'를 사용하려면 useState라는 함수를 사용해야 하는데, 이 함수는 아래와 같은 형태로 선언할 수 있습니다.

```
const [상태, 상태변경함수] = useState(초깃값);
```

상태를 변경하려면 **상태변경함수**를 이용해야 합니다. 상태 = 새로운 값과 같은 식으로 변숫값을 변경하는 것처럼 상태를 변경할 수 없습니다.

useState를 활용해서 데이터를 다시 선언하겠습니다.

```tsx
01  // App.tsx
02  import { useState } from "react";
03   ...
04   const [products, setProducts] = useState<ProductType[]>([
05    {
06      id: 0,
07      name: 'Iphone 13 Max',
08      explanation: '디스플레이는 6.1인치 19.5:9 비율의 2532×1170
09      해상도를 지원하며 패널 형식은 AMOLED 방식의 Super Retina XDR 디스플레이이다.
10      인치당 픽셀 수는 460 ppi이다. 120Hz의 터치 샘플링 레이트를 제공하고 명암비는 2,000,000:1이다',
11      price: 1230000,
12    },
13  ]);
14  const [name, setName] = useState('');
15  const [explanation, setExplanation] = useState('');
16  const [price, setPrice] = useState(0);
17   ...
```

여기서 잠깐

경고 메시지 표시 기능

프로그래밍 언어 및 편집기에 따라 사용되지 않는 변수나 함수를 감지하여 경고 메시지를 표시하는 기능이
있을 수 있습니다. 예를 들면 위 코드에서 작성한 setProducts, name, setName, explanation 등입니다.
이는 실수를 방지하기 위해서 편집기에서 경고 차원으로 메시지를 표시한 것뿐이니 무시해도 됩니다.

useState<타입별칭>(초깃값)과 같은 식으로 타입 별칭을 제네릭Generic으로 명시하면 상태의 타입을 선
언할 수 있게 됩니다. '4.8 Context API 설정하기'에서 제네릭에 대해서 상세하게 설명하므로 여기서
는 간단하게만 설명하겠습니다.

제네릭이란 <> 형식입니다. 제네릭을 사용하면 타입을 함수의 매개변수로 전달해주는 동작을 할 수
있습니다. 즉 useState<ProductType[]>([...]) 구문은 useState에게 "상태의 타입은 ProductType
의 배열 형태야"라고 명시하는 것입니다. 그러면 원시값인 name, explanation, price의 상태는 왜 타
입을 지정해주지 않았을까요? 그 이유는 타입스크립트가 타입을 추론해주므로 별도의 명시가 없어도
타입을 지정할 수 있기 때문입니다(타입을 직접 지정한다면 좀 더 명시적으로 상태 데이터의 타입을
표현할 수 있다는 장점이 있습니다).

useState로 상태를 선언하는 것은 완료했습니다. 이제 이 데이터를 변경시키고 활용하는 방법을 알
아보겠습니다.

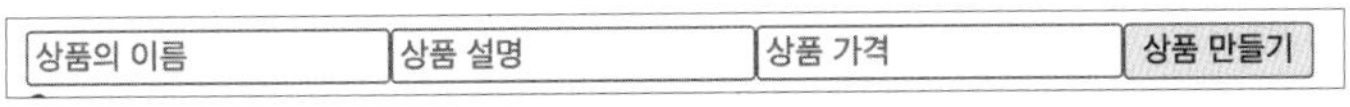

상품의 이름	상품 설명	상품 가격	상품 만들기

[그림 4-8] 상품 만들기 폼

위 input의 데이터가 변경될 때, 각 상태도 반영되어야 합니다. 예를 들어, 사용자가 상품 이름을 입력했을 때 name 상태로 input 값과 동기화되어야 한다는 의미입니다. 어떻게 이를 구현할 수 있을까요?

먼저 input 요소에는 onChange라는 속성이 있습니다. input에 변경이 감지되었을 때 실행되는 이벤트 핸들러를 넘겨주면 됩니다. 앞선 onSubmit처럼 event 객체를 받게 되는데. 이 event 객체에서 target이라는 속성으로 input 요소에 접근할 수 있습니다. 그러면 그 input 요소의 값에 접근하기 위해서는 value라는 속성으로 접근할 수 있습니다. 그래서 최종적으로 event 객체로 input의 value를 가져오고 싶을 때는 event.target.value로 접근할 수 있습니다.

[함께 해봐요 4-11] 상품 데이터를 변경시키고 활용하기(onChange 속성)

```tsx
// App.tsx
return (
  <>
    <form
      onSubmit={(event) => {
        event.preventDefault();
        console.log("제출");
      }}
    >
    <input
      onChange={(event) =>
      console.log("상품 이름이 변경되었습니다.", event.target.value)}
      type="text"
      placeholder="상품 이름"
    />
    <input
      onChange={(event) =>
      console.log("상품 설명이 변경되었습니다.", event.target.value)}
      type="text"
      placeholder="상품 설명"
    />
    <input
      onChange={(event) =>
      console.log("상품 가격이 변경되었습니다.", event.target.value)}
      type="number"
      placeholder="상품 가격"
```

```
24          />
25          <input type="submit" value="상품 만들기" />
26      </form>
27  ...
28  </>
29  )
```

저장하고 브라우저에서 개발자 콘솔을 열어 input에 입력하면 데이터가 변경될 때 콘솔에 잘 나타나는 모습을 확인할 수 있습니다.

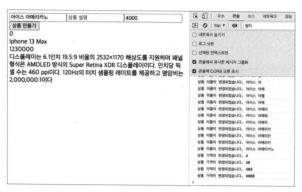

[그림 4-9] input 값이 잘 변경되는지 확인하는 콘솔 화면

그러면 어느 시점에 '상태'를 변경해줘야 할까요? 일반적으로 onChange 이벤트 핸들러를 사용하여 입력 요소의 값이 변경될 때마다 '상태'를 업데이트합니다.

여기서 잠깐

제어 컴포넌트

입력 요소의 값은 상태에 의해 제어되며, 상태 변경에 의해 입력 요소의 값이 갱신됩니다. 즉, input 요소와 '상태'가 서로 바인딩된 상태라고 볼 수 있습니다. 이를 통해 리액트 앱의 상태 변화를 예측 가능하고 추적 가능한 상태로 유지할 수 있습니다. 이를 리액트에서는 제어 컴포넌트(Controlled Component)라고 합니다.

이제 onChange에서 event.target.value로 데이터에 접근하여 상태변경함수를 이용하여 상태를 변경해주도록 코드를 수정합니다.

```tsx
// App.tsx
  return (
    <>
      <form
        onSubmit={(event) => {
          event.preventDefault();
          console.log(name, price, explanation);
        }}
      >
        <input
          value={name}
          onChange={(event) => setName(event.target.value)}
          type="text"
          placeholder="상품 이름"
        />
        <input
          value={explanation}
          onChange={(event) => setExplanation(event.target.value)}
          type="text"
          placeholder="상품 설명"
        />
        <input
          value={price}
          onChange={(event) => setPrice(parseInt(event.target.value, 10))}
          type="number"
          placeholder="상품 가격"
        />
        <input type="submit" value="상품 만들기" />
      </form>
      ...
    </>
  );
```

여기서 잠깐

parseInt

parseInt는 자바스크립트의 내장 함수로, 문자열을 정수로 변환합니다. 이 함수는 문자열을 분석하고 해당 문자열이 나타내는 숫자를 반환합니다. 사용법은 아래와 같습니다.

```
parseInt(string, radix)
```

string에서는 변환할 문자열을 전달하고, radix에는 몇 진수로 변환할 것인지 지정합니다. 예제에서는 10진수로 변환해주고 있습니다.

코드 작성을 완료했다면 저장하고 개발자 도구를 엽니다. 그리고 input에 데이터를 입력한 다음 [상품 만들기] 버튼을 클릭하여 콘솔 창을 확인해보세요. 아래와 같이 데이터가 잘 나타난다면 여기까지 문제없이 잘 따라온 겁니다. 혹시 콘솔 창에 "react-dom.development.js:86 Warning:~"으로 시작하는 경고가 나온다면 무시해도 되는 오류입니다. 경고는 일반적으로 프로그램이 오류 없이 실행되지만, 코드나 프로젝트의 품질을 높이기 위해 주의가 필요한 부분을 개발자에게 알려주는 메시지입니다. 우리는 개발하고 있는 단계이므로 우선 이 경고는 무시하겠습니다.

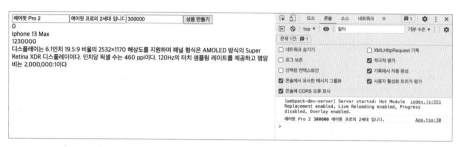

[그림 4-10] 실행 결과

제어 컴포넌트를 이용해 input에 바인딩된 상태들을 기반으로 새로 생성할 상품 데이터를 만들었습니다. 이제 이 상품 데이터를 products state에 추가하면 됩니다.

onSubmit 이벤트가 발생했을 때 상태변경함수인 setProducts를 통해서 products를 변경합니다.

```
const arr = [1,2,3,4];

...arr => 1    2    3    4        // 각 개별 요소다.
[...arr] => [1,2,3,4];           // 분해한 개별 요소를 배열로 묶어 새로운 배열로 만든다.
[...arr, 5] => [1,2,3,4,5]       // 분해한 개별 요소와 새로운 값인 5로 새로운 배열을 만든다.
```

즉, 기본 products 배열값을 분해한 다음, 새로운 상품값을 추가한 배열을 products에 반영하는 것입니다.

[함께 해봐요 4-13] 상품 데이터를 products state에 추가하기(타입 오류 버전)

```
01  // App.tsx
02  ...
03  return (
04    <>
05      <form
06        onSubmit={(event) => {
07          event.preventDefault();
```

```
08          setProducts([
09            ...products,
10            {
11              name,
12              explanation,
13              price,
14            },
15          ]);
16        }}
17      >
18  ...
```

[...products, { … }]은 무슨 문법일까요? 배열 스프레드 문법입니다. 스프레드_Spread_라는 말 그대로 이 문법은 기존 배열(products)의 모든 요소를 새로운 배열에 펼쳐 넣습니다. 그 뒤에 추가 요소(newProduct)를 덧붙여 새로운 배열을 생성하는 역할을 합니다.

이는 spread 연산자를 활용한 문법으로 기존의 객체, 배열 등을 개별 요소로 분해할 수 있습니다. 하지만 위에 form 예시처럼 작성하면 편집기에서 타입 오류가 발생하게 됩니다.

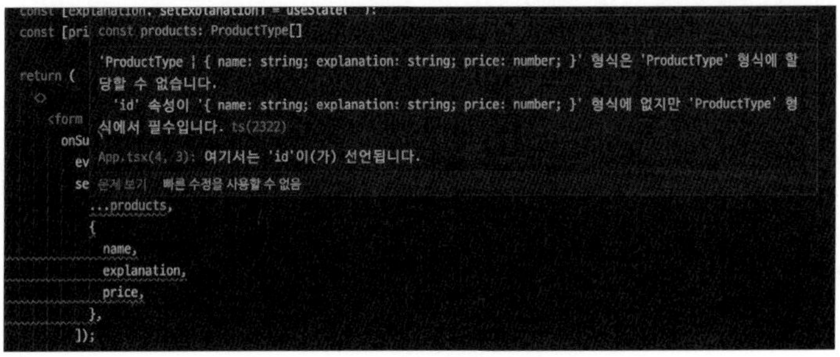

[그림 4-11] 타입 오류 발생

products에 id 값이 누락되었기 때문입니다. 이를 어떻게 해결해야 할까요? 이전에 설명했듯이 배열의 index는 가급적 사용하면 안 됩니다. 원래는 서버에서 id 값을 부여하지만 지금은 서버와 연결이 되어 있지 않으니 임의로 1씩 증가하는 가짜 id를 만들어주겠습니다.

[함께 해봐요 4-14] 상품 데이터를 products state에 추가하기(두 번째 상품 데이터 추가부터 오류 발생 버전)

```
01  // App.tsx
02  ...
03  let fakeId = 0;
04
05  return (
```

```
06      <>
07       <form
08        onSubmit={(event) => {
09          event.preventDefault();
10          fakeId += 1;
11          setProducts([
12            ...products,
13            {
14              id: fakeId,
15              name,
16              explanation,
17              price,
18            },
19          ]);
20        }}
21       >
22   ...
```

위와 같이 작성해서 새로운 상품 데이터를 만들어 보기 바랍니다. 상품 데이터를 추가할 때 처음 한 번은 잘 만들어지지만 세 번째 상품 데이터를 추가할 때에 개발자 콘솔을 확인하면 오류가 발생합니다.

```
⊗  ▶Warning: Encountered two children with the same    react_devtools_backend.js:4026
   key, `2`. Keys should be unique so that components maintain their identity across
   updates. Non-unique keys may cause children to be duplicated and/or omitted — the
   behavior is unsupported and could change in a future version.
        at App (http://localhost:3000/static/js/bundle.js:32:82)
```

[그림 4-12] 동일한 키 오류

왜 이런 오류가 발생하는 걸까요? 첫 번째로 만들었던 id와 두 번째로 만든 id가 같으므로 리액트에서 이 id가 같은 값이라고 경고 메시지를 보내는 것입니다. 키는 무조건 고유한 값이어야 한다고 했습니다. 하지만 우리는 1씩 증가하는 코드를 작성함으로써 이를 방지했습니다. 그런데도 오류가 발생했다는 것은 1씩 증가하는 것이 성공적으로 반영되지 않았다는 것을 의미합니다.

이 문제를 해결하기 위해서 원인을 알아보겠습니다.

기본적으로 상태변경함수로 상태를 변경하면 컴포넌트가 리렌더링됩니다. 여기서 리렌더링이 된다는 것은 컴포넌트가 다시 실행된다는 의미입니다. 우리가 작성한 App 컴포넌트는 함수입니다. 정확히 는 리액트 엘리먼트를 반환하는 함수입니다. 그런데 App 컴포넌트 내부에서 상태가 변경되는 경우, 내부에 선언되어 있던 변수는 다시 선언되고 초기화됩니다. 그래서 fakeId가 항상 초깃값을 유지하는 것입니다.

그런데 useState로 선언한 상태들은 어째서 함수가 다시 실행되고 값을 유지할 수 있을까요? 그 이유는 useState 함수는 클로저Closure를 이용해서 구현했기 때문입니다. 내부 구현 코드를 뜯어봐야 하기 때문에 여기서는 깊게 다루지 않겠습니다. **여기서 중요한 핵심사항은 함수가 다시 실행되어 재선언되는 fakeId 변수라는 것입니다.**

그러면 이 문제점을 어떤 방식으로 해결할 수 있는지 생각해봅시다.

1. useState로 fakeId 상태를 선언해서 해결하는 방법
2. **useRef를 사용하여 fakeId를 선언해서 해결하는 방법**
3. 정말 랜덤한 값을 생성해주는 함수를 id로 지정해서 해결하는 방법
4. 기타 방법으로 해결하는 방법

useRef는 아직 설명하지 않은 훅입니다. 리액트 공식 문서의 설명을 인용해서 설명하겠습니다.

> "useRef는 .current 프로퍼티로 전달된 인자(initialValue)로, 초기화된 변경 가능한
> ref 객체를 반환합니다. 반환된 객체는 컴포넌트의 전 생애주기를 통해 유지될 것입니다."

위 인용문을 조금 쉽게 풀이하겠습니다. useRef 함수는 순수 자바스크립트 객체를 반환합니다. 그 객체에는 .current라는 프로퍼티Property가 있는데, 해당 프로퍼티에는 useRef를 실행할 때 전달한 초깃값이 구성되어 있다는 의미입니다. 그런데 이걸 왜 사용할까요? 바로 useRef는 매번 렌더링을 할 때 동일한 ref 객체를 제공한다는 점을 유심히 바라봐야 합니다.

useRef를 이용하면 앞서 리렌더링할 때 재선언되는 문제를 해결할 수 있습니다. 생성 로직이 조금 길게 느껴지므로 handleCreate라는 함수로 빼서 onSubmit에 추가했습니다. 그리고 기존에 let으로 선언했던 fakeId는 코드에서 제거하고 useRef로 작성한 새 코드를 작성하겠습니다.

[함께 해봐요 4-15] 상품 데이터를 products state에 추가하기(useRef 함수를 활용한 오류 수정 버전)

```
01  // App.tsx
02  import { useState, useRef } from 'react';
03  ...
04   const fakeId = useRef(0);
05   const handleCreate = (newProduct: Omit<ProductType, 'id'>) => {
06     fakeId.current += 1;
07     setProducts([...products, {
08       ...newProduct,
09       id: fakeId.current,
10     }]);
11   };
12
```

```
13      ...
14      return (
15        <>
16          <form onSubmit={(event) => {
17            event.preventDefault();
18            handleCreate({
19              name,
20              explanation,
21              price,
22            });
23          }}
24        >
25      ...
```

Omit

타입스크립트에서 지원하는 유틸리티 타입으로 무언가를 '제외'한다는 뜻을 담고 있습니다. 사용 형식은 Omit<Type, Key>입니다. Type에 해당되는 객체의 타입을 명시하고 Key에는 제외한 키값을 명시하면, 그 키값을 제외한 타입을 선언할 수 있게 됩니다.

위 예제에서 id 값은 매개변수로 받을 필요가 없으니 제외했습니다.

useRef 함수는 나중에 더 활용할 일이 있으니 잘 이해하고 가길 바랍니다. useRef의 값은 변경되더라도 컴포넌트 리렌더링이 일어나지 않습니다. 즉 fakeId.current += 1을 해도 렌더링이 발생하지 않습니다.

그러나 군이 스프레드 문법으로 products를 수정할 필요 없이 Array 지원 메서드 중에서 Splice라는 메서드를 사용하여 구현하면 안 될까요? 먼저 Splice의 사용법부터 알아보겠습니다. Splice는 배열에서 요소를 제거하거나 추가할 수 있습니다.

```
array.splice(시작 인덱스, 제거할 요소 개수, 추가할 요소 1, 추가할 요소 2, ...);
```

이 코드를 풀어보면 다음과 같습니다.

- **시작 인덱스**: 제거 또는 추가 작업을 시작할 인덱스를 나타냅니다.
- **제거할 요소 개수(필수값 아님)**: 제거할 요소의 개수를 나타냅니다. 이 값을 지정하지 않으면 시작 인덱스부터 배열의 끝까지의 모든 요소가 제거됩니다.
- **추가할 요소 1, 추가할 요소 2, ... (필수값 아님)**: 배열에 추가할 요소입니다. 시작 인덱스에 요소를 추가합니다.

그럼 splice를 이용하여 아래와 같이 수정하겠습니다(예시 동작입니다).

```
const handleCreate = (newProduct: Omit<ProductType, "id">) => {
  fakeId.current += 1;

  products.splice(products.length, 0, {
    ...newProduct,
    id: fakeId.current
  });
  setProducts(products);
};
```

이렇게 되면 코드에는 문제점이 보이지 않지만 사실 큰 문제가 있습니다. 바로 리액트에서 products가 변경되었다고 감지할 수 없게 됩니다. 감지할 수 없다는 뜻은 데이터가 변경되어도 리액트에서 그것을 렌더링하지 않는다는 뜻입니다.

이러한 현상이 발생하는 이유는 splice 메서드가 원본 배열 products를 **직접** 수정하기 때문입니다. 리액트는 상태 변경을 감지하기 위해 얕은 비교Shallow Comparison를 수행합니다. 배열 내용을 직접 변경하면 리액트는 해당 변경을 감지하지 못할 수 있습니다.

여기서 얕은 비교에 대한 설명이 필요해보입니다. 얕은 비교는 객체 또는 배열을 비교할 때 객체의 내부 속성이나 배열 요소까지 깊이 비교하지 않고, 참조값만을 비교하는 것을 말합니다. 자바스크립트 객체의 특성으로는 배열의 속성값을 직접 수정하게 되어도 참조값을 그대로 유지합니다.

```
const obj1 = { a: 1 };
const obj2 = obj1;   // 원본 객체의 참조값을 공유한다.
obj2.a = 3;          // 원본 객체 값을 변경한다.

console.log(obj1 === obj2);   // 둘의 참조값을 공유했으므로 true다.
console.log(obj1.a === obj2.a);
// 둘은 완전히 동일하므로 사본 객체를 수정한다면 원본 객체도 영향을 끼친다.
```

리액트는 정말 단순합니다. 객체 상태의 변경 여부를 '참조값'으로만 판단합니다. 즉, 값이 변경되었어도 참조값이 동일하니 이것이 변경되지 않았다고 판단할 뿐입니다.

그렇다면 참조값을 다르게 만들려면 어떻게 해야 할까요? 정말 쉽게도, 새로운 객체를 만들면 됩니다. 객체를 새로 생성하면 참조값이 다른 곳에 할당되기 때문입니다.

```
const obj1 = { a: 1 };
const obj2 = { ...obj1 };          // 원본 객체값을 기반으로 새로운 객체를 생성한다.
obj2.a = 3;

console.log(obj1 === obj2);        // 둘의 참조값이 다르므로 false다.
console.log(obj1.a === obj2.a);    // 둘은 완전히 다른 객체이므로 false다.
```

이것이 리액트에서 불변성을 지켜야 하는 이유 중 하나입니다. 다음은 지금까지 작성한 리액트 코드입니다.

[함께 해봐요 4-16] 상품 추가하기 최종 소스

```tsx
01  // App.tsx
02  import { useRef, useState } from "react";
03
04  interface ProductType {
05    id: number;
06    name: string;
07    explanation: string;
08    price: number;
09  }
10
11  function App() {
12    const [products, setProducts] = useState<ProductType[]>([
13      {
14        id: 0,
15        name: "Iphone 13 Max",
16        explanation: '디스플레이는 6.1인치 19.5:9 비율의 2532×1170
17        해상도를 지원하며 패널 형식은 AMOLED 방식의 Super Retina XDR 디스플레이이다.
18        인치당 픽셀 수는 460 ppi이다. 120Hz의 터치 샘플링 레이트를 제공하고 명암비는 2,000,000:1이다',
19        price: 1230000
20      }
21    ]);
22    const [name, setName] = useState("");
23    const [explanation, setExplanation] = useState("");
24    const [price, setPrice] = useState(0);
25
26    const fakeId = useRef(0);
27    const handleCreate = (newProduct: Omit<ProductType, "id">) => {
28      fakeId.current += 1;
29      setProducts([
```

```
30        ...products,
31        {
32          ...newProduct,
33          id: fakeId.current
34        }
35      ]);
36    };
37
38    return (
39      <>
40        <form
41          onSubmit={(event) => {
42            event.preventDefault();
43            handleCreate({
44              name,
45              explanation,
46              price
47            });
48          }}
49        >
50          <input
51            value={name}
52            onChange={(event) => setName(event.target.value)}
53            type="text"
54            placeholder="상품 이름"
55          />
56          <input
57            value={explanation}
58            onChange={(event) => setExplanation(event.target.value)}
59            type="text"
60            placeholder="상품 설명"
61          />
62          <input
63            value={price}
64            onChange={(event) => setPrice(parseInt(event.target.value, 10))}
65            type="number"
66            placeholder="상품 가격"
67          />
68          <input type="submit" value="상품 만들기" />
69        </form>
70        {products.map((product) => (
71          <div key={product.id}>
```

```
72              <div>{product.id}</div>
73              <div>{product.name}</div>
74              <div>{product.price}</div>
75              <div>{product.explanation}</div>
76          </div>
77       ))}
78     </>
79   );
80 }
81
82 export default App;
```

이제 저장을 하고 브라우저에서 정상적으로 잘 동작하는지 테스트하면 됩니다. 다음 절에서는 상품 삭제를 하는 방법을 다루겠습니다.

4.4 상품 목록 삭제하기

상품을 삭제하려면 filter라는 메서드를 사용해야 합니다. filter는 배열을 순회하면서 조건에 맞지 않은 요소를 제외한 새로운 배열을 만들어줍니다. 짝수가 아닌 요소를 제거하는 로직을 예시로 작성하겠습니다.

```
const arr = [2, 4, 5, 8, 10];
arr.filter((x) => x % 2 === 0);
```

결과 : [2,4,8,10]

그와 반대로 홀수가 아닌 요소를 제거하는 것 또한 간단합니다.

```
const arr = [2, 4, 5, 8, 10];
arr.filter((x) => x % 2 !== 0);
```

결과 : [5]

filter에 전달한 콜백 함수가 반환하는 값이 거짓일 경우에 해당 요소를 제거합니다. 이제, 삭제할 상품의 id 값을 구한 다음에, 그 id 값과 같은 경우 해당 상품을 지우는 로직을 작성하겠습니다.

상품을 렌더링하는 로직을 아래와 같이 수정합니다.

[함께 해봐요 4-17] 상품 렌더링 로직 수정하기(product를 분해하여 단일 속성값으로 접근할 수 있게 수정)

```
01  // App.tsx
02  ...
03  {products.map(({ id, name, price, explanation }) => (
04      <div key={id}>
05        <div>{id}</div>
06        <div>{name}</div>
07        <div>{price}</div>
08        <div>{explanation}</div>
09
```

```
10          <button
11            type="button"
12            onClick={() => {
13              console.log('삭제');
14            }}
15          >
16            삭제하기
17          </button>
18        </div>
19      ))}
20 ...
```

기존에는 product를 { id, name, price, explanation }으로 분해해서 product.id와 같은 식으로 번거롭게 작성했는데, 이제 단일 속성값으로 접근할 수 있게 되었습니다. 저장하고 브라우저 화면을 확인해보세요. 상품을 추가할 수 있고 [삭제하기] 버튼 등 각 요소가 잘 렌더링됩니다.

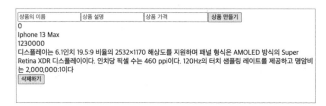

[그림 4-13] 상품 추가와 [삭제하기] 버튼 렌더링 결과

이제 각 요소의 id에 접근해서 filter로 지우는 로직을 작성하겠습니다. [삭제하기] 버튼의 onClick 함수를 아래와 같이 작성합니다.

[함께 해봐요 4-18] [삭제하기] 버튼의 onClick 함수 작성하기

```
01 // App.tsx
02 ...
03 <button
04     type="button"
05     onClick={() =>
06         setProducts(products.filter((product) => product.id !== id))
07     }
08 >
09     삭제하기
10 </button>
11 ...
```

products 상태에서 filter 메서드를 사용해서 특정 id 값을 지운 다음에 그것을 setProducts에 넘겨주면 정상적으로 삭제가 완료됩니다. 어떤 식으로 동작하는지 흐름을 살펴보면 더 쉽게 이해할 수 있습니다.

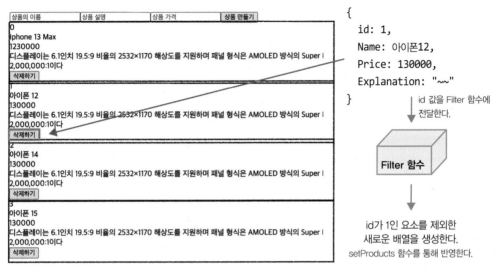

[그림 4-14] 삭제하기 흐름도

위 그림에서 검은 선으로 둘러진 박스 하나하나가 map 함수에서 렌더링한 결과물입니다. 우리가 그 단계에서 [삭제하기] 버튼도 렌더링해주었는데, 해당 버튼을 클릭했을 때 이벤트 핸들러를 실행시킵니다.

우리가 map 함수로 렌더링했을 때 [삭제하기] 버튼 이벤트 핸들러에 각 요소의 id를 전달했습니다. 그래서 각 요소가 독립적인 id를 가지고 filter를 수행할 수 있습니다.

4.5 상품 목록 수정하기

[수정하기] 버튼을 누르면 Form이 생성되고 그 Form에서 상품 정보를 수정하는 방식으로 진행하겠습니다. [삭제하기] 버튼과 마찬가지로 [수정하기] 버튼도 렌더링을 해주세요.

[함께 해봐요 4-19] [수정하기] 버튼 렌더링하기

```tsx
01  // App.tsx
02  ...
03  return (
04    <>
05      ...
06      {products.map(({ id, name, price, explanation }) => (
07        <div key={id}>
08          <div>{id}</div>
09          <div>{name}</div>
10          <div>{price}</div>
11          <div>{explanation}</div>
12
13          <button
14            type="button"
15            onClick={() => {
16              setProducts(products.filter(((product) => product.id !== id)));
17            }}
18          >
19            삭제하기
20          </button>
21
22          <button
23            type="button"
24            onClick={() => { console.log('수정하기 클릭'); }}
25          >
26            수정하기
27          </button>
28        </div>
```

```
29         ))}
30       </>
31   );
```

[수정하기] 버튼을 클릭하면 수정 입력 폼을 "보여줬다, 닫았다" 하는 동작을 수행하기 위해서 값이 true/false로 토글Toggle되는 상태를 하나 만들어야 합니다. 만드는 방법은 크게 두 가지가 있습니다.

1. App 컴포넌트에서 모든 products에 대해서 열림/닫힘에 대한 상태를 선언한다.
2. 각 상품 아이템 컴포넌트 요소에 독립적인 상태를 선언한다.

하지만 각 product 요소에 독립적인 상태를 선언하는 것을 지금 코드로는 불가능합니다. 상태는 각 컴포넌트에 독립적으로 존재하는 요소이고 JSX 요소에는 상태를 선언해줄 수 없기 때문입니다. 그래서 ProductItem이라는 이름으로 컴포넌트를 분리하여 내부 상태를 선언 가능한 형태로 작성하겠습니다. product 데이터를 props로 받아 렌더링합니다.

 [함께 해봐요 4-20] 컴포넌트를 분리하여 내부 상태를 선언 가능한 형태로 작성하기
(ProductItem 컴포넌트 만들기)

```
01   // App.tsx
02   interface ProductType {
03     id: number;
04     name: string;
05     explanation: string;
06     price: number;
07   };
08
09   interface ProductItemProps {
10     product: ProductType;
11   }
12
13   const ProductItem = ({ product }: ProductItemProps) => {
14     const { id, name, price, explanation } = product;
15     const [isEditMode, setIsEditMode] = useState(false);
16
17     return (
18       <div>
19         <div>{id}</div>
20         <div>{name}</div>
21         <div>{price}</div>
22         <div>{explanation}</div>
```

```
23
24        <button type="button" onClick={() => console.log("삭제하기")}>
25          삭제하기
26        </button>
27
28        <button type="button" onClick={() => console.log("수정하기")}>
29          수정하기
30        </button>
31      </div>
32    );
33  };
34
35  function App() {
36    ...
37    return (
38      <>
39        ...
40        {products.map((product) => (
41          <ProductItem key={product.id} product={product} />
42        ))}
43      </>
44    );
45  }
```

App.tsx 내부에 위와 같이 `ProductItem`이라는 이름으로 컴포넌트를 분리해주세요. 앞서 작성했던 App 컴포넌트 위에 새로 선언하면 됩니다. props는 객체 형태로 전달됩니다. 그래서 이에 맞게 상품 타입을 선언해주었습니다.

그런데 지금처럼 컴포넌트를 분리하면서 기존에 로직이 동작하지 않는다는 문제가 발생합니다. 바로 삭제를 수행하는 로직이 동작하지 않는다는 점입니다. 그래서 위 코드에서는 임의로 `console.log`로 동작하게 바꿔 놓았습니다. 동작하지 않는 이유는 `products`와 `setProducts`라는 함수는 App 컴포넌트에서 선언된 함수이기 때문입니다. 리액트는 단방향 데이터 흐름이기 때문에 이 흐름을 바꿀 수는 없습니다.

이러한 문제를 해결하려면 `onDelete`라는 함수를 전달받아서 행동을 위임하는 방식으로 설계하면 됩니다.

```tsx
01  // App.tsx
02  …
03
04  interface ProductItemProps {
05    product: ProductType;
06    onDelete: (id: number) => void;
07  }
08
09  function ProductItem({
10    product,
11    onDelete
12  }: ProductItemProps) {
13    const { id, name, price, explanation } = product;
14    const [isEditMode, setIsEditMode] = useState(false);
15
16    return (
17      <div>
18        <div>{id}</div>
19        <div>{name}</div>
20        <div>{price}</div>
21        <div>{explanation}</div>
22
23        <button
24          type="button"
25          onClick={() => onDelete(id)}
26        >
27          삭제하기
28        </button>
29
30        <button
31          type="button"
32          onClick={() => console.log("수정하기")}
33        >
34          수정하기
35        </button>
36      </div>
```

```
37    );
38  }
39
40  function App() {
41    ...
42
43    const handleDelete = (id: number) =>
44      setProducts(products.filter((product) => product.id !== id));
45
46    return (
47      <>
48    ...
49
50        {products.map((product) => (
51          <ProductItem
52            key={product.id}
53            product={product}
54            onDelete={handleDelete}
55          />
56        ))}
57      </>
58    );
59  }
```

이렇게 작성하면 삭제 기능도 정상적으로 잘 동작합니다.

'수정하기' 함수도 마찬가지로 App 컴포넌트에서 선언한 다음 props로 넘겨주도록 작성하겠습니다. 수정 로직을 간단히 설명하자면, ProductItem에서 onUpdate 함수가 실행될 때 id 값을 전달해줍니다. 이제 products를 순회하면서 id 값이 전달받은 id 값이랑 동일한 상품을 찾아냅니다. 그럼 해당 상품을 가짜 데이터로 바꿔주면 됩니다. map 함수의 기능은 앞서 설명했듯 새로운 배열을 만들어냅니다.

왜 특정 배열의 인덱스에 접근하여 그 값만 바꾸지 않고 굳이 새로운 배열을 만들까요? 이와 관련해서는 이미 설명했듯이 참조값만을 비교하기 때문에 변경을 감지하지 못하는 문제가 있기 때문입니다. 특정 인덱스 값을 바꾸는 것은 배열을 새로 생성하는 것이 아닌 배열의 내부값을 변경하는 것이고, 결과적으로 주솟값이 바뀌지 않습니다. 그래서 리액트는 이를 변경되지 않았다고 판단하는 것입니다. 즉, 리렌더링이 발생하지 않습니다. 리액트에서는 불변성을 유지해야 합니다. 불변성이란 데이터의 원본이 훼손되지 않는 것을 의미합니다.

이제 가짜 데이터로 업데이트를 했으니, 실제 form을 렌더링해서 입력한 값을 기반으로 수정하겠습니다. 우리는 컴포넌트를 분리하면서 isEditMode라는 true/false로 토글되는 상태를 선언한 적이 있었습니다. [수정하기] 버튼을 클릭했을 때 isEditMode를 토글하도록 동작하게 작성해주세요. 그리고 isEditMode의 상태가 true일 때 수정을 위한 form을 렌더링할 수 있도록 조건부 렌더링을 합니다.

[함께 해봐요 4-22] isEditMode가 true일 때 조건부 Form 렌더링으로 수정하기

```tsx
01  // App.tsx
02  ...
03  interface ProductItemProps {
04   product: ProductType;
05   onDelete: (id: number) => void;
06   onUpdate: (id: number) => void;
07  }
08
09
10  function ProductItem({
11   product,
12   onDelete,
13   onUpdate
14  }: ProductItemProps) {
15   const { id, name, price, explanation } = product;
16   const [isEditMode, setIsEditMode] = useState(false);
17
18   return (
19     <div>
20       <div>{id}</div>
21       <div>{name}</div>
22       <div>{price}</div>
23       <div>{explanation}</div>
24
25       <button
26         type="button"
27         onClick={() => onDelete(id)}
28       >
29         삭제하기
30       </button>
31
32       <button
33         type="button"
34         onClick={() => setIsEditMode((prev) => !prev)}
```

```
35        >
36          수정하기
37        </button>

39          {isEditMode && (
40        <form
41          onSubmit={(event) => {
42            event.preventDefault();
43            onUpdate(id);
44          }}
45        >
46          <input type="text" placeholder="상품 이름" />
47          <input type="text" placeholder="상품 설명" />
48          <input type="number" placeholder="상품 가격" />
49          <input type="submit" value="상품 수정하기" />
50        </form>
51      )}

53    </div>
54  );
55 }

57 function App() {
58 ...
59  const handleDelete = (id: number) =>
60    setProducts(products.filter((product) => product.id !== id));

62  const handleUpdate = (id: number) => {
63    // 무엇인가를 업데이트하는 로직이다.
64    const updateProduct = {
65      id,
66      name: "수정된 상품",
67      explanation: "수정된 상품",
68      price: 0,
69    };
70    setProducts(
71      products.map((product) => (product.id === id ? updateProduct : product))
72    );
73  };

75  return (
76    <>
```

```
77       ...
78       {products.map((product) => (
79         <ProductItem
80           key={product.id}
81           product={product}
82           onDelete={handleDelete}
83           onUpdate={handleUpdate}
84         />
85       ))}
86     </>
87   );
88 }
```

위와 같이 작성한 후 브라우저 화면에서 [수정하기] 버튼을 클릭했을 때 form이 잘 렌더링되는지 확인합니다. 그리고 수정 폼이 나타났을 때 [수정하기]를 버튼을 누르면 임의의 값으로 잘 바뀌는지도 확인해주세요.

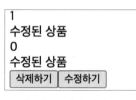

[그림 4-15] 수정된 폼

위 코드를 수정하면 입력된 값으로 변경되는 형식이 아니라 임의로 설정해준 값으로 수정됩니다.

그래서 이제 '상품 이름' '상품 설명' '상품 가격'을 직접 입력해서 수정하는 방식으로 코드를 변경하겠습니다. 그렇게 하려면 handleUpdate 함수의 매개변수를 수정해야 합니다. 원래는 수정할 id만 받았는데, 이제는 상품 수정 form에서 작성한 상품의 정보를 객체를 전달하는 방식으로 바꿔줘야 합니다.

[함께 해봐요 4-23] 상품 수정 form에서 작성한 상품 정보를 객체로 전달하는 방식으로 수정하기

```
01 // App.tsx
02 …
03 interface ProductItemProps {
04   product: ProductType;
05   onDelete: (id: number) => void;
06   onUpdate: (product: ProductType) => void;
07 }
```

```
08  function ProductItem({
09    product,
10    onDelete,
11    onUpdate,
12  }: ProductItemProps) {
13    const { id, name, price, explanation } = product;
14    const [isEditMode, setIsEditMode] = useState(false);
15    const [editName, setEditName] = useState(product.name);
16    const [editExplanation, setEditExplanation] = useState(product.explanation);
17    const [editPrice, setEditPrice] = useState(product.price);
18
19    return (
20      <div>
21        <div>{id}</div>
22        <div>{name}</div>
23        <div>{price}</div>
24        <div>{explanation}</div>
25
26        <button
27          type="button"
28          onClick={() => onDelete(id)}
29        >
30          삭제하기
31        </button>
32
33        <button
34          type="button"
35          onClick={() => setIsEditMode((prev) => !prev)}
36        >
37          수정하기
38        </button>
39
40        {isEditMode && (
41        <form
42          onSubmit={(event) => {
43            event.preventDefault();
44            onUpdate({
45              id,
46              name: editName,
47              price: editPrice,
48              explanation: editExplanation,
```

```
49              });
50          }}
51        >
52        <input
53          type="text"
54          placeholder="상품 이름"
55          value={editName}
56          onChange={(event) => setEditName(event.target.value)}
57        />
58        <input
59          type="text"
60          placeholder="상품 설명"
61          value={editExplanation}
62          onChange={(event) => setEditExplanation(event.target.value)}
63        />
64        <input
65          type="number"
66          placeholder="상품 가격"
67          value={editPrice}
68          onChange={(event) => setEditPrice(parseInt(event.target.value, 10))}
69        />
70        <input
71          type="submit"
72          value="상품 수정하기"
73        />
74      </form>
75      )}
76    </div>
77  );
78 }
```

상품을 추가하는 방식처럼 상품을 수정하기 위한 상태들을 선언해줍니다. 그리고 각 input에
onChange를 할 때 상태를 업데이트하는 방식으로 작성합니다. 이때 각 edit 상태들은 상품의 정보로
초기화해줬습니다.

이제 기존에 App 컴포넌트에서 작성했던 handleUpdate 함수를 수정해서 상품 정보 수정이 완료되게
하겠습니다.

```tsx
01  // App.tsx
02  …
03  const handleUpdate = (updateProduct: {
04    id: number;
05    name: string;
06    explanation: string;
07    price: number;
08  }) => {
09    setProducts(products.map((product) => (
10      product.id === updateProduct.id ? updateProduct : product
11    )));
12  };
```

다음은 이 절에서 다뤘던 상품 목록을 수정하기 위해 진행했던 최종 코드입니다.

```tsx
01  // App.tsx
02  import { useRef, useState } from "react";
03
04  interface ProductType {
05    id: number;
06    name: string;
07    explanation: string;
08    price: number;
09  }
10
11  interface ProductItemProps {
12    product: ProductType;
13    onDelete: (id: number) => void;
14    onUpdate: (product: ProductType) => void;
15  }
16
17  const ProductItem = ({ product, onDelete, onUpdate }: ProductItemProps) => {
18    const { id, name, price, explanation } = product;
19    const [isEditMode, setIsEditMode] = useState(false);
20    const [editName, setEditName] = useState(product.name);
21    const [editExplanation, setEditExplanation] = useState(product.explanation);
22    const [editPrice, setEditPrice] = useState(product.price);
23
```

```
24    return (
25      <div>
26        <div>{id}</div>
27        <div>{name}</div>
28        <div>{price}</div>
29        <div>{explanation}</div>
30
31        <button type="button" onClick={() => onDelete(id)}>
32          삭제하기
33        </button>
34
35        <button type="button" onClick={() => setIsEditMode((prev) => !prev)}>
36          수정하기
37        </button>
38
39        {isEditMode && (
40          <form
41            onSubmit={(event) => {
42              event.preventDefault();
43              onUpdate({
44                id,
45                name: editName,
46                price: editPrice,
47                explanation: editExplanation,
48              });
49            }}
50          >
51            <input
52              type="text"
53              placeholder="상품 이름"
54              value={editName}
55              onChange={(event) => setEditName(event.target.value)}
56            />
57            <input
58              type="text"
59              placeholder="상품 설명"
60              value={editExplanation}
61              onChange={(event) => setEditExplanation(event.target.value)}
62            />
63            <input
64              type="number"
65              placeholder="상품 가격"
```

```
66              value={editPrice}
67              onChange={(event) => setEditPrice(parseInt(event.target.value, 10))}
68            />
69            <input type="submit" value="상품 수정하기" />
70          </form>
71        )}
72      </div>
73    );
74 };
75
76 function App() {
77    const [products, setProducts] = useState<ProductType[]>([
78      {
79        id: 0,
80        name: "Iphone 13 Max",
81        explanation: '디스플레이는 6.1인치 19.5:9 비율의 2532×1170
82        해상도를 지원하며 패널 형식은 AMOLED 방식의 Super Retina XDR 디스플레이이다.
83        인치당 픽셀 수는 460 ppi이다. 120Hz의 터치 샘플링 레이트를 제공하고 명암비는 2,000,000:1이다',
84        price: 1230000,
85      },
86    ]);
87    const [name, setName] = useState("");
88    const [explanation, setExplanation] = useState("");
89    const [price, setPrice] = useState(0);
90
91    const fakeId = useRef(0);
92    const handleCreate = (newProduct: Omit<ProductType, "id">) => {
93      fakeId.current += 1;
94      setProducts([
95        ...products,
96        {
97          ...newProduct,
98          id: fakeId.current,
99        },
100     ]);
101   };
102
103   const handleDelete = (id: number) =>
104     setProducts(products.filter((product) => product.id !== id));
105
106   const handleUpdate = (updateProduct: {
107     id: number;
```

```
108    name: string;
109    explanation: string;
110    price: number;
111  }) => {
112    setProducts(
113      products.map((product) =>
114        product.id === updateProduct.id ? updateProduct : product
115      )
116    );
117  };
118
119  return (
120    <>
121      <form
122        onSubmit={(event) => {
123          event.preventDefault();
124          handleCreate({
125            name,
126            explanation,
127            price,
128          });
129        }}
130      >
131        <input
132          value={name}
133          onChange={(event) => setName(event.target.value)}
134          type="text"
135          placeholder="상품 이름"
136        />
137        <input
138          value={explanation}
139          onChange={(event) => setExplanation(event.target.value)}
140          type="text"
141          placeholder="상품 설명"
142        />
143        <input
144          value={price}
145          onChange={(event) => setPrice(parseInt(event.target.value, 10))}
146          type="number"
147          placeholder="상품 가격"
148        />
149        <input type="submit" value="상품 만들기" />
```

```
150        </form>
151        {products.map((product) => (
152          <ProductItem
153            key={product.id}
154            product={product}
155            onDelete={handleDelete}
156            onUpdate={handleUpdate}
157          />
158        ))}
159      </>
160    );
161 }
162
163 export default App;
```

4.6 React-Router-Dom 설정하기

상품을 클릭하면 해당 상품을 상세히 보는 페이지로 이동하는 기능을 구현하려면 어떻게 해야 할까요? 우리가 만들 서비스는 Single Page Application(이하 SPA)입니다. 즉, 하나의 화면 내에서 모든 서비스가 제공되는 형태입니다. 그렇다면 SPA에서 페이지 이동은 어떻게 구현할까요?

기존의 자바스크립트에서는 페이지를 이동하기 위해서 다양한 API를 제공했습니다. 구체적으로는 `location.replace()`와 `location.href` 등을 이용해서 페이지를 이동하는 방식이었습니다. 하지만 SPA인데, 정말 페이지를 이동해버리면 더 이상 SPA의 장점을 잃게 됩니다. 그래서 일종의 눈속임을 해야 합니다.

눈속임을 사용하여 페이지 이동을 시뮬레이션하고, 필요한 콘텐츠만 업데이트하여 실제 페이지 이동과 유사한 경험을 제공할 수 있습니다. 이를 위해 React-Router-Dom을 사용하여 라우팅을 관리합니다.

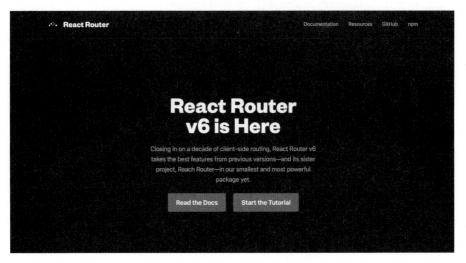

[그림 4-16] React-Router-Dom 공식 홈페이지

React-Router-Dom은 새로운 버전인 6이 나와서 내용이 조금 달라졌습니다. 기존의 5버전 이하의 React-Rounter-Dom을 사용하던 분들은 참고해주세요.

먼저, 현재 실행되는 리액트 개발 서버를 종료합니다. 맥이라면 ⟨Control⟩+⟨C⟩, 윈도우 환경이라면 ⟨Crtl⟩+⟨C⟩를 눌러 종료합니다. 그리고 클라이언트 터미널에 아래와 같은 명령어를 입력해서 React-Router-Dom을 설치합니다.

```
yarn add react-router-dom@6.3.0
```

설치를 완료했다면 index.tsx에 접근하여 아래와 같이 작성해주세요.

[함께 해봐요 4-26] index.tsx에서 BrowserRouter 컴포넌트로 App 컴포넌트 감싸주기

```
01  // index.tsx
02  import React from 'react';
03  import ReactDOM from 'react-dom/client';
04  import { BrowserRouter } from 'react-router-dom';
05  import App from './App';
06
07  const root = ReactDOM.createRoot(
08    document.getElementById('root') as HTMLElement,
09  );
10
11  root.render(
12    <React.StrictMode>
13      <BrowserRouter>
14        <App />
15      </BrowserRouter>
16    </React.StrictMode>,
17  );
```

App 컴포넌트를 BrowserRouter라는 컴포넌트로 감싸주었습니다. BrowserRouter는 HTML5 History API를 사용하여 클라이언트 사이드 라우팅을 관리하는 컴포넌트입니다. Router의 최상단에 위치해야 하는 컴포넌트로서, URL을 업데이트하고, 해당 URL에 따라 적절한 컴포넌트를 렌더링합니다. 이를 통해 사용자는 웹 애플리케이션의 다른 페이지로 이동하거나 상태에 따라 다른 화면을 볼 수 있습니다.

URL만 변경되고 페이지는 바뀌지 않는다는 점이 SPA의 특징입니다. 그래서 "React-Router-Dom 에게 해당 URL에 접근했을 때 이 컴포넌트를 렌더링 해줘"라는 것을 명시해야 합니다. 이렇게 명시하는 방법은 Route라는 컴포넌트를 사용하는 것입니다. 우선 페이지를 분리하기 위해서 src 폴더 내부에 pages라는 폴더를 만듭니다. 해당 폴더에 메인 화면을 렌더링하기 위해 HomePage.tsx를 만들어주세요.

[그림 4-17] React-Router-Dom을 사용하기 위한 디렉터리 구조

우리가 지금까지 App.tsx에서 작성한 코드는 메인 페이지이므로 이 코드들을 HomePage.tsx에 옮겨주는 작업을 해줘야 합니다.

App.tsx에 있는 소스를 전체 복사해서 HomePage.tsx로 붙여넣습니다. 이 과정에서 다음처럼 두 가지 부분을 변경해야 합니다.

1. 컴포넌트의 이름을 App이 아닌 HomePage로 변경한다.
2. 마지막 줄에서 export하는 컴포넌트 이름을 App에서 HomePage로 변경한다.

[함께 해봐요 4-27] HomePage.tsx를 만들고 App.tsx에서 소스 복사하기

```
01  // HomePage.tsx
02  ... 생략
03  function HomePage() { // App에서 HomePage로 컴포넌트 이름을 변경한다.
04  ... 생략
05  }
06
07  export default HomePage; // App에서 HomePage로 컴포넌트 이름을 변경한다.
```

그리고 기존의 App.tsx 코드는 아래와 같이 임시로 작성해주세요.

```
01  // App.tsx
02
03  function App() {
04    return <h1>일단은 빈 화면</h1>;
05  }
06
07  export default App;
```

그렇게 하는 이유는 추후에 만든 HomePage 컴포넌트를 React-Router-Dom을 통해서 라우팅해주는 로직을 작성하기 위해서인데, 먼저 설명을 하고 코드를 작성하는 식으로 진행하겠습니다.

pages 폴더 내부에 index.ts를 만들어주고 HomePage 컴포넌트를 내보내는 로직을 작성합니다.

[그림 4-18] 변경된 디렉터리 구조

아래와 같이 작성해주세요.

[함께 해봐요 4-28] index.ts를 만들고 HomPage 컴포넌트 내보내기
```
01  // pages/index.ts
02  export { default as HomePage } from "./HomePage";
```

그런데 여기서 의문이 생깁니다. 굳이 index.ts라는 파일을 만들어서 내보내줘야 하는 이유가 있을까요? index.ts라는 파일은 컴포넌트를 외부로 내보내는 역할을 합니다. 사실 index.ts를 거치지 않고 바로 내보내기 하면 됩니다. 하지만 이런 예시가 있다고 가정하겠습니다.

```
└─ components
   ├─ ComponentA
   │  ├─ index.ts
   │  └─ ...
   ├─ ComponentB
   │  ├─ index.ts
   │  └─ ...
   └─ ...
```

여기서 우리가 index.ts 파일을 만들어서 ComponentA에 대한 내보내기(export) 기능을 작성해줬다고 가정해봅시다.

```
export { default as ComponentA } from './ComponentA';
```

이제 다른 파일에서 ComponentA를 불러오기 위해서 아래와 같이 작성하기만 하면 됩니다.

```
export { default as ComponentA } from './ComponentA';
```

작성해야 하는 코드가 좀 더 줄어들었죠? 그리고 좀 더 직관적이고 간편하게 import를 작성할 수 있게 되었습니다.

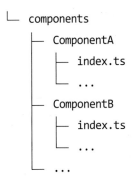 **여기서 잠깐**

export 구문

다음 코드는 어떤 역할을 수행할까요?

```
export { default as HomePage } from "./HomePage";
```

`export { default as HomePage }` 구문은 HomePage 컴포넌트를 현재 모듈에서 내보내는 것을 의미합니다. export 키워드를 사용하여 해당 컴포넌트를 외부로 공개하고 다른 모듈에서 사용할 수 있도록 합니다. 그리고 `as HomePage` 부분은 내보내는 컴포넌트의 이름을 정의하는 부분입니다. 즉, 외부에서 HomePage 이름으로 해당 컴포넌트를 가져올 수 있습니다.

이렇게 내보내주었다면 App.tsx 컴포넌트를 수정해주세요.

```tsx
01  // App.tsx
02  import { Route, Routes } from "react-router-dom";
03  import { HomePage } from "./pages";
04
05  function App() {
06    return (
07      <Routes>
08        <Route index element={<HomePage />} />
09      </Routes>
10    );
11  }
12
13  export default App;
```

작성을 완료했다면 저장 후 yarn start로 명령해서 리액트 개발 서버를 실행시키고 브라우저를 확인해보세요. 이전 화면이랑 비교했을 때 달라진 크게 부분은 없습니다. App.tsx의 코드를 살펴보겠습니다.

이전에 "React-Router-Dom에게 해당 URL에 접근했을 때 이 컴포넌트를 렌더링해 줘"를 명시하기 위해서 Route 컴포넌트를 사용해야 한다고 했습니다.

```tsx
<Route index element={<HomePage />} />
```

따라서 위 코드 의미는 "React-Router-Dom에게 index URL에 접근했을 때 HomePage 컴포넌트를 렌더링해 줘"가 되는 것입니다. 여기서 index URL이란 /를 의미합니다. 즉 http://localhost:3000/에 접근했을 때 나타나는 요소를 명시한 것입니다.

4.7 상품 상세 페이지 나누기

앞서 작성한 메인 페이지를 기반으로 상품 상세 페이지에도 Router를 설정하겠습니다. pages 폴더 내부에 ProductPage.tsx 파일을 만들고 아래와 같이 코드를 작성합니다.

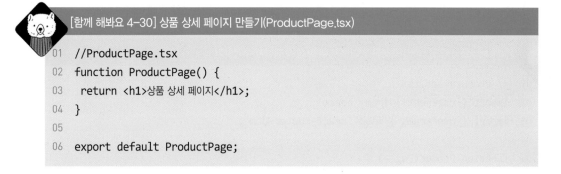

[함께 해봐요 4-30] 상품 상세 페이지 만들기(ProductPage.tsx)

```
01  //ProductPage.tsx
02  function ProductPage() {
03    return <h1>상품 상세 페이지</h1>;
04  }
05
06  export default ProductPage;
```

그리고 index.ts를 통해서 내보냅니다.

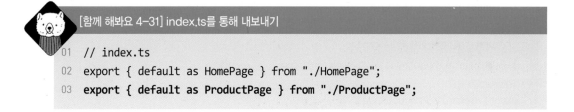

[함께 해봐요 4-31] index.ts를 통해 내보내기

```
01  // index.ts
02  export { default as HomePage } from "./HomePage";
03  export { default as ProductPage } from "./ProductPage";
```

그런 다음 App.tsx에 상품 상세 페이지를 추가해주세요.

[함께 해봐요 4-32] App.tsx에 상세 페이지 추가하기

```
01  // App.tsx
02  import { Route, Routes } from "react-router-dom";
03  import { HomePage, ProductPage } from "./pages";
04
05  function App() {
06    return (
07      <Routes>
```

```
08        <Route index element={<HomePage />} />
09        <Route path="/:productId" element={<ProductPage />} />
10      </Routes>
11    );
12  }
13
14  export default App;
```

path라는 속성은 처음 보는 속성입니다. path는 특정 URL을 명시하는 기능을 수행합니다. 따라서 위에 index 대신 path="/"로 지정할 수 있습니다. 그런데 /:productId와 같은 식으로 작성하는 이유는 무엇일까요? 그것을 설명하기 위해 상품 상세 페이지에 아래 코드로 수정하겠습니다.

[함께 해봐요 4-33] path 속성을 알아보기 위해 상세 페이지 수정하기

```
01  // ProductPage.tsx
02  import { useEffect } from 'react';
03  import { useParams } from 'react-router-dom';
04
05  function ProductPage() {
06    const params = useParams();
07
08    useEffect(() => {
09      console.log(params);
10    });
11    return <h1>상품 상세 페이지</h1>;
12  }
13
14  export default ProductPage;
```

그리고 브라우저에 접속한 후 URL을 http://localhost:3000/[아무거나 입력]으로 접속해보세요. 이때 [아무거나 입력] 부분은 정말 아무 값이나 입력하면 됩니다. 여기서는 아래와 같이 입력했습니다.

http://localhost:3000/123

그리고 개발자 도구를 열어 콘솔을 확인하면 다음과 같이 나옵니다.

[그림 4-19] 개발자 도구로 연 상품 상세 페이지

그러면 App.tsx에 있는 path 값을 /:productId 대신 /productId로 바꿔보겠습니다. 똑같이 http://localhost:3000/123으로 접근하면 No routes matched location "/123"이라는 문구가 나타나게 됩니다. 그럼 콜론(:)을 붙였을 때 어떤 특정한 기능을 수행한다는 것을 유추할 수 있습니다. 바로 URL 매개변수를 설정한 것입니다. 위에서 해당 페이지의 매개변수에 접근해서 확인했듯 /:productId에 어떤 값이 들어갔을 때 { productId: 어떤 값 }의 형태로 접근할 수 있습니다. 그래서 동적으로 라우팅이 가능한 것입니다.

어떤 상품의 상세 페이지에 접근하기 위해서 상품의 id 값을 페이지에 전달해서 사용한다고 가정해봅시다. id가 1인 상품에 접근하려면 http://localhost:3000/1과 같은 식으로 접근할 수 있습니다. 만약, 이것을 URL 매개변수가 아닌 정적으로 라우팅을 해줘야 했다면 어떤 식으로 해야 할까요?

```
<Route path="1" element={<첫 번째_상품 />} />
<Route path="2" element={<두 번째_상품 />} />
<Route path="3" element={<세 번째_상품 />} />
<Route path="4" element={<네 번째_상품 />} />
<Route path="5" element={<다섯 번째_상품 />} />
// ... 상품이 추가될 때마다 계속 추가된다.
```

이렇게 상품이 추가될 때마다 라우터를 추가해주는 방식으로 구현해야 할 것입니다. 정적인 상품이면 상관없지만 실제 많은 사용자가 온라인에서 상품을 추가한다고 하면 위와 같은 방식으로는 구현하기가 거의 불가능하다고 봐야합니다. 하지만 URL 매개변수를 사용함에 따라 아래와 같이 변경할 수 있습니다.

```
<Route path="/:productId" element={<상품 상세 페이지 />} />
```

그러면 상품 상세 페이지에서는 productId 매개변수를 받아 해당 값에 따른 결과를 보여주기만 하면 됩니다.

4.8 Context API 설정하기

상품 상세보기 페이지에서 매개변수에 접근하긴 했는데, 상품 목록에는 접근할 방법이 없습니다. 상품 목록은 HomePage 컴포넌트 내부에서 선언된 상태이고 같은 트리 레벨에 있는 컴포넌트이기 때문입니다.

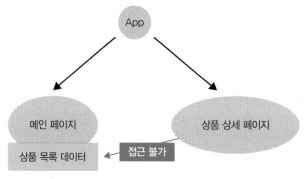

[그림 4-20] 상품 상세 페이지에서 상품 목록에 접근할 수 없는 상황

이를 해결하기 위한 방법은 '**상태 끌어올리기**'를 해야 합니다. 즉, 상품 목록 데이터를 상위 레벨인 App에 선언하는 것입니다. 즉, HomePage에 있는 products 상태를 App.tsx에 선언하는 것입니다 (예시 동작이니 따라하지는 마세요).

```tsx
// App.tsx
function App() {
  const [products, setProducts] = useState<ProductType[]>([
    {
      id: 0,
      name: 'Iphone 13 Max',
      explanation: '디스플레이는 6.1인치 19.5:9 비율의 2532×1170
      해상도를 지원하며 패널 형식은 AMOLED 방식의 Super Retina XDR 디스플레이이다.
      인치당 픽셀 수는 460 ppi이다. 120Hz의 터치 샘플링 레이트를 제공하고 명암비는 2,000,000:1이다',
      price: 1230000,
    },
  ]);
```

```
  return (
    <Routes>
      <Route path="/" element={<HomePage products={products}
      setProducts={setProducts} />} />
      <Route path="/:productId" element={<ProductPage products={products} />} />
    </Routes>
  );
}
```

이런 식으로 HomePage에 products와 setProducts를 넘겨주고 ProductPage에 products를 넘겨주는 식으로 구현하고 각 페이지 컴포넌트에서 props로 받는 식으로 구현하면 동작은 합니다. 다만 조금 번거롭습니다. products 상태가 필요할 때마다 props로 받아서 써야 하기 때문입니다. 지금은 크게 불편하지 않지만 만약 컴포넌트의 깊이가 깊어진다면 어떻게 될까요? 넘기고, 넘기고, 넘기고, 넘기고, …. 이러한 악순환이 일어나겠죠. 이러한 현상을 **Props Drilling**이라고 합니다.

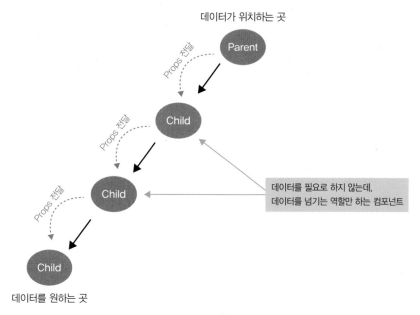

[그림 4-21] Props Drilling 현상

어떤 문제점이 발생하게 되는지 이해가 될 겁니다. **Props Drilling** 현상을 어떻게 해결할 수 있을지 알아보겠습니다. 다양한 방법이 있겠지만 리액트에서 제공하는 Context API를 사용하여 위 문제를 해결할 수 있습니다. 리액트 공식문서에서 설명하는 내용은 아래와 같습니다.

> "context를 이용하면 단계마다 일일이 props를 넘겨주지 않고도
> 컴포넌트 트리 전체에 데이터를 제공할 수 있습니다."

우리가 해결하고자 하는 문제점과 일치합니다. 명시적으로 props를 넘겨주지 않아도 컴포넌트 트리에 데이터를 제공할 수 있는 것입니다. Context를 이해하기 위해서 아래 세 가지 개념을 먼저 알아야합니다.

- Context: 데이터를 담을 수 있는 공간입니다. 일종의 상자라고 생각해주세요.
- Provider: 하위 컴포넌트에 데이터를 제공하고 Context의 변화를 감지하는 역할을 합니다.
- Consumer: Context를 사용하는 컴포넌트입니다. Context를 구독한다고 생각하면 됩니다.

이러한 내용을 바탕으로 Context를 구현하겠습니다. 먼저 src 폴더 내부에 contexts라는 폴더를 만듭니다. 그 다음 ProductContext.tsx라는 이름으로 파일을 만들어 주세요.

[그림 4-22] Context를 구현하기 위한 디렉터리 구조

그리고 리액트에서 createContext라는 함수를 호출하여 작성합니다. Context의 데이터가 어떤 타입인지를 정의한 다음, 제네릭_{Generic}으로 넘겨줍니다.

앞서도 제네릭에 대한 내용이 나왔는데, 여기서 제네릭이 무엇인지에 대해서 살펴보겠습니다. 자바스크립트는 동적 타입 언어라서 제네릭이 존재하지 않습니다. 하지만 타입스크립트는 정적 타입 언어라서 제네릭이 존재합니다. 그래서 타입스크립트를 좀 더 잘 사용하기 위해서는 이 개념을 알아야 할 필요가 있습니다. 예를 들어 보겠습니다.

```
function getValueOfNumber(value: number): number {
    console.log(value);
    return value;
}
```

위와 같이 value 매개변수를 받는 getValueOfNunber라는 함수가 있습니다. 여기서 A는 value의 타입이 number인 값만 넘겨서 받을 수 있습니다. 그리고 number 값을 반환하도록 선언되어 있습니다. 그런데 여기서 String 값을 받는 함수도 하나 만들고 싶습니다.

아래와 같이 구현할 수 있습니다.

```
function getValueOfNumber(value: number): number {
    console.log(value);
    return value;
}
```

```
function getValueOfString(value: string): string {
    console.log(value);
    return value;
}
```

그런데 여기서의 함수 역할은 value라는 값을 넘겨 받아서 특정 동작을 취하는 것인데, 타입이 달라서 함수를 통합할 수 없습니다. 다만 다음처럼 사용할 수는 있습니다.

```
function getValue(value: number | string): number | string {
    console.log(value);
    return value;
}
```

그런데 이런 타입이 동적 함수라고 말할 수 있을까요? 만약 boolean이라는 값이 생기면 value 타입을 추가해줘야 합니다. 이럴 때 제네릭이라는 기능을 사용하면 좋습니다.

```
function getValue<T>(value: T): T {
    console.log(value);
    return value;
}
```

T라는 것은 타입 매개변수라는 것입니다. 함수에도 매개변수를 받듯, 타입도 매개변수를 받는 겁니다. 이름은 어찌됐든 상관없고 T, K, TypeName 등 변수처럼 선언하면 된다는 게 핵심입니다.

그러면 이제 제네릭이 추가된 함수를 사용하겠습니다.

```
getValue<number>(123);
getValue<string>("generic")
getValue<boolean>(false);
```

<> 표시 안에 어떤 타입을 선언할지 정의하고 getValue 함수에 넘겨줍니다.

그럼 getValue<number>(123); 함수가 실제로 제네릭에서 어떻게 동작하는지 살펴보겠습니다

```
function getValue(value: number): number {
    console.log(value);
    return value;
}
```

마찬가지로 string도 같은 방식으로 동작합니다.

```
function getValue(value: string): string {
    console.log(value);
    return value;
}
```

타입이 number로 선언되어서 좀 더 동적인 타입 선언이 가능해졌습니다. 이처럼 제네릭을 좀 더 알고 잘 활용하면 타입스크립트의 기능을 극적으로 끌어올려 효율적인 코드를 작성할 수 있습니다. 이제 개념을 알았으니 다음으로 넘어가겠습니다.

[함께 해봐요 4-34] 데이터를 담을 수 있는 공간으로 Context 만들기(ProductContext.tsx)

```
01  // ProductContext.tsx
02  import { createContext } from "react";
03
04  interface ProductType {
05    id: number;
06    name: string;
07    explanation: string;
08    price: number;
09  }
10
11  const ProductContext = createContext<ProductType[]>([]);
```

이렇게 ProductContext라는 Context를 정의했습니다. 이제 하위 컴포넌트에 데이터를 전송하기 위한 Provider를 정의해야 합니다. Context.Provider에 접근하면 사용할 수 있습니다. 즉, ProductContext.Provider에 접근할 수 있습니다.

[함께 해봐요 4-35] 하위 컴포넌트에 데이터 전송을 위한 Provider 정의하기

```
01  // ProductContext.tsx
02  …
03
04  const initialValue: ProductType[] = [
05    {
```

```
06    id: 0,
07    name: "Iphone 13 Max",
08    explanation: '디스플레이는 6.1인치 19.5:9 비율의 2532×1170
09       해상도를 지원하며 패널 형식은 AMOLED 방식의 Super Retina XDR 디스플레이이다.
10       인치당 픽셀 수는 460 ppi이다. 120Hz의 터치 샘플링 레이트를 제공하고 명암비는 2,000,000:1이다',
11    price: 1230000,
12  },
13 ];
14
15 export function ProductProvider({ children }: { children: React.ReactNode }) {
16   return (
17     <ProductContext.Provider value={initialValue}>
18       {children}
19     </ProductContext.Provider>
20   );
21 }
```

초깃값을 선언해주고 `ProductProvider`라는 컴포넌트를 만들어줍니다. 그 다음 `ProductContext.Provider`에 접근해서 `value`를 설정해줍니다. `value`에 전달된 값은 Context의 값이 됩니다.

이제 Consumer 차례입니다. 데이터를 사용하기 위해서 Consumer를 선언해줘야 합니다. `Provider.Consumer`에 접근해서 선언하는 방식도 있지만 `useContext`라는 함수를 사용해서 접근하는 방식을 사용할 수도 있습니다. 취향 차이지만 필자는 후자의 방식이 더 직관적이라서 선호하는 편입니다. 아래와 같이 작성해주세요.

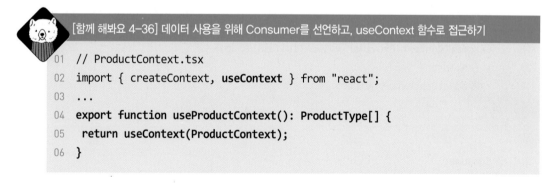

[함께 해봐요 4-36] 데이터 사용을 위해 Consumer를 선언하고, useContext 함수로 접근하기

```
01 // ProductContext.tsx
02 import { createContext, useContext } from "react";
03 ...
04 export function useProductContext(): ProductType[] {
05   return useContext(ProductContext);
06 }
```

이제 Context, Provider, Consumer가 잘 정의되었습니다. 아래는 지금까지 작성한 Context의 최종 코드입니다.

```tsx
01  // ProductContext.tsx
02  import { createContext, useContext } from "react";
03
04  interface ProductType {
05   id: number;
06   name: string;
07   explanation: string;
08   price: number;
09  }
10
11  // Context
12  const ProductContext = createContext<ProductType[]>([]);
13
14  const initialValue: ProductType[] = [
15   {
16     id: 0,
17     name: "Iphone 13 Max",
18     explanation: '디스플레이는 6.1인치 19.5:9 비율의 2532×1170
19          해상도를 지원하며 패널 형식은 AMOLED 방식의 Super Retina XDR 디스플레이이다.
20          인치당 픽셀 수는 460 ppi이다. 120Hz의 터치 샘플링 레이트를 제공하고 명암비는 2,000,000:1이다',
21     price: 1230000,
22   },
23  ];
24
25  // Provider
26  export function ProductProvider({ children }: { children: React.ReactNode }) {
27   return (
28     <ProductContext.Provider value={initialValue}>
29       {children}
30     </ProductContext.Provider>
31   );
32  }
33
34  // Consumer
35  export function useProductContext(): ProductType[] {
36   return useContext(ProductContext);
37  }
```

이제 작성한 Context를 기반으로 사용하겠습니다. 우리는 useProductContext라는 함수를 만들었습니다. ProductPage에 해당 함수를 사용해서 Context를 가져오겠습니다. ProductPage 코드를 아래와 같이 수정해주세요.

[함께 해봐요 4-38] 작성한 Context 사용하기(ProductPage.tsx 수정)

```
01  // ProductPage.tsx
02  import { useEffect } from "react";
03  import { useProductContext } from "../contexts/ProductContext";
04
05  function ProductPage() {
06    const context = useProductContext();
07
08    useEffect(() => {
09      console.log(context);
10    }, [context]);
11
12    return <h1>상품 상세 페이지</h1>;
13  }
14
15  export default ProductPage;
```

위 코드 작성을 완료한 다음 개발자 도구를 열어 콘솔 결과를 확인해보세요.

[그림 4-23] 콘솔로 확인한 상품 상세 페이지

기대한 결과는 Provider에 value로 전달했던 값이 나오는 것이었지만 실제 콘솔에는 빈 배열이 찍히는 모습을 확인할 수 있습니다. 그 이유는 Provider를 제공하지 않았기 때문입니다.

index.tsx에서 Provider로 컴포넌트를 감싸주세요.

```
01  import React from "react";
02  import ReactDOM from "react-dom/client";
03  import { BrowserRouter } from "react-router-dom";
04  import App from "./App";
05  import { ProductProvider } from "./contexts/ProductContext";
06
07  const root = ReactDOM.createRoot(
08    document.getElementById("root") as HTMLElement
09  );
10
11  root.render(
12    <React.StrictMode>
13      <ProductProvider>
14        <BrowserRouter>
15          <App />
16        </BrowserRouter>
17      </ProductProvider>
18    </React.StrictMode>
19  );
```

저장하고 다시 콘솔을 확인해주세요. 이제 Context의 값이 잘 나옵니다.

```
                                          ProductDetailPage.tsx:8
▼ [{…}] ⓘ
  ▶ 0: {id: 0, name: 'Iphone 13 Max', explanation: '디스플레이는 6
    length: 1
  ▶ [[Prototype]]: Array(0)
```

[그림 4-24] 콘솔에서 컨텍스트 값 확인하기

products를 잘 가져왔으니, 이제 URL 매개변수로 전달된 id 값을 받아서 상품의 정보를 상세히 보여
주는 로직을 작성하겠습니다. ProductPage.tsx 코드를 아래와 같이 전부 수정해주세요.

```
01  // ProductPage.tsx
02  import { useParams } from 'react-router-dom';
03  import { useProductContext } from '../contexts/ProductContext';
04
05  function ProductPage() {
06    const { productId } = useParams<{ productId: string }>();
```

```
07    const products = useProductContext();
08    const foundProduct = products.find((product) =>
      product.id === parseInt(productId!, 10));
09
10    return (
11      <div>
12        <h1>{foundProduct?.name}</h1>
13        <p>{foundProduct?.explanation}</p>
14        <span>{foundProduct?.price}</span>
15      </div>
16    );
17  }
18
19  export default ProductPage;
```

foundProduct라는 변수는 배열에 find라는 메서드를 이용해 순회한 상품의 id와 매개변수로 전달된 id를 비교해서 매칭되는 것을 할당했습니다. foundProduct의 타입은 null일 수도 있고 상품 데이터일 수도 있습니다. 그 이유는 find 메서드의 반환 타입은 기본적으로 데이터를 찾지 못했을 경우를 대비해서 null 타입을 명시해놓기 때문입니다.

그래서 이것을 해결하기 위해 옵셔널 체이닝Optional Chaining을 사용했습니다. 옵셔널 체이닝이란 없을 수도 있는 속성에 접근하려고 할 때 안전하게 접근할 수 있는 방법을 제시합니다. name이라는 속성은 undefined입니다. 즉, 정의되지 않았습니다. 이럴 때 옵셔널 체이닝을 사용하면 그대로 undefined를 반환합니다. 그래서 foundProduct의 초깃값이 null일 경우 코드는 다음과 같이 해석됩니다(이해를 돕기 위한 코드입니다).

```
return (
  <div>
    <h1>{undefined}</h1>
    <span>{undefined}</span>
    <p>{undefined}</p>
  </div>
);
```

하지만 사용자의 입장에서 위와 같이 undefined가 나타날 경우 빈 화면만 보게 됩니다. 그래서 상품이 없는 경우 "찾으시는 상품이 없습니다." 같은 문자를 추가하면 좀 더 UX가 좋아집니다.

```
01  // ProductPage.tsx
02  import { useParams } from "react-router-dom";
03  import { useProductContext } from "../contexts/ProductContext";
04
05  function ProductPage() {
06    …
07
08    if (!foundProduct) {
09      return <h1>찾으시는 상품이 없습니다.</h1>;
10    }
11
12    return (
13      <div>
14        <h1>{foundProduct?.name}</h1>
15        <p>{foundProduct?.explanation}</p>
16        <span>{foundProduct?.price}</span>
17      </div>
18    );
19  }
20
21  export default ProductPage;
```

이제 추가적으로 메인 페이지에 상품 제목을 클릭하면 상품 상세 페이지로 이동하는 코드를 구현하겠습니다.

HomePage.tsx에 ProductItem 컴포넌트를 아래와 같이 수정해주세요. 상품의 name을 렌더링하는 부분을 Link 컴포넌트를 통해서 이동할 수 있도록 수정했습니다.

```
01  import { useRef, useState } from "react";
02  import { Link } from "react-router-dom";
03
04  ...
05
06  function ProductItem({ product, onDelete, onUpdate }: ProductItemProps) {
07  {
08    ...
09
```

```
10    return (
11      <div>
12        <div>{id}</div>
13        <div>
14          <Link to={'/${id}'}>{name}</Link>
15        </div>
16        <div>{price}</div>
17        <div>{explanation}</div>
18
19        <button type="button" onClick={() => onDelete(id)}>
20          삭제하기
21        </button>
22
23        <button type="button" onClick={() => setIsEditMode((prev) => !prev)}>
24          수정하기
25        </button>
26
27        {isEditMode && (
28          <form
29            onSubmit={(event) => {
30              event.preventDefault();
31              onUpdate({
32                id,
33                name: editName,
34                price: editPrice,
35                explanation: editExplanation
36              });
37            }}
38          >
39            …
40          </form>
41        )}
42      </div>
43    );
44  }
45  …
```

Link라는 컴포넌트는 React-Router-Dom에서 a 태그와 유사하게 SPA에서 페이지 이동을 위한 기능을 수행합니다. 저장하고 상품 제목을 클릭했을 때 페이지가 잘 이동하는지 확인하겠습니다.

Iphone 13 Max

디스플레이는 6.1인치 19.5:9 비율의 2532×1170 해상도를 지원하며 패널 형식은 AMOLED 방식의 Super Retina XDR 디스플레이이다. 인치당 픽셀 수는 460 ppi이다. 120Hz의 터치 샘플링 레이트를 제공하고 명암비는 2,000,000:1이다

1230000

[그림 4-25] 상품 상세 페이지

하지만 한 가지 문제점이 있습니다. 상품을 새로 추가하고 해당 상품으로 페이지 이동을 해보세요. **결과로 "찾으시는 상품이 없습니다"라는 문구가 나타나게 됩니다.**

이런 오류가 발생하게 된 원인을 생각해보면 메인 페이지에서는 context를 사용하지 않고 내부 상태를 사용했습니다. 그래서 제품 상세 페이지에 갔을 때 새로 생긴 상품은 나타나지 않는 것입니다. 어찌보면 당연한 얘기입니다.

그래서 이것을 해결하는 방법은 HomePage 컴포넌트에서도 context의 데이터를 사용하는 것입니다. 하지만 context에서의 데이터는 상태가 아닙니다. 그냥 순수 배열을 넘겨주기 때문에 context에서 상태 관리가 필요합니다. 어려운 문제처럼 보이지만 간단하게 context provider에서 상태를 선언한 후 해당 데이터를 넘겨주기만 하면 됩니다. 이를 구현하겠습니다.

 [함께 해봐요 4-43] 상품을 새로 추가하고 해당 상품으로 이동할 때 아무런 결과 값이 나타나지 않는 현상 해결하기(타입 오류 발생)

```tsx
01  // ProductContext.tsx
02  import { useState } from 'react';
03  ...
04  export function ProductProvider({ children } : {children: React.ReactNode}) {
05    const productState = useState<ProductType[]>(initialValue);
06
07    return (
08      <ProductContext.Provider value={productState}>
09        {children}
10      </ProductContext.Provider>
11    );
12  }
13  ...
```

초깃값을 넘겨서 useState로 productState를 선언했습니다. 이때 productState는 [product, setProduct]와 동일하다고 생각해주세요. 그리고 그 값을 value로 넘겨주었습니다. **하지만 Context 의 타입이 useState의 타입과 맞지 않아서 타입 오류가 발생합니다.** 그래서 ProductContextType이라는 이름으로 타입 별칭을 만들어서 오류를 해결하겠습니다.

 [함께 해봐요 4-44] 상품을 새로 추가하고 해당 상품으로 이동할 때 아무런 결과 값이 나타나지 않는 현상 해결하기(타입 오류 수정)

```
01  // ProductContext.tsx
02  import { createContext, useContext, useState } from "react";
03
04  interface ProductType {
05    id: number;
06    name: string;
07    explanation: string;
08    price: number;
09  }
10
11  type ProductContextType = [
12    ProductType[],
13    React.Dispatch<React.SetStateAction<ProductType[]>>
14  ];
15
16  // Context
17  const ProductContext = createContext<ProductContextType | null>(null);
18
19  const initialValue: ProductType[] = [
20    {
21      id: 0,
22      name: "Iphone 13 Max",
23      explanation: '디스플레이는 6.1인치 19.5:9 비율의 2532×1170
24        해상도를 지원하며 패널 형식은 AMOLED 방식의 Super Retina XDR 디스플레이이다.
25        인치당 픽셀 수는 460 ppi이다. 120Hz의 터치 샘플링 레이트를 제공하고 명암비는 2,000,000:1이다',
26      price: 1230000
27    }
28  ];
29
30  // Provider
31  export function ProductProvider({ children }: { children: React.ReactNode }) {
32    const productState = useState<ProductType[]>(initialValue);
33
```

```
34     return (
35       <ProductContext.Provider value={productState}>
36         {children}
37       </ProductContext.Provider>
38     );
39   }
40
41   // Consumer
42   export function useProductContext() {
43     return useContext(ProductContext) as ProductContextType;
44   }
```

이제 타입 오류가 발생하지 않습니다. Context에 useState의 반환값을 담아 상태를 선언하고 하위 컴포넌트에 넘겨주었습니다.

이제 메인 페이지에 있던 product 상태를 지우고 상품 Context를 사용하여 구현하겠습니다. Home Page 컴포넌트를 아래와 같이 변경해주세요.

[함께 해봐요 4-45] 메인 페이지의 product을 Context로 구현하기 1(HomePage.tsx 수정하기)

```
01   // HomePage.tsx
02   import { useProductContext } from "../contexts/ProductContext";
03   ...
04
05   function HomePage() {
06     const [products, setProducts] = useProductContext();
07
08   ...
09
10   export default HomePage;
```

또 ProductPage.tsx 코드를 아래와 같이 수정해주세요.

[함께 해봐요 4-46] 메인 페이지의 product을 Context로 구현하기 2(ProductPage.tsx 수정하기)

```
01   // ProductPage.tsx
02   import { useParams } from "react-router-dom";
03   import { useProductContext } from "../contexts/ProductContext";
04
```

```
05  function ProductPage() {
06    const { productId } = useParams<{ productId: string }>();
07    const [products] = useProductContext();
08    const foundProduct = products.find(
09      (product) => product.id === parseInt(productId!, 10)
10    );
11
12    if (!foundProduct) {
13      return <h1>찾으시는 상품이 없습니다.</h1>;
14    }
15
16    return (
17      <div>
18        <h1>{foundProduct?.name}</h1>
19        <p>{foundProduct?.explanation}</p>
20        <span>{foundProduct?.price}</span>
21      </div>
22    );
23  }
24
25  export default ProductPage;
```

저장 후 상품을 추가하고 상세 페이지로 이동하는 기능이 잘 동작하는지 확인해주세요.

새로운 상품

새로운 상품입니다.

120000

[그림 4-26] 상품 상세 페이지

다만 상품 데이터들이 전부 리액트의 변수로 관리되기 때문에 페이지를 '새로 고침'하면 기존의 모든 상태가 초깃값으로 초기화되는 사실을 명심해야 합니다.

4.9 동기와 비동기 이해하기

서버의 데이터를 가져오는 동작을 수행하기 전에 비동기의 개념을 먼저 알아보겠습니다.

예를 들어, A라는 학생과 B라는 학생이 있다고 가정하겠습니다. A는 B에게 코딩 과제를 해달라고 부탁했습니다. B는 A가 요청한 프로그램을 코딩하는 데 대략 이틀 정도의 시간이 걸립니다. 그리고 A는 B에게 프로그램을 받은 후 선생님에게 시연을 해야 합니다.

여기서 블로킹Blocking과 논블로킹Non-Blocking의 차이를 설명할 수 있습니다. 만약 여러분이 A이고 B가 코딩을 다 할 때까지 기다린다고 생각해봅시다. 여러분은 결과물을 받을 때까지 가만히 기다려야 합니다. 이를 **블로킹 상태**라고 합니다. 반면, B에게 요청한 후 결과물이 나올 때까지 책을 읽든지, 게임을 하든지 다른 작업을 할 수 있습니다. 이 상태를 **논블로킹 상태**라고 합니다.

이 상황을 프로그래밍 생태계에 대입하면 블로킹은 동기를, 논블로킹은 비동기를 정의할 수 있습니다. 즉, 동기는 요청을 보내고 결과가 와야 다음 작업을 수행할 수 있습니다. 반면 비동기는 요청을 보내고 응답 상태와는 무관하게 다른 동작을 수행할 수 있습니다.

이번에는 조금 재미있는 예시로 설명하겠습니다.

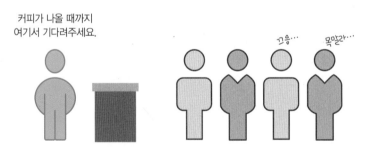

[그림 4-27] 동기 작업의 예시

여러분은 카페 사장입니다. 처음에는 동기적인 방법으로 주문을 받았습니다. 어떤 사람이 커피를 주문하면 커피가 나올 때까지 아무 동작을 수행할 수 없습니다. 간단한 아이스 아메리카노는 빨리 나오기 때문에 초기에는 문제가 크게 없었습니다. 하지만 **제조 과정이 오래 걸리는 메뉴가 많아짐**에 따라 **블로킹 시간이 길어집니다.** 그래서 카페의 리뷰 평점은 1점대로 떨어지고 여러분은 주문 처리 방법을 바꾸어 보려고 합니다.

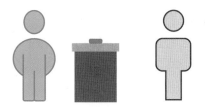

주문 후에 진동벨이 울리면
커피를 가져가세요.

[그림 4-28] 비동기 작업의 예시

커피를 주문하면 손님에게 진동벨을 준 후 커피가 나오면 커피를 가져가는 방식으로 설계를 변경했습니다. 이제 커피를 주문하고 자리에 앉아 수다도 떨고 노트북으로 웹 서핑도 할 수 있게 되니, 손님들의 만족도가 매우 높아졌습니다. **제조 과정이 오래 걸려도 블로킹 현상이 발생하지 않는 논블로킹으로 주문을 받을 수 있게 되었습니다.**

이제 동기와 비동기, 블로킹과 논블로킹에 대해서 이해했을 겁니다.

프런트엔드에서 비동기 처리를 하는 경우가 매우 많기 때문에 비동기는 매우 중요합니다. 버튼을 클릭하면 100초 동안 연산된 결과를 나타내는 기능이 있다고 했을 때, 동기화로 진행하면 사용자는 정말 화면에서 100초 동안 기다려야 합니다. 다른 작업을 하려고 해도 동기적으로 동작한다면 블로킹 현상이 발생해서 그렇습니다. 이는 앞서 카페 예시에서 평점을 1점으로 주었던 것처럼, 사용자의 경험도 좋지 못하게 됩니다. 그래서 프런트엔드에서는 비동기 처리를 하는 경우가 많습니다.

이 이해를 바탕으로 상품의 정보를 가져오는 코드를 작성하겠습니다.

4.10 API 서버에서 상품 목록 가져오기

상품 목록 데이터를 가져오기 위해서 fetch 함수를 사용하겠습니다. fetch는 **네트워크의 리소스를 비동기적으로 쉽게 가져올 수 있습니다.** 사용법 또한 간단합니다.

```
fetch('API 주소')
.then((response) => response.json())
.then((data) => console.log(data));
```

기본적으로 fetch 함수는 Response 객체로 데이터를 가져오기 때문에 실제 필요한 json 본문의 데이터를 추출해주기 위해서 json() 메서드를 사용하여 변환해줘야 합니다. 그리고 data를 받아 console.log를 찍는 코드입니다.

then 메서드는 어떤 형식으로 사용할까요? 이를 이해하려면 Promise를 알아야 합니다. Promise는 비동기 작업이 완료, 실패했을 때를 처리하기 위한 객체입니다. 자바스크립트에 기본적으로 내장되어 있는 객체로서, 크게 '대기' '이행' '거부'의 상태로 표현할 수 있습니다.

이때 fetch 함수가 반환하는 값은 Promise 인스턴스Instance입니다. Promise 인스턴스에서 사용할 수 있는 메서드는 then, catch, finally가 있는데, 그중 then 메서드는 Promise의 **상태가 이행, 거부 상태가 되었을 때 실행됩니다.** 즉, **비동기 작업이 처리되었을 때 실행됩니다.** 이때 then 메서드 또한 Promise 인스턴스를 반환하기 때문에 .then(…).then(…) 형식으로 함수를 연결해서 사용할 수 있습니다. catch와 finally에 대해서는 뒤에서 다루겠습니다.

fetch 함수의 사용법이 생각보다 간단하다고 느낄 겁니다. 바로 상품 목록 데이터를 가져오게 작성하겠습니다. HomePage 함수의 return문 바로 위에 다음 코드를 작성해주세요.

[함께 해봐요 4-47] fetch 함수로 상품 목록 데이터 가져오기(HomePage.tsx)

```
01  // HomePage.tsx
02  import { useEffect, useState, useRef } from "react";
03  ...
04  useEffect(() => {
05      fetch('http://localhost:3090/product')
```

```
06        .then((response) => response.json())
07        .then((data) => console.log(data));
08    }, []);
09  return ...
10  ...
```

백엔드 API 중에서 /product를 GET 메서드로 접근하면 모든 상품의 정보를 조회할 수 있습니다. 앞으로 편의상 GET /product로 표현하겠습니다. 저장 후 개발자 도구를 열어 콘솔을 확인합니다.

터미널을 분할해서 리액트 애플리케이션을 실행시키고 한 쪽은 API 서버를 실행시켜주세요. **API 서버를 실행시키는 것을 잊지 마세요.**

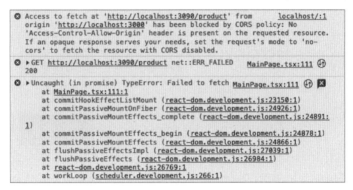

[그림 4-29] CORS 오류

그런데 원하는 데이터는 안 나오고 이상한 오류 메시지만 잔뜩 나왔습니다. 이것은 CORS 오류입니다. **CORS는 교차 출처 리소스 공유(Cross-Origin Resource Sharing)라고 합니다.** 여러분이 프런트엔드를 개발하면서 한 번쯤은 만나봤을 오류입니다. CORS 오류가 왜 나타났는지 분석하겠습니다.

이는 API 서버 측에서 발생시키는 오류가 아닙니다. CORS 오류는 브라우저에서 발생하는 오류입니다. CORS를 설명하기 위해 먼저 출처(Origin)라는 개념을 알아보겠습니다.

[그림 4-30] URL 구성

이 URL에서 프로토콜Protocol, 도메인 이름Domain Name, 포트Port에 해당하는 것이 출처입니다. 즉, 이것이 다르면 브라우저에서 CORS 오류가 나타납니다.

지금 상황에서 프런트엔드 측 출처는 http://localhost:3000이고 백엔드 측 출처는 http://localhost:3090입니다(여러분이 별도로 포트 번호를 지정했다면 해당 포트 번호로 해석해주면 됩니다). 이 둘의 포트가 달라서 다른 출처, 즉 교차 출처가 발생했습니다. 교차 출처란 "출처가 다르다"로 해석해주세요. 그런데 왜 다른 출처 간의 통신을 막아놓은 걸까요?

그 이유는 보안을 위해서입니다. 서로 다른 출처 간의 통신은 정말 신중해야 합니다. 다양한 해킹 기법을 이용해서 해커가 출처의 리소스를 탈취하는 경우가 발생할 수도 있기 때문입니다. 브라우저는 이러한 해킹에 매우 취약한 환경이고 따라서 브라우저에서 이러한 교차 출처를 막는 것입니다.

그러면 지금과 같은 경우에는 어떻게 통신할까요? 크게 프런트엔드에서 해결하는 방법과 백엔드에서 해결하는 방법이 있습니다. 우리는 프런트엔드 측에서 이 문제를 해결하겠습니다. 많은 방법 중에서 프록시Proxy 서버를 설정하겠습니다.

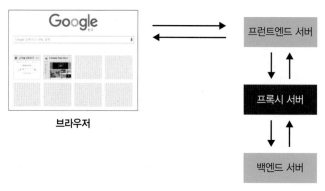

[그림 4-31] 프록시 서버 흐름

CORS 오류는 브라우저와 서버 간의 통신에서 출처가 교차되었을 때 발생합니다. 하지만 서버와 서버 사이의 통신에서 CORS 오류는 발생하지 않습니다. 그래서 브라우저에서 요청을 보내면 바로 백엔드에 요청을 보내는 것이 아니라 현재 프런트엔드 서버에 요청을 보내게 됩니다. 그러면 프런트엔드 서버에서 백엔드 서버로 요청을 보내서 응답 결과를 성공적으로 반환할 수 있게 됩니다.

client 폴더의 package.json에서 아래와 같이 수정해주세요. 수정한 후에는 **client 서버를 껐다가 다시 켜줍니다. 그래야 정상적으로 변경사항이 적용됩니다.**

[함께 해봐요 4-48] 프록시 서버 설정하기(client/package.json 수정하기)

```
01  {
02    ...,
03    "proxy": "http://localhost:3090"
04  }
```

proxy 속성값은 프런트엔드 서버가 요청을 대신 보내줄 백엔드 서버를 명시하면 됩니다. 그럼 프록시 서버 설정은 끝입니다.

```
fetch('http://localhost:3090/product')
```

proxy 설정을 하면 기존에 위처럼 작성했던 코드를 아래와 같이 도메인이 생략된 형태로 바꿔줘야 합니다.

```
fetch('/product')
```

이제 저장을 하고 CORS 오류가 정상적으로 없어졌는지 확인하겠습니다. 만약, 정상적으로 데이터가 나오지 않는다면 리액트 개발 서버를 잠시 종료하고 다시 실행해보세요.

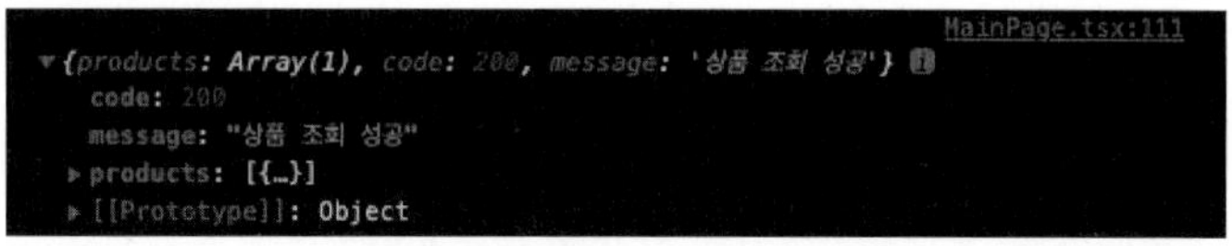

[그림 4-32] 상품 목록 조회 데이터 콘솔

백엔드에서 상품 목록 데이터를 가져오는 데 성공했습니다. 이제 이 데이터를 products 상태와 동기화를 하는 작업을 해야 합니다. 동기화를 하는 시점은 데이터를 불러오는 데 성공했을 때입니다.

기존에 데이터를 불러오는 코드를 아래와 같이 변경해주세요.

[함께 해봐요 4-49] 동기화 작업을 위한 fetch 함수 수정하기

```
01  useEffect(() => {
02    fetch('/product')
03      .then((response) => response.json())
04      .then((data) => setProducts(data.products));
05  }, []);
```

data.products에는 서버에 저장된 상품 목록의 정보가 배열로 담겨 있습니다. 이를 setProducts로 하게 되면 성공적으로 서버 원격 데이터를 브라우저 상태와 동기화할 수 있게 됩니다.

한 가지 테스트를 진행하겠습니다. 개발자 [도구] 메뉴에서 [네트워크] 탭에 접속합니다.

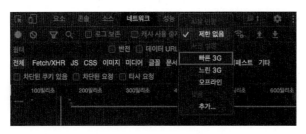

[그림 4-33] 네트워크 속도 제한

[네트워크] 탭의 메뉴에서 '**빠른 3G**'로 변경해주세요. 이제 새로고침을 하면 여러분의 브라우저가 네트워크 요청을 처리하는 속도가 느려지게 됩니다. 브라우저를 새로고침하여 화면을 유심히 관찰하세요.

처음에는 서버의 데이터가 아닌 초깃값을 보여주고 있습니다. 그리고 데이터 처리가 완료되었을 시점에 초깃값을 원격 데이터 값으로 변경시킵니다. 이제 원격 데이터를 가져올 수 있게 되는 시점부터 기존에 있었던 초깃값은 필요 없습니다. 그리고 Context도 사용할 필요가 없습니다. 상품 상세 정보를 가져오는 코드는 이제 원격 서버에 요청을 보내서 직접 값을 받아오기 때문에 products 상태를 공유할 필요가 없기 때문입니다.

그러므로 기존의 Context를 제거하는 작업을 하겠습니다. index.ts에서 작성했던 ProductProvider를 제거해주세요.

[함께 해봐요 4-50] 필요 없게 된 기존의 Context 제거하기 1(index.ts에서 ProductProvider 제거하기)

```
01  // index.ts
02  import React from "react";
03  import ReactDOM from "react-dom/client";
04  import { BrowserRouter } from "react-router-dom";
05  import App from "./App";
06
07  const root = ReactDOM.createRoot(
08    document.getElementById("root") as HTMLElement
09  );
10
11  root.render(
12    <React.StrictMode>
13      <BrowserRouter>
14        <App />
15      </BrowserRouter>
16    </React.StrictMode>
17  );
```

우리가 클라이언트에서만 상품 정보를 구현할때 fakeId를 1씩 증가시켜 구현했던 로직을 기억할 겁니다. 서버와 연동하게 되면서 상품의 id는 랜덤한 string 형태의 문자가 됩니다. 그 뜻은 ProductType의 id를 number가 아닌 string으로 변경해줘야 한다는 이야기입니다.

HomePage 컴포넌트에 구현되어 있는 ProductType을 아래와 같이 변경해주세요.

```
01  ...
02  interface ProductType {
03    id: string;
04    name: string;
05    explanation: string;
06    price: number;
07  }
08  ...
```

타입이 변경됨에 따라서 ProductItemProps도 매개변수의 타입을 변경해줘야 합니다.

```
01  ...
02  interface ProductItemProps {
03    product: ProductType;
04    onDelete: (id: string) => void;
05    onUpdate: (product: ProductType) => void;
06  }
07  ...
```

또한 handleDelete 함수도 타입을 변경해주세요.

```
01  ...
02    const handleDelete = (id: string) => {
03      fetch('/product/${id}', {
04        method: "DELETE",
05      }).then((response) => {
06        if (response.ok) {
07          setProducts(products.filter((product) => product.id !== id));
08        }
09      });
10    };
11  ...
```

ProductPage.tsx에서도 ProductType을 구현해서 사용하고 있습니다. 수정해주세요.

```
01  // ProductPage.tsx
02  ...
03  type ProductType = {
04    id: string;
05    name: string;
06    explanation: string;
07    price: number;
08  };
09  ...
```

이렇게 타입 하나가 변경되었는데도 귀찮게 여러 작업을 해야하는 게 안타깝습니다. 그래서 다양한 곳에서 사용되는 타입은 모듈화시켜서 공유하는 형태로 사용하는 것이 훨씬 효율적입니다. 이 작업은 5장에서 진행하겠습니다.

ProductContext.tsx에서도 타입을 정의하여 사용하고 있지만 백엔드와 연동하게 되어서 제거할 예정이니 그대로 두겠습니다.

이제 타입 변경을 완료했으니 HomePage.tsx에 useProductContext로 product를 설정하던 코드를 아래와 같이 변경해주세요.

 [함께 해봐요 4-51] 필요 없게 된 기존의 컨텍스트 제거하기 2
(Homepage.tsx에서 product 설정 코드 변경하기)

```
01  // HomePage.tsx
02  ...
03  const [products, setProducts] = useState<ProductType[]>([]);
04  …
```

초깃값을 빈 배열로 변경했습니다. 기존에 ProductProvider로 App 컴포넌트에서 넘겨주던 상품 데이터를 이제 HomePage 컴포넌트에서 독립적으로 존재하는 상태로 선언한 것입니다. 이제 상품 데이터를 API 서버에서 가져와서 사용할 것이기 때문입니다.

아마 여기까지 잘 따라왔다면 HomePage.tsx에서 타입 오류가 발생할 것입니다. API와 연동하기 위해서 코드를 수정해야 하기 때문인데, 이 작업을 계속 진행해보겠습니다.

4.11 상품 상세 데이터 가져오기

HomePage에 나타나는 타입 오류는 뒤에서 생각해보고 이제 상품 상세보기 페이지를 구현하겠습니다. 페이지에 param으로 상품의 id에 접근하고 그 id를 기반으로 API 서버에 요청을 보내서 값을 받아와서 렌더링하겠습니다. GET /product/:productId로 접근할 수 있습니다.

useEffect로 컴포넌트가 렌더링이 되었을 때 fetch 함수를 이용해서 데이터를 불러와야 합니다. useParam 함수로 취득한 상품 id를 fetch에 넣어주세요. 코드는 아래와 같습니다.

[함께 해봐요 4-52] 상품 상세 데이터 가져오기(ProductPage.tsx 수정하기)

```
01 // ProductPage.tsx
02 import { useEffect, useState } from "react";
03 import { useParams } from "react-router-dom";
04
05 type ProductType = {
06  id: number;
07  name: string;
08  explanation: string;
09  price: number;
10 }
11
12 const ProductPage = () => {
13  const { productId } = useParams<{ productId: string }>();
14  const [product, setProduct] = useState<ProductType | null>(null);
15
16  useEffect(() => {
17    fetch('/product/${productId}')
18      .then((response) => response.json())
19      .then((data) => setProduct(data.product));
20  }, [productId]);
21
22  if (!product) {
23    return <h1>존재하지 않는 상품입니다.</h1>
24  }
```

```
25
26    return (
27      <div>
28        <h1>{product?.name}</h1>
29        <span>{product?.price}</span>
30        <p>{product?.explanation}</p>
31      </div>
32    );
33  }
34
35  export default ProductPage;
```

이렇게 코드를 작성하고 확인해보려고 하니, 리액트에서 타입 오류가 났다면서 화면을 가리게 됩니다.

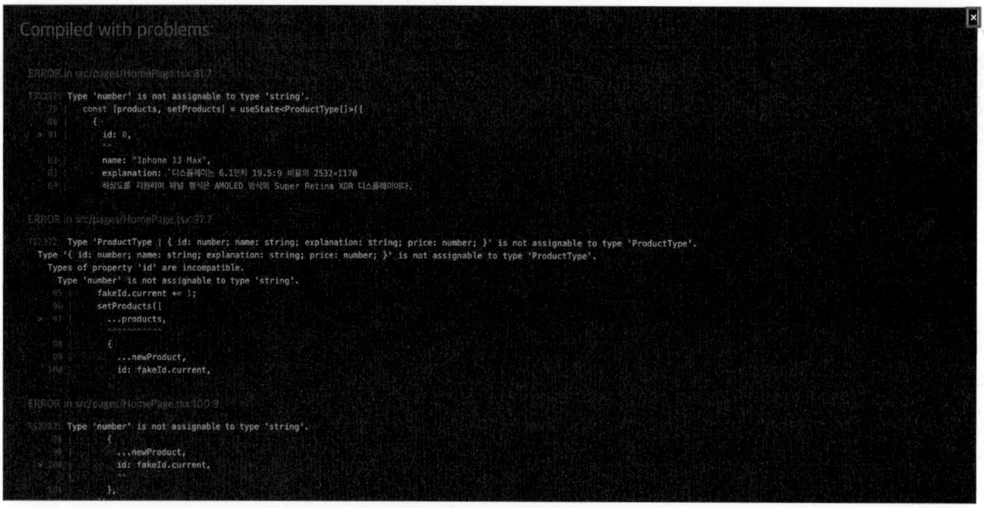

[그림 4-34] 입 오류 발생

이것은 dev 모드에서 리액트를 실행했을때 사전에 오류를 방지하고자 화면을 막는 것인데 우리는 이 것이 오류라는 것을 알고 있고 수정을 할 것이기 때문에 이 화면을 무시하겠습니다.

브라우저 화면 우측 상단에 ✕ 버튼을 누르게 되면 일시적으로 오류 화면이 사라지게 됩니다. 테스트 를 위해서 잠시만 이 화면을 꺼주도록 하겠습니다. 그리고 화면 상세보기 페이지에서 데이터가 잘 가 져올 수 있는지 확인하겠습니다.

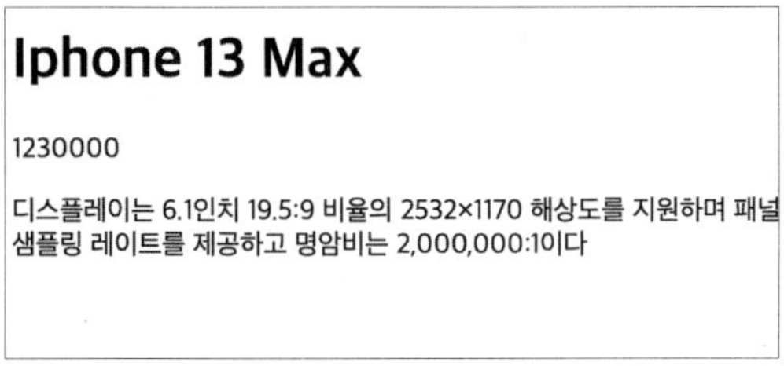

Iphone 13 Max

1230000

디스플레이는 6.1인치 19.5:9 비율의 2532×1170 해상도를 지원하며 패널
샘플링 레이트를 제공하고 명암비는 2,000,000:1이다

[그림 4-35] 상품 상세 데이터 가져오기 결과

그런데 작은 문제가 하나 더 있습니다. 메인 페이지에서 상품을 추가하고 추가한 상품 페이지로 이동
을 하게 되면 서버는 "존재하지 않는 상품입니다"라는 문구를 나타냅니다.

존재하지 않는 상품입니다.

[그림 4-36] 메인 페이지에서 상품 추가 후 페이지 이동 결과

그 이유는 상품을 추가할 때 API 서버에 요청을 보내지 않았기 때문입니다. 다음 절에서 상품 생성/
수정/삭제에 관한 데이터 통신을 구현하겠습니다.

4.12 상품 수정과 삭제 요청하기

먼저 상품을 추가하기 위해서 POST /product로 요청을 보내 "상품을 추가할 수 있습니다."라는 문구가 나오게 하겠습니다. HomePage.tsx의 HomePage 컴포넌트에서 handleCreate 함수를 아래와 같이 수정해주세요.

[함께 해봐요 4-53] 상품 추가하기(Homepage.tsx의 handleCreate 함수 수정하기)

```
01  // HomePage.tsx
02  const handleCreate = (newProduct: Omit<ProductType, 'id'>) => {
03    fetch('/product', {
04      method: 'POST',
05      headers: {
06        'Content-Type': 'application/json',
07      },
08      body: JSON.stringify(newProduct),
09    }).then((response) => response.json())
10      .then((data) => {
11        setProducts((prev) => [...prev, data.product]);
12      });
13  };
```

fetch 함수의 형태가 기존과는 조금 다릅니다. 어떤 부분이 바뀌었는지 하나하나 살펴보겠습니다.

기존의 '상품 목록 가져오기'와 '상품 상세 정보 가져오기'는 GET 요청을 보냈습니다. fetch 함수는 기본적으로 GET 메서드를 사용하기 때문에 GET 요청들은 메서드를 생략할 수 있습니다. 하지만 상품을 추가하기 위해서는 POST 메서드로 요청을 보냅니다. 그래서 fetch 함수의 두 번째 옵션값으로 메서드를 POST로 명시해줘야 합니다.

body 속성은 새로 만들어진 상품 정보를 전달하는 공간입니다. 요청을 보낼 때 JSON 데이터를 전송하기 위해서 JSON.stringify로 JSON 객체를 문자열 형태로 포맷해줍니다. 그리고 headers 옵션으로 이 데이터가 JSON 포맷임을 명시합니다. 그러면 백엔드 서버에서 정상적으로 JSON 데이터를 주고받을 수 있습니다.

그리고 then 메서드로 response 값을 받은 다음에 JSON 형태의 데이터를 받기 위해서 json() 함수를 사용했습니다. 그리고 그 data에 product 속성에는 새로 추가된 상품 데이터를 백엔드 서버에서 보내줍니다. 그래서 setProducts를 통해서 새로 생성된 상품을 렌더링하는 방식으로 로직을 구현했습니다.

이렇게 된 시점에서 useRef를 통해 가짜 id를 만드는 코드는 필요가 없으니 지웁니다. id는 서버 측에서 자동으로 만들어서 저장해주기 때문입니다.

이렇게 fetch 함수를 수정한 후에 화면을 확인해보세요.

비슷한 방식으로 수정/삭제도 빠르게 구현하겠습니다. 참고로 수정은 PATCH 메서드로 구현하고 삭제는 DELETE 메서드로 구현합니다. 둘 다 특정 상품값을 변경하기 때문에 매개변수에 상품 id를 전달해줘야 합니다. 먼저 삭제 기능부터 구현하겠습니다. handleDelete 함수를 수정하면 됩니다.

DELETE /product/:productId로 상품을 삭제할 수 있습니다.

[함께 해봐요 4-54] 상품 삭제하기(Homepage.tsx의 handleDelete 함수 수정하기)

```
01  // HomePage.tsx
02  const handleDelete = (id: number) => {
03    fetch('/product/${id}', {
04      method: 'DELETE',
05    }).then((response) => {
06      if (response.ok) {
07        setProducts(products.filter(((product) => product.id !== id)));
08      }
09    });
10  };
```

앞서 설명했듯 매개변수에 상품의 id 값을 전달해주고 method를 DELETE로 변경해주고 요청이 완료되었을 때 product의 값을 변경하면 됩니다. 그리고 OK 신호를 보내면 성공적으로 데이터 처리가 완료되었다는 뜻이므로 조건부 처리를 해줍니다.

이어서 수정 로직입니다. handleUpdate부분을 아래와 같이 변경해주세요.

PATCH /product/:productId로 상품을 수정할 수 있습니다. 수정된 데이터도 body를 통해서 전달을 해줘야 합니다.

```tsx
01  // HomePage.tsx
02  const handleUpdate = (updateProduct: ProductType) => {
03    fetch('/product/${updateProduct.id}', {
04      method: 'PATCH',
05      headers: {
06        'Content-Type': 'application/json',
07      },
08      body: JSON.stringify(updateProduct),
09    }).then((response) => {
10      if (response.ok) {
11        setProducts(products.map((product) => (
12          product.id === updateProduct.id ? updateProduct : product
13        )));
14      }
15    });
16  };
```

마찬가지로 body 값에 새로 업데이트될 상품의 데이터를 전달해주고 메서드를 PATCH로 변경했습니다. 완료가 되었을 시점에 setProducts로 상태도 변경했습니다.

이렇게 해서 CRUD 기반의 최소 형태의 의류 쇼핑몰을 만들어 봤습니다. 리액트 개발에 전반적인 감을 잡았길 바랍니다. 다음 5장부터는 **추가적인 요구사항들을 구현해 나가면서 코드를 개선하고 성능 최적화까지 해보는 작업**을 진행하겠습니다.

지금까지 작성한 코드는 아래 URL에서 확인할 수 있습니다.

• https://github.com/Hong-JunHyeok/shopping_app_example/tree/chap04

정리하며

4장에서는 기본적으로 구성한 리액트 프로젝트 위에 기본적인 쇼핑몰 웹사이트의 틀을 구현했습니다.

CRUD를 하나하나 구현하면서 발생하는 문제와 해결 방법도 함께 다루어 보았습니다.

- Read(읽기): 상품 데이터 타입을 정의하고 가짜 데이터로 초기화한 후 map 메서드로 렌더링하며, key 속성으로 고유성을 부여하는 것도 해보았습니다.
- Create(생성): 상품 추가 기능 구현, 제어 컴포넌트, 리액트 불변성 등을 다루며 리액트 기초 개념과 핵심 기능을 학습했습니다.
- Delete(삭제): filter 메서드로 id를 비교한 후 제거하는 로직을 학습했습니다.
- Update(수정): 상품 목록에서 [수정] 버튼을 클릭할 때 수정 Form을 렌더링하고, 입력 정보로 상품 정보를 수정하는 것도 해보았습니다.

React-Router-Dom 모듈을 통해서 SPA에서 페이지네이션을 구현하는 방법도 배웠고 Context API를 사용하여서 Props Drilling을 해결하는 법도 함께 배웠습니다. 특히 Context API는 리액트에 익숙하지 않다면 조금 복잡하므로 여러 번 실습하는 것을 추천합니다.

마지막으로 동기와 비동기를 이해하고 API 서버를 직접 실행하여서 원격 데이터를 가져와 렌더링하고 수정 및 삭제하는 것을 구현했습니다.

4장은 내용이 많고 복잡하지만 매우 핵심적인 내용이므로 이해가 되지 않는 부분이 있다면 여러 번 읽고 숙지해야 합니다.

리액트
쇼핑몰
프로젝트

5장

쇼핑몰 설계를
어떻게 하면 좋을까
(feat. 좋은 아키텍처란)

 이 장에서 다루는 내용

4장까지는 최소한의 기능을 하는 쇼핑몰을 만들어 봤습니다. 제품의 추가, 삭제, 동기적으로 서버
에서 제품 가져오기, 페이지 나누기 등의 기능이 전부입니다. 그것도 UI는 전혀 고려하지 않았습
니다. 5장에서는 기본적인 쇼핑몰에 새로운 기능을 추가해야 하는 상황에서 어떻게 하면 효율적
으로 기능을 추가할 수 있을지에 초점을 둡니다. 즉, 애초에 쇼핑몰을 어떻게 설계해야 확장성이
용이한지를 알아볼 예정입니다. 그러므로 5장은 설계를 어떻게 할 것인가의 관점으로 봐주면 좋
겠습니다.

참고로, 이 책의 맨 앞에 있어야 할 것 같은 5장의 제목이 책의 중간에 끼어든 이유는 앞 장까지
코딩만(나무만) 바라보았다면 이번 내용을 통해 전체 그림(숲)을 살펴보면 좋겠다는 나름의 이유
가 있기 때문입니다.

5.1 리액트 컴포넌트, 꼭 나눠야 할까

지금껏 최소 기능을 하는 쇼핑몰을 만들어 봤습니다.

이제 요구사항을 추가하면서 쇼핑몰 서비스를 개선해가는 작업을 해보려고 합니다. 지금 단계에서는 우리가 설계했던 구조에 문제가 없지만 요구사항이 많아지고 프로젝트 크기가 커질수록 이 구조를 개선해야 할 필요가 생길 것이기 때문입니다.

예를 들어, 장바구니 기능을 수행하는 Cart라는 컴포넌트를 만든다고 가정하겠습니다. 이 컴포넌트는 어떤 기능을 내포하고 있어야 할까요? 먼저 장바구니 리스트를 불러오는 로직이 있어야 하겠습니다. 그리고 map 함수를 사용해서 그 리스트를, 각 아이템으로 렌더링하는 로직도 필요합니다. 장바구니 삭제 기능, 수량 추가 등 추가하려면 끝이 없습니다. 그러면 Cart 컴포넌트의 코드를 상상해볼까요? 아마 몇 백 줄이 넘어가는 코드를 상상하게 될 겁니다. 또한 요구사항은 추가되고 그렇게 되었을 때 몇 천 줄까지도 갈 수 있습니다(장바구니 기능에서 그럴 일은 많지 않겠지만).

그러면 우리가 합리적으로 생각했을 때 "코드를 좀 분리하면 어떨까?"라는 생각을 하게 될 겁니다. 예를 들어, 다음처럼 말입니다.

- 장바구니에 상품을 렌더링하는 CartList 컴포넌트
- 각 장바구니의 상품 아이템을 의미하는 CartItem 컴포넌트
- 기타 등등

이런 식으로 파일을 분리하고 모듈을 불러와서 Cart 컴포넌트를 구성하게 되면 코드의 양은 변함이 없지만(오히려 더 늘 수도 있습니다.) 최종적으로 Cart 컴포넌트의 가독성은 이전보다 좋아질거라는 것을 예상할 수 있습니다.

따라서 컴포넌트를 나누는 기준을 명확하게 정해놓으면 좋을 것 같습니다. 물론, 자신의 취향에 따라 혹은 팀 내 의견에 따라 나누는 기준을 정해놓으면 좋겠지만 이 책에서는 보편적으로 많이 사용되는 기준으로 설명하겠습니다.

여기서 질문을 하나 하겠습니다. 궁극적으로 컴포넌트가 하는 역할은 무엇일까요? 아래 문장을 잘 기억하기 바랍니다.

"UI를 표현하는 역할을 수행합니다.
또, 사용자의 행동들을 받아서 처리하는 부분도 있겠네요.
마지막으로 외부의 데이터를 받아 관리하는 부분도 있습니다."

이 세 가지의 개념을 잘 기억하기 바랍니다.

셋 모두 **데이터**라는 하나의 주제를 바라보고 있습니다. 그러면 우리는 '데이터를 기준으로 컴포넌트를 나눌 수 있지 않을까?'라고 생각할 수 있습니다. 그러면 Cart에서 데이터를 분리하기 전에 원래의 코드를 한번 살펴보겠습니다. 예시 코드이므로 눈으로 한번 살펴보면 됩니다.

[함께 살펴봐요 5-1] Cart에서 데이터를 분리하기 전의 코드(단순 예시 코드)

```
01  import { useEffect, useState } from "react";
02
03  function 장바구니() {
04   const [장바구니들, 장바구니들변경함수] = useState([]);
05
06   function 장바구니상품_가져오는_함수() {
07     /*...*/
08   }
09
10   function 장바구니_수량_추가_함수() {}
11   function 장바구니_수량_감소_함수() {}
12
13   useEffect(() => {
14     const 가져온_데이터 = 장바구니상품_가져오는_함수();
15     장바구니들변경함수(가져온_데이터);
16   }, []);
17
18   return (
19     <ul>
20       {장바구니들.map((장바구니_정보) => (
21         <li>
22           <span>{장바구니_정보.상품이름}</span>
23           <button>장바구니 삭제</button>
24
25           <span>{장바구니_정보.수량}</span>
26           <button onClick={장바구니_수량_추가_함수}>수량 추가</button>
27           <button onClick={장바구니_수량_감소_함수}>수량 감소</button>
28         </li>
```

```
29         ))}
30       </ul>
31     );
32   }
33
34   export default 장바구니;
```

조금 이해하기 쉽도록 한글을 사용해서 코드를 구성했습니다. 실제로 동작하는 코드가 아니니 **구조**에만 신경써주세요. 위 코드에서 컴포넌트를 이해하고 아래 문장을 다시 한 번 곱씹어 볼까요?

> "UI를 표현하는 역할을 수행합니다.
> 또, 사용자의 행동들을 받아서 처리하는 부분도 있겠네요.
> 마지막으로 외부의 데이터를 받아 관리하는 부분도 있습니다."

그러면 "데이터를 기준으로 뭘 나누라는 건데?"라는 의문이 생길 겁니다. 장바구니 컴포넌트에서 데이터는 무엇일까요?

몇 분만 고민해보고, 다음 절로 넘어가기 바랍니다.

5.2 데이터를 기반으로 컴포넌트 분리하기

앞선 질문의 답은 바로 '장바구니 리스트'와 '장바구니 아이템'이 되겠네요. 위 컴포넌트에서는 **장바구니들**과 **장바구니_정보** 변수가 그 데이터에 속하게 되는 겁니다. 이들을 분리해볼까요?

[함께 살펴봐요 5-2] 데이터 기반으로 컴포넌트 분리하기(단순 예시 코드)

```
01  import { useEffect, useState } from "react";
02
03  function 장바구니() {
04    return (
05      <>
06        <h1>장바구니</h1>
07        <장바구니_리스트 />
08      </>
09    );
10  }
11
12  function 장바구니_리스트() {
13    const [장바구니들, 장바구니들변경함수] = useState([]);
14
15    function 장바구니상품_가져오는_함수() {
16      /*...*/
17    }
18
19    function 장바구니_수량_추가_함수() {}
20    function 장바구니_수량_감소_함수() {}
21    function 장바구니_삭제_함수() {}
22
23    useEffect(() => {
24      const 가져온_데이터 = 장바구니상품_가져오는_함수();
25      장바구니들변경함수(가져온_데이터);
26    }, []);
27
28    return (
```

```
29    <ul>
30      {장바구니들.map((장바구니_정보) => (
31        <장바구니_아이템
32          key={장바구니_정보.id}
33          상품이름={장바구니_정보.수량}
34          장바구니_수량_감소_함수={장바구니_수량_감소_함수}
35          장바구니_수량_추가_함수={장바구니_수량_추가_함수}
36          장바구니_삭제_함수={장바구니_삭제_함수}
37        />
38      ))}
39    </ul>
40  );
41 }
42
43 function 장바구니_아이템({
44   상품이름,
45   수량,
46   장바구니_수량_추가_함수,
47   장바구니_수량_감소_함수,
48   장바구니_삭제_함수
49 }) {
50   return (
51     <li>
52       <span>{상품이름}</span>
53       <button onClick={장바구니_삭제_함수}>장바구니 삭제</button>
54
55       <span>{수량}</span>
56       <button onClick={장바구니_수량_추가_함수}>수량 추가</button>
57       <button onClick={장바구니_수량_감소_함수}>수량 감소</button>
58     </li>
59   );
60 }
61
62 export default 장바구니;
```

이렇게 **장바구니_리스트**, **장바구니_아이템**으로 나누었습니다.

5.3 역할 중심으로 컴포넌트 분리하기

장바구니에 수량을 추가하고 감소하는 함수를 전달하는 부분을 유심히 살펴보세요.

장바구니_리스트에서 props로 장바구니_아이템에 넘겨주고 있습니다. 역할을 중심으로 생각해보면, 저 함수들을 실행하는 것은 실질적으로 장바구니_아이템인데 장바구니_리스트에 있다는 것이 조금 이상합니다. 역할 중심으로 생각했을 때 장바구니_아이템에 수량 증가/감소 함수를 위치시키는 게 좀 더 타당해보입니다.

[함께 살펴봐요 5-3] 역할 중심으로 컴포넌트 분리하기 1(단순 예시 코드)

```
01  import { useEffect, useState } from "react";
02
03  function 장바구니() {
04    return (
05      <>
06        <h1>장바구니</h1>
07        <장바구니_리스트 />
08      </>
09    );
10  }
11
12  function 장바구니_리스트() {
13    const [장바구니들, 장바구니들변경함수] = useState([]);
14
15    function 장바구니상품_가져오는_함수() {
16      /*...*/
17    }
18
19    useEffect(() => {
20      const 가져온_데이터 = 장바구니상품_가져오는_함수();
21      장바구니들변경함수(가져온_데이터);
22    }, []);
23
24    return (
```

```
25    <ul>
26      {장바구니들.map((장바구니_정보) => (
27        <장바구니_아이템 key={장바구니_정보.id} 상품이름={장바구니_정보.수량} />
28      ))}
29    </ul>
30   );
31 }
32
33 function 장바구니_아이템({ 상품이름, 수량 }) {
34   function 장바구니_수량_추가_함수() {}
35   function 장바구니_수량_감소_함수() {}
36   function 장바구니_삭제_함수() {}
37
38   return (
39    <li>
40      <span>{상품이름}</span>
41      <button onClick={장바구니_삭제_함수}>장바구니 삭제</button>
42
43      <span>{수량}</span>
44      <button onClick={장바구니_수량_추가_함수}>수량 추가</button>
45      <button onClick={장바구니_수량_감소_함수}>수량 감소</button>
46    </li>
47   );
48 }
49
50 export default 장바구니;
```

또 어떤 역할을 기준으로 나눌 수 있을까요?

장바구니_아이템 부분에서 수량 추가/감소 부분과 장바구니 삭제 부분은 장바구니_아이템이 모두 수행하고 있습니다. 다른 말로 표현하면 장바구니_아이템은 장바구니를 보여주는 기능으로 동작을 해야 하는데 수량 추가/감소 그리고 장바구니 삭제까지 수행하고 있다는 의미입니다. 이 부분 또한 분리해줘야 합니다.

[함께 살펴봐요 5-4] 역할 중심으로 컴포넌트 분리하기 2(단순 예시 코드)

```
01 import { useEffect, useState } from "react";
02
03 function 장바구니() {
04   return (
05    <>
```

```
06        <h1>장바구니</h1>
07        <장바구니_리스트 />
08      </>
09    );
10  }
11
12  function 장바구니_리스트() {
13    const [장바구니들, 장바구니들변경함수] = useState([]);
14
15    function 장바구니상품_가져오는_함수() {
16      /*...*/
17    }
18
19    useEffect(() => {
20      const 가져온_데이터 = 장바구니상품_가져오는_함수();
21      장바구니들변경함수(가져온_데이터);
22    }, []);
23
24    return (
25      <ul>
26        {장바구니들.map((장바구니_정보) => (
27          <장바구니_아이템 key={장바구니_정보.id} 상품이름={장바구니_정보.수량} />
28        ))}
29      </ul>
30    );
31  }
32
33  function 장바구니_아이템({ 상품이름, 수량 }) {
34    return (
35      <li>
36        <span>{상품이름}</span>
37        <장바구니_삭제_버튼 />
38
39        <span>{수량}</span>
40
41        <장바구니_수량_추가_버튼 />
42        <장바구니_수량_감소_버튼 />
43      </li>
44    );
45  }
46
47  function 장바구니_삭제_버튼() {
```

```
48      function 장바구니_삭제_함수() {}
49      return <button onClick={장바구니_삭제_함수}>장바구니 삭제</button>;
50    }
51
52    function 장바구니_수량_추가_버튼() {
53      function 장바구니_수량_추가_함수() {}
54      return <button onClick={장바구니_수량_추가_함수}>수량 추가</button>;
55    }
56
57    function 장바구니_수량_감소_버튼() {
58      function 장바구니_수량_감소_함수() {}
59      return <button onClick={장바구니_수량_감소_함수}>수량 추가</button>;
60    }
61
62    export default 장바구니;
```

이렇게 컴포넌트를 '데이터를 기준'으로 그리고 '역할을 기준'으로 나누어 봤습니다.

하지만 컴포넌트 분리가 이렇게 간단하게 끝난다면 얼마나 좋을까요? 사실 생각해봐야 하는 부분은 더 많습니다.

만들었던 장바구니 컴포넌트를 다른 곳에서 재사용할 수 있는지의 여부도 생각해보면, '장바구니'라는 도메인이 강하게 결합되어 있어서 다른 곳에서 재사용되기는 힘들 것 같습니다(장바구니가 다른 페이지에서 똑같이 사용된다면 재사용할 수 있습니다만). 그러면 도메인 맥락을 제거하는 방법이 있는데 그 부분까지 생각하면 머리가 너무 복잡해집니다.

상품 데이터를 넘겨줘야하는 부분이 추가된다면 항상 props로 수정을 해야 하는 문제도 있겠네요.

더 깊게 파면 컴포넌트 분리에 정말 많은 문제점에 직면할 겁니다. 중요한 점은 위에서 제시한 분리 방법이 꼭 정답이 아닐 수도 있다는 것입니다. 여러분의 프로젝트 크기에 따라서 혹은 상황에 따라서 어떻게 적절하게 분리하는 것이 좋을지를 판단할 때 여러분의 능력이 요구됩니다.

그러기 위해서는 여러분의 프로젝트에 대한 도메인 지식을 얼마나 이해했는지, 요구사항에 얼마나 대처할 수 있을지에 대해서 생각해보는 것도 여러분의 능력을 키우는 좋은 방법입니다.

5.4 전체 구조는 어떻게 짤까

컴포넌트를 분리하는 방법에 대해 알아봤습니다. 이제 위의 이론을 기반으로 우리가 만든 쇼핑몰 앱도 분리하겠습니다. 지금까지 작성한 코드들은 한 파일에 로직이 너무 응집되어 있고 가독성도 크게 떨어집니다. 그래서 앞으로 이 쇼핑몰 앱을 확장할 생각이 있다면 전체 구조를 개편해야 합니다.

그 전에 어떤 방향으로 분리하면 될지 예시를 조금 들어보겠습니다(이 역시 예시 코드이므로 따라할 필요는 없습니다).

[그림 5-1] components 폴더를 만든 후 각각의 컴포넌트로 분리함

우리가 지금까지 만들었던 컴포넌트들을 components 폴더를 만들어 분리했습니다. 그리고 components 폴더 내부에 앞서 분리했던 컴포넌트들을 각각 파일로 만들었습니다.

[표 5-1] 분리할 파일 목록

파일	설명
index.ts	조합된 Cart 컴포넌트를 외부로 내보내는 역할을 하는 파일이다.
Cart.tsx	파편화된 모듈을 조합해서 Cart를 만드는 파일이다.
CartItem.tsx	장바구니의 각 아이템을 구현한 파일이다.
CartList.tsx	장바구니들을 렌더링하는 파일이다.
CartDecreaseButton.tsx	장바구니의 수량 감소 버튼을 구현한 파일이다.
CartIncreaseButton.tsx	장바구니의 수량 증가 버튼을 구현한 파일이다.
CartDeleteButton.tsx	장바구니의 삭제 버튼을 구현한 파일이다.

그럼 각 코드를 어떤 식으로 분리했는지 살펴보겠습니다. Cart.tsx 컴포넌트는 우리가 구현했던 버튼, 리스트, 아이템 등을 조합해서 Cart라는 하나의 묶음 컴포넌트를 구현합니다.

[함께 살펴봐요 5-5] Cart 컴포넌트 구현(단순 예시 코드)

```
01  // Cart.tsx
02  import { useEffect, useState } from "react";
03
04  function 장바구니() {
05   return (
06     <>
07       <h1>장바구니</h1>
08       <장바구니_리스트 />
09     </>
10   );
11  }
12
13  export default 장바구니;
```

장바구니 리스트가 기본적으로 장바구니 아이템을 불러오고, 장바구니 아이템 컴포넌트는 장바구니 관련 버튼들을 불러오게 되니 결론적으로 장바구니 리스트만 불러오면 되는 것입니다.

아래부터는 기존에 구현했던 모듈들을 내보내기만 했으므로 별도의 설명없이 빠르게 넘어가겠습니다.

[함께 살펴봐요 5-6] CartList 컴포넌트 구현(단순 예시 코드)

```
01  // CartList.tsx
02  import { useEffect, useState } from "react";
03  import 장바구니_아이템 from "./CartItem";
04
05  function 장바구니_리스트() {
06   const [장바구니들, 장바구니들변경함수] = useState([]);
07
08   function 장바구니상품_가져오는_함수() {
09     /*...*/
10   }
11
12   useEffect(() => {
13     const 가져온_데이터 = 장바구니상품_가져오는_함수();
14     장바구니들변경함수(가져온_데이터);
15   }, []);
```

```
16
17    return (
18      <ul>
19        {장바구니들.map((장바구니_정보) => (
20          <장바구니_아이템 key={장바구니_정보.id} 상품이름={장바구니_정보.수량} />
21        ))}
22      </ul>
23    );
24  }
25
26  export default 장바구니_리스트;
```

[함께 살펴봐요 5-7] CarItem 컴포넌트 구현(단순 예시 코드)

```
01  // CartItem.tsx
02  import 장바구니_수량_감소_버튼 from "./CartDecreaseButton";
03  import 장바구니_삭제_버튼 from "./CartDeleteButton";
04  import 장바구니_수량_추가_버튼 from "./CartIncreaseButton";
05
06  function 장바구니_아이템({ 상품이름, 수량 }) {
07    return (
08      <li>
09        <span>{상품이름}</span>
10        <장바구니_삭제_버튼 />
11
12        <span>{수량}</span>
13
14        <장바구니_수량_추가_버튼 />
15        <장바구니_수량_감소_버튼 />
16      </li>
17    );
18  }
19
20  export default 장바구니_아이템;
```

[함께 살펴봐요 5-8] CartIncreaseButton 컴포넌트 구현(단순 예시 코드)

```
01  // CartIncreaseButton.tsx
02  function 장바구니_수량_추가_버튼() {
03    function 장바구니_수량_추가_함수() {}
04    return <button onClick={장바구니_수량_추가_함수}>수량 추가</button>;
```

```
05  }
06
07  export default 장바구니_수량_추가_버튼;
```

[함께 살펴봐요 5-9] CartDecreaseButton 컴포넌트 구현(단순 예시 코드)

```
01  // CartDecreaseButton.tsx
02  function 장바구니_수량_감소_버튼() {
03    function 장바구니_수량_감소_함수() {}
04    return <button onClick={장바구니_수량_감소_함수}>수량 추가</button>;
05  }
06
07  export default 장바구니_수량_감소_버튼;
```

[함께 살펴봐요 5-10] CartDeleteButton 컴포넌트 구현(단순 예시 코드)

```
01  // CartDeleteButton.tsx
02  function 장바구니_삭제_버튼() {
03    function 장바구니_삭제_함수() {}
04    return <button onClick={장바구니_삭제_함수}>장바구니 삭제</button>;
05  }
06
07  export default 장바구니_삭제_버튼;
```

이런 식으로 나눈 컴포넌트를 파일로 분리하면 됩니다.

다만 여기서 중복되는 코드가 있을 수 있습니다. 장바구니 기능 말고도 상품 목록 기능을 구현할 때 List 부분이 중복될 수 있습니다. List는 각 Item을 렌더링하는 역할을 수행하는데, 장바구니와 상품 목록에서 List 부분이 중복되니 이러한 중복 코드들은 최소화하면 좋습니다.

이런 경우에는 shared라는 공통 컴포넌트를 관리하는 폴더에 작성하겠습니다.

이전의 예제에서는 List 부분이 겹치니 List.tsx라는 폴더를 만들어서 중복을 최소화했습니다. 지금은 List 내부 코드에 관해서는 다루지 않습니다. 추후에 정말로 중복이 발생하면 그때 구현하겠습니다.

shared 폴더에 들어갈 컴포넌트를 더 생각해볼까요? 우리 쇼핑몰 서비스에서 Button UI가 겹친다면 Button이라는 shared 컴포넌트를 만들면 됩니다. Input UI도 마찬가지입니다. 그렇다고 우리가 사전에 굳이 shared 컴포넌트를 다 만들 필요는 없습니다. 진행하다가 중복 요소가 발생하면 그때부터 shared 작업을 하면 되는 부분입니다.

 **5.5** 지금까지의 구조를 수정하자

이제 앞선 설명을 기반으로 지금까지의 구조를 수정하는 작업을 하겠습니다.

각 Page들은 Route에 연결되어지는 컴포넌트입니다. 즉, 완성된 컴포넌트들을 조합해서 하나의 페이지를 만드는 컴포넌트들입니다. 하지만 지금 코드에서는 Page에서 각 컴포넌트의 기능을 구현하고 있습니다.

그래서 해당 부분을 앞서 설명했던 내용대로 수정하는 작업을 하겠습니다. 먼저 HomePage 코드입니다. HomePage의 내용들을 데이터를 기반으로 분리하는 작업을 하겠습니다. 기존의 코드부터 살펴보겠습니다.

[함께 살펴봐요 5-11] 분리하기 전 HomePage 코드

```
01  // HomePage.tsx
02  import { useEffect, useState } from "react";
03  import { Link } from "react-router-dom";
04
05  interface ProductType {
06    id: number;
07    name: string;
08    explanation: string;
09    price: number;
10  }
11
12  interface ProductItemProps {
13    product: ProductType;
14    onDelete: (id: number) => void;
15    onUpdate: (product: ProductType) => void;
16  }
17
18  function ProductItem({ product, onDelete, onUpdate }: ProductItemProps) {
19    const { id, name, price, explanation } = product;
20    const [isEditMode, setIsEditMode] = useState(false);
21    const [editName, setEditName] = useState(product.name);
```

```
22    const [editExplanation, setEditExplanation] = useState(product.explanation);
23    const [editPrice, setEditPrice] = useState(product.price);
24
25    return (
26      <div>
27        <div>{id}</div>
28        <div>
29          <Link to={'/${id}'}>{name}</Link>
30        </div>
31        <div>{price}</div>
32        <div>{explanation}</div>
33
34        <button type="button" onClick={() => onDelete(id)}>
35          삭제하기
36        </button>
37
38        <button type="button" onClick={() => setIsEditMode((prev) => !prev)}>
39          수정하기
40        </button>
41
42        {isEditMode && (
43          <form
44            onSubmit={(event) => {
45              event.preventDefault();
46              onUpdate({
47                id,
48                name: editName,
49                price: editPrice,
50                explanation: editExplanation
51              });
52            }}
53          >
54            <input
55              type="text"
56              placeholder="상품 이름"
57              value={editName}
58              onChange={(event) => setEditName(event.target.value)}
59            />
60            <input
61              type="text"
62              placeholder="상품 설명"
63              value={editExplanation}
```

```
64            onChange={(event) => setEditExplanation(event.target.value)}
65          />
66          <input
67            type="number"
68            placeholder="상품 가격"
69            value={editPrice}
70            onChange={(event) => setEditPrice(parseInt(event.target.value, 10))}
71          />
72          <input type="submit" value="상품 수정하기" />
73        </form>
74      )}
75    </div>
76  );
77 }
78
79 function HomePage() {
80   const [products, setProducts] = useState<ProductType[]>([]);
81   const [name, setName] = useState("");
82   const [explanation, setExplanation] = useState("");
83   const [price, setPrice] = useState(0);
84
85   const handleCreate = (newProduct: Omit<ProductType, "id">) => {
86     fetch("/product", {
87       method: "POST",
88       headers: {
89         "Content-Type": "application/json"
90       },
91       body: JSON.stringify(newProduct)
92     })
93       .then((response) => response.json())
94       .then((data) => {
95         setProducts((prev) => [...prev, data.product]);
96       });
97   };
98
99   const handleDelete = (id: number) => {
100    fetch('/product/${id}', {
101      method: "DELETE"
102    }).then((response) => {
103      if (response.ok) {
104        setProducts(products.filter((product) => product.id !== id));
105      }
```

```
106        });
107      };
108
109      const handleUpdate = (updateProduct: ProductType) => {
110        fetch('/product/${updateProduct.id}', {
111          method: "PATCH",
112          headers: {
113            "Content-Type": "application/json"
114          },
115          body: JSON.stringify(updateProduct)
116        }).then((response) => {
117          if (response.ok) {
118            setProducts(
119              products.map((product) =>
120                product.id === updateProduct.id ? updateProduct : product
121              )
122            );
123          }
124        });
125      };
126
127      useEffect(() => {
128        fetch("/product")
129          .then((response) => response.json())
130          .then((data) => setProducts(data.products));
131      }, []);
132
133      return (
134        <>
135          <form
136            onSubmit={(event) => {
137              event.preventDefault();
138              handleCreate({
139                name,
140                explanation,
141                price
142              });
143            }}
144          >
145            <input
146              value={name}
```

```
147          onChange={(event) => setName(event.target.value)}
148          type="text"
149          placeholder="상품 이름"
150        />
151        <input
152          value={explanation}
153          onChange={(event) => setExplanation(event.target.value)}
154          type="text"
155          placeholder="상품 설명"
156        />
157        <input
158          value={price}
159          onChange={(event) => setPrice(parseInt(event.target.value, 10))}
160          type="number"
161          placeholder="상품 가격"
162        />
163        <input type="submit" value="상품 만들기" />
164      </form>
165
166      {products.map((product) => (
167        <ProductItem
168          key={product.id}
169          product={product}
170          onDelete={handleDelete}
171          onUpdate={handleUpdate}
172        />
173      ))}
174    </>
175  );
176 }
177
178 export default HomePage;
```

보는 것처럼 코드가 매우 응집되어 있고 가독성도 떨어집니다. 이는 제품 운영에 큰 영향을 미치므로 분리가 필요합니다.

위 코드에서 먼저 ProductList 컴포넌트를 분리하겠습니다. src 폴더 내부에 components 폴더를 만들고 HomePage에서 사용되는 컴포넌트의 묶음이라는 의미로 'home'이라는 이름을 가진 폴더를 만든 다음에 index.ts 파일과 ProductList.tsx를 만들어주면 됩니다.

그러면 아래와 같이 구성됩니다.

```
src
└── components
    └── home
        ├──────── ProductList.tsx
        └──────── index.ts
```

home이라는 폴더에서 상품 관련된 컴포넌트들을 구현할 예정입니다. 그리고 ProductList는 상품 정보들을 가져오고 상품의 리스트를 렌더링하는 기능을 수행하는 컴포넌트입니다.

먼저 ProductList부터 분리해볼까요?

[함께 해봐요 5-1] HomePage에서 ProductList를 분리해서 구현하기

```
01  // ProductList.tsx
02  import { useEffect, useState } from "react";
03
04  const ProductList = () => {
05    const [products, setProducts] = useState<ProductType[]>([]);
06
07    const handleDelete = (id: number) => {
08      fetch(`/product/${id}`, {
09        method: "DELETE",
10      }).then((response) => {
11        if (response.ok) {
12          setProducts(products.filter((product) => product.id !== id));
13        }
14      });
15    };
16
17    const handleUpdate = (updateProduct: ProductType) => {
18      fetch('/product/${updateProduct.id}', {
19        method: "PATCH",
20        headers: {
```

```
21          "Content-Type": "application/json",
22        },
23        body: JSON.stringify(updateProduct),
24      }).then((response) => {
25        if (response.ok) {
26          setProducts(
27            products.map((product) =>
28              product.id === updateProduct.id ? updateProduct : product
29            )
30          );
31        }
32      });
33    };
34
35    useEffect(() => {
36      fetch("/product")
37        .then((response) => response.json())
38        .then((data) => setProducts(data.products));
39    }, []);
40
41    return (
42      <ul>
43        {products.map((product) => (
44          <ProductItem
45            product={product}
46            onDelete={handleDelete}
47            onUpdate={handleUpdate}
48          />
49        ))}
50      </ul>
51    );
52  };
53
54  export default ProductList;
```

기존에 구현한 코드와 크게 다를 바 없이 fetch 함수를 사용해서 데이터를 불러온 다음, map 함수를 이용해서 각 ProductItem 컴포넌트를 렌더링하면 됩니다. **하지만 여러분이 위 코드를 작성했을 때 오류가 발생할 겁니다.** 그 이유는 ProductType이라는 타입이 정의되어 있지 않고 ProductItem이라는 것도 정의하지 않았기 때문입니다.

타입 오류의 원인이었던 ProductType을 먼저 정의하겠습니다.

ProductType을 ProductList.tsx에서 구현해도 무방하지만 이 타입은 중복이 너무 많이 발생하고 여러 컴포넌트에서 사용될 여지가 있습니다. 그래서 이러한 타입들을 한 번에 모아서 관리할 수 있는 types라는 폴더를 만들어서 그 내부에 선언해서 불러오는 식으로 작성하는 게 운영에 좀 더 적합한 코드가 될 것 같습니다.

src 폴더 내부에 types라는 폴더를 만듭니다. 그런 다음 types 내부에 index.ts라는 파일을 만들어주세요.

```
src
├── components
│   └── home
│       ├── ProductList.tsx
│       └── index.ts
└── types
    └── index.ts
```

[함께 해봐요 5-2] 타입을 한 번에 모아서 관리하는 폴더를 만들고 불러오기(types 폴더와 index.ts)

```
01  // src/types/index.ts
02  export interface ProductType {
03    id: number;
04    name: string;
05    explanation: string;
06    price: number;
07  }
```

types 폴더에 있는 index.ts에서 ProductType을 정의한 다음에 export를 통해서 다른 파일에서 참조할 수 있도록 지정합니다. 그리고 ProductList.tsx에서는 정의한 ProductType을 불러와서 사용만 하면 됩니다.

interface나 type으로 지정한 Type 별칭들도 모듈처럼 export, export default를 지정할 수 있습니다.

[함께 해봐요 5-3] 타입 별칭들도 모듈처럼 지정하기(ProductItem이 정의되어 있지 않은 상태)

```
01  // ProductList.tsx
02  import { useEffect, useState } from "react";
03  import { ProductType } from "../../types";
04
```

```
05  const ProductList = () => {
06   const [products, setProducts] = useState<ProductType[]>([]);
07
08   const handleDelete = (id: string) => {
09     fetch('/product/${id}', {
10       method: "DELETE",
11     }).then((response) => {
12       if (response.ok) {
13         setProducts(products.filter((product) => product.id !== id));
14       }
15     });
16   };
17
18   const handleUpdate = (updateProduct: ProductType) => {
19     fetch('/product/${updateProduct.id}', {
20       method: "PATCH",
21       headers: {
22         "Content-Type": "application/json",
23       },
24       body: JSON.stringify(updateProduct),
25     }).then((response) => {
26       if (response.ok) {
27         setProducts(
28           products.map((product) =>
29             product.id === updateProduct.id ? updateProduct : product
30           )
31         );
32       }
33     });
34   };
35
36   useEffect(() => {
37     fetch("/product")
38       .then((response) => response.json())
39       .then((data) => setProducts(data.products));
40   }, []);
41
42   return (
43     <ul>
44       {products.map((product) => (
45         <ProductItem
46           key={product.id}
```

```
47          product={product}
48          onDelete={handleDelete}
49          onUpdate={handleUpdate}
50        />
51      ))}
52    </ul>
53  );
54 };
55
56 export default ProductList;
```

하지만 ProductItem이 정의되어 있지 않으니 오류가 납니다. 그렇다면 ProductList 컴포넌트와 마찬가지로 ProductItem도 같은 방식으로 분리하겠습니다.

components/home/ProductItem.tsx를 만들어주세요.

```
src
├── components
│   └── home
│       ├─────── ProductList.tsx
│       ├─────── ProductItem.tsx
│       └─────── index.ts
└── types
    └── index.ts
```

그리고 ProductItem.tsx를 아래와 같이 작성합니다.

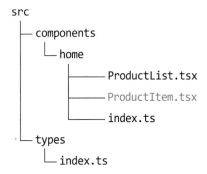
[함께 해봐요 5-4] ProductItem 컴포넌트 분리하기

```
01 // ProductItem.tsx
02 import { useState } from "react";
03 import { Link } from "react-router-dom";
04 import { ProductType } from "../../types";
05
06 interface ProductItemProps {
07   product: ProductType;
08   onDelete: (id: number) => void;
09   onUpdate: (product: ProductType) => void;
10 }
11
```

```
12  function ProductItem({ product, onDelete, onUpdate }: ProductItemProps) {
13    const { id, name, price, explanation } = product;
14    const [isEditMode, setIsEditMode] = useState(false);
15    const [editName, setEditName] = useState(product.name);
16    const [editExplanation, setEditExplanation] = useState(product.explanation);
17    const [editPrice, setEditPrice] = useState(product.price);
18
19    return (
20      <div>
21        <div>{id}</div>
22        <div>
23          <Link to={'/${id}'}>{name}</Link>
24        </div>
25        <div>{price}</div>
26        <div>{explanation}</div>
27
28        <button type="button" onClick={() => onDelete(id)}>
29          삭제하기
30        </button>
31
32        <button type="button" onClick={() => setIsEditMode((prev) => !prev)}>
33          수정하기
34        </button>
35
36        {isEditMode && (
37          <form
38            onSubmit={(event) => {
39              event.preventDefault();
40              onUpdate({
41                id,
42                name: editName,
43                price: editPrice,
44                explanation: editExplanation
45              });
46            }}
47          >
48            <input
49              type="text"
50              placeholder="상품 이름"
51              value={editName}
52              onChange={(event) => setEditName(event.target.value)}
53            />
```

```
54            <input
55              type="text"
56              placeholder="상품 설명"
57              value={editExplanation}
58              onChange={(event) => setEditExplanation(event.target.value)}
59            />
60            <input
61              type="number"
62              placeholder="상품 가격"
63              value={editPrice}
64              onChange={(event) => setEditPrice(parseInt(event.target.value, 10))}
65            />
66            <input type="submit" value="상품 수정하기" />
67          </form>
68        )}
69      </div>
70    );
71  }
72
73  export default ProductItem;
```

이제 ProductItem, ProductList가 구현되었으니 index.ts를 통해서 내보내기하는 동작을 구현하겠습니다.

[함께 해봐요 5-5] index.ts를 통해 내보내기

```
01  //src/components/home/index.ts
02  export { default as ProductList } from './ProductList';
03  export { default as ProductItem } from './ProductItem';
```

앞서 오류가 났던 ProductList 컴포넌트에서 ProductItem을 불러와주세요.

[함께 해봐요 5-6] ProductList 컴포넌트에서 ProductItem 불러오기

```
01  // ProductList.tsx
02  import { useEffect, useState } from "react";
03  import { ProductItem } from ".";
04  import { ProductType } from "../../types";
05
```

```
06  const ProductList = () => {
07  ...
08  };
09
10  export default ProductList;
```

이제 ProductList와 ProductItem의 분리 작업이 완료되었습니다. 분리된 컴포넌트를 기반으로 HomePage를 다시 설계해봅시다.

[함께 해봐요 5-7] 분리된 컴포넌트 기반으로 HomePage 수정하기

```
01  // HomePage.tsx
02  import { ProductList } from "../components/home";
03
04
05  function HomePage() {
06    return <ProductList />
07  }
08
09  export default HomePage;
```

이렇게 HomePage에서 ProductList를 불러와서 렌더링하고 수정, 삭제하는 것까지는 완료했지만, 상품을 만드는 form을 구현하지 못했습니다.

ProductList를 만들면서 products라는 상태를 ProductList에 종속되게 만들어 버려서 Form에서 products와 setProducts에 접근하지 못하게 되었기 때문입니다.

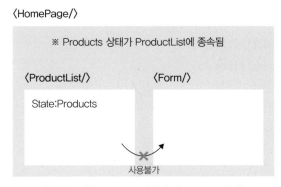

[그림 5-2] ProductList에 종속된 Products 상태

이러한 문제를 어떻게 해결할 수 있을까요? 다양한 시나리오를 생각할 수 있지만 ProductList에 종속된 컴포넌트로 Props로 받아 구현하게 할 수 있고 Context API를 사용해서 해결하는 방법이 있을 겁니다. 하지만 우리가 앞으로 할 것은 상품 생성 페이지 분리입니다. 그렇게 된다면 굳이 상품 상태에 접근할 필요가 없어집니다.

원리를 잠시 설명하겠습니다.

1. 상품 생성 페이지에서 상품을 등록한다.
2. 상품 등록 요청 API가 호출된다.
3. API 서버의 데이터베이스에 상품 데이터가 저장된다.
4. 다시 HomePage로 돌아갔을 때 상품 정보를 다시 불러온다.
5. 서버에서는 데이터가 최신화되어 있어 만들었던 상품이 상품 목록에 나오게 된다.

이러한 흐름으로 설계했습니다. ProductCreateForm을 구현해봅시다. 이 컴포넌트는 상품을 추가해주는 기능을 수행합니다.

| 상품의 이름 | 상품 설명 | 상품 가격 | **상품 만들기** |

[그림 5-3] 상품 만들기 컴포넌트

components에 create라는 이름의 폴더를 만들고, 그 내부에 ProductCreateForm.tsx와 index.ts를 만들어 주세요.

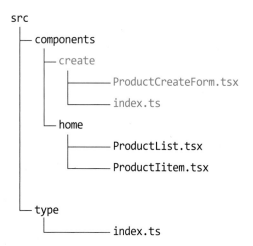

```
src
├── components
│   ├── create
│   │   ├───── ProductCreateForm.tsx
│   │   └───── index.ts
│   └── home
│       ├───── ProductList.tsx
│       └───── ProductIitem.tsx
└── type
    └───────── index.ts
```

Cannot be compiled under '--isolatedModules' … 오류가 떠요!

```
Compiled with problems:                                                      x

ERROR in src/components/product/ProductCreateForm/ProductCreateForm.types.ts

TS1208: 'ProductCreateForm.types.ts' cannot be compiled under '--isolatedModules' because it is
considered a global script file. Add an import, export, or an empty 'export {}' statement to make it
a module.
```

[그림 5-4] Cannot be compiled under '--isolatedModules' … 오류

위 문제는 타입스크립트 파일에서 모듈 내보내기가 없기 때문에 발생하는 오류입니다. 코드를 구현하면서 임시적으로 이 오류를 해결하고 싶다면 해당 파일에 export {};를 작성하면 오류가 해결됩니다.

ProductCreateForm.tsx 코드를 아래와 같이 작성해주세요.

[함께 해봐요 5-8] ProductCreateForm 작성하기

```tsx
01  // ProductCreateForm.tsx
02  import { useState } from "react";
03  import { ProductType } from "../../types";
04
05  const ProductCreateForm = () => {
06    const [name, setName] = useState("");
07    const [explanation, setExplanation] = useState("");
08    const [price, setPrice] = useState(0);
09
10    const handleCreate = (newProduct: Omit<ProductType, "id">) => {
11      fetch("/product", {
12        method: "POST",
13        headers: {
14          "Content-Type": "application/json",
15        },
16        body: JSON.stringify(newProduct),
17      })
18        .then((response) => response.json())
19        .then((data) => {
20          console.log(data);
21        });
22    };
23
24    return (
```

```
25    <form
26      onSubmit={(event) => {
27        event.preventDefault();
28        handleCreate({
29          name,
30          explanation,
31          price,
32        });
33      }}
34    >
35      <input
36        onChange={(event) => setName(event.target.value)}
37        type="text"
38        placeholder="상품 이름"
39      />
40      <input
41        onChange={(event) => setExplanation(event.target.value)}
42        type="text"
43        placeholder="상품 설명"
44      />
45      <input
46        onChange={(event) => setPrice(parseInt(event.target.value, 10))}
47        type="number"
48        placeholder="상품 가격"
49      />
50      <input type="submit" value="상품 만들기" />
51    </form>
52  );
53  };
54
55  export default ProductCreateForm;
```

분리된 ProductCreateForm을 index.ts를 통해서 내보내주세요.

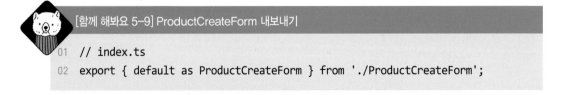

```
01  // index.ts
02  export { default as ProductCreateForm } from './ProductCreateForm';
```

생성 폼 컴포넌트는 분리했으니, 이제 상품 생성 페이지를 만들어서 해당 컴포넌트를 불러오는 식으로 구현을 해야 합니다.

src/pages/ProductCreatePage.tsx를 만들어줍니다.

```
src
├── components
│   ├── create
│   │   ├── ProductCreateForm.tsx
│   │   └── index.ts
│   └── home
│       ├── ProductList.tsx
│       └── ProductIitem.tsx
├── type
│   └── index.ts
└── pages
    ├── HomePage.tsx
    ├── ProductPage.tsx
    ├── ProductCreatePage.tsx
    └── index.ts
```

그리고 ProductCreatePage.tsx 코드를 아래와 같이 작성해주세요.

[함께 해봐요 5-10] ProductCreatePage 작성하기

```
01  // ProductCreatePage.tsx
02  import { ProductCreateForm } from "../components/create";
03
04  const ProductCreatePage = () => {
05    return (
06      <ProductCreateForm />
07    )
08  }
09
10  export default ProductCreatePage;
```

다음으로 index.ts를 통해 내보내기를 합니다.

```
01  export { default as HomePage } from './HomePage';
02  export { default as ProductPage } from './ProductPage';
03  export { default as ProductCreatePage } from './ProductCreatePage';
```

그럼 이 Page 컴포넌트를 Route에 추가해야 한다고 생각할 겁니다. App.tsx에 아래와 같이 추가해 주세요.

```
01  // App.tsx
02  import { Route, Routes } from "react-router-dom";
03  import { HomePage, ProductCreatePage, ProductPage } from "./pages";
04
05  function App() {
06    return (
07      <Routes>
08        <Route index element={<HomePage />} />
09        <Route path="create" element={<ProductCreatePage />} />
10        <Route path="/:productId" element={<ProductPage />} />
11      </Routes>
12    );
13  }
14
15  export default App;
```

코드를 모두 작성했다면, 변경한 모든 파일을 저장한 후 화면을 보면서 확인해봅니다.

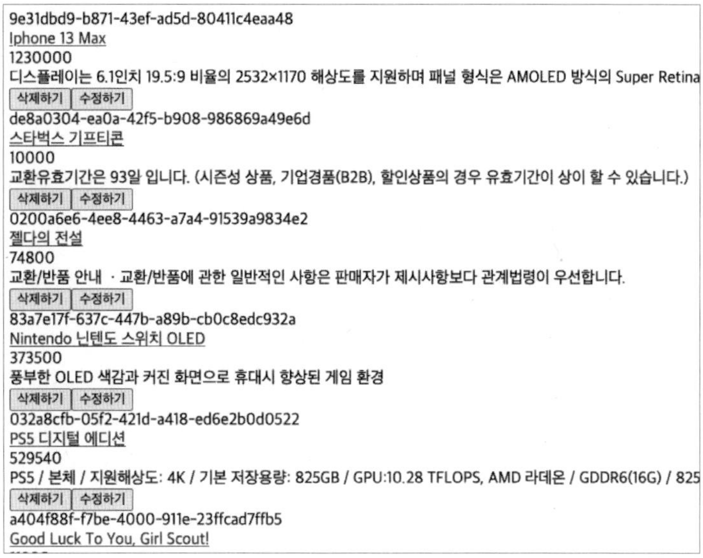

9e31dbd9-b871-43ef-ad5d-80411c4eaa48
Iphone 13 Max
1230000
디스플레이는 6.1인치 19.5:9 비율의 2532×1170 해상도를 지원하며 패널 형식은 AMOLED 방식의 Super Retina

삭제하기 수정하기
de8a0304-ea0a-42f5-b908-986869a49e6d
스타벅스 기프티콘
10000
교환유효기간은 93일 입니다. (시즌성 상품, 기업경품(B2B), 할인상품의 경우 유효기간이 상이 할 수 있습니다.)

삭제하기 수정하기
0200a6e6-4ee8-4463-a7a4-91539a9834e2
젤다의 전설
74800
교환/반품 안내 · 교환/반품에 관한 일반적인 사항은 판매자가 제시사항보다 관계법령이 우선합니다.

삭제하기 수정하기
83a7e17f-637c-447b-a89b-cb0c8edc932a
Nintendo 닌텐도 스위치 OLED
373500
풍부한 OLED 색감과 커진 화면으로 휴대시 향상된 게임 환경

삭제하기 수정하기
032a8cfb-05f2-421d-a418-ed6e2b0d0522
PS5 디지털 에디션
529540
PS5 / 본체 / 지원해상도: 4K / 기본 저장용량: 825GB / GPU:10.28 TFLOPS, AMD 라데온 / GDDR6(16G) / 825

삭제하기 수정하기
a404f88f-f7be-4000-911e-23ffcad7ffb5
Good Luck To You, Girl Scout!

[그림 5-5] 메인 페이지 결과 화면

생성 페이지를 확인하기 위해서 http://localhost:3000/create에 접속하겠습니다. 아직 /create 페이지로 이동하는 별도의 내비게이션이 없기 때문에 브라우저 URL에 직접 입력하여 접속합니다.

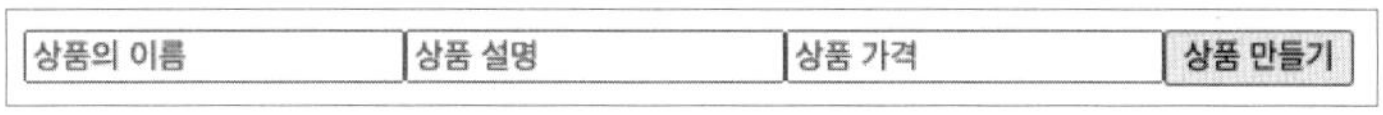

[그림 5-6] 생성 페이지에 접근하기

위와 같이 나온다면 성공적으로 페이지 분리가 된 것입니다.

기존과 달라진 부분은 없지만 데이터를 기반으로 컴포넌트를 분리하여 코드 읽기가 좀 더 수월해졌습니다. 각 모듈의 복잡성이 증가하고 프로젝트의 규모가 증가한다면 이처럼 분리하는 작업이 중요합니다. 특정 모듈에서 오류가 발생했을 때 즉각적으로 디버깅하기에 용이하다는 장점도 있습니다.

여기서 한발 더 나아간다면 역할을 기반으로 분리하는 기법을 사용할 수도 있습니다. 하지만 이 책에서는 역할 기반으로는 나누지 않겠습니다. 그렇게 나눌만큼 큰 응집도나 복잡도가 없기 때문입니다. 혹시 한 부분에서 너무나 많은 역할을 수행하고 있다면 그때 분리를 고려해야 합니다.

지금까지의 코드는 아래 URL에 접속하여 확인할 수 있습니다.

• https://github.com/Hong-JunHyeok/shopping_app_example/tree/chap05

정리하며

5장에서는 리액트에서 어떤 식으로 쇼핑몰 앱 서비스를 설계하면 좋을지에 대한 고민을 해 봤습니다. 단순한 프로젝트부터 시작하여 요구사항을 추가하면서 점진적으로 개선하는 과정을 살펴보았으며, 좋은 아키텍처를 위한 설계 원칙과 구현 방법을 설명했습니다.

데이터 기반으로 분리를 하면 컴포넌트를 분리할 때 각 컴포넌트의 역할과 책임을 명확하게 구분할 수 있습니다. 또한 역할 중심으로 분리하면 컴포넌트의 역할을 고려하여 코드의 재사용성을 높일 수 있게 됩니다.

즉, 좋은 아키텍처란 확장 가능성, 유지 관리 용이성, 테스트 가능성,
재사용 가능성을 고려하여 설계하는 것을 의미합니다.

처음부터 완벽한 아키텍처를 설계하려고 하기보다는 프로젝트 진행 상황에 따라 점진적으로 개선해나가는 것이 좋습니다. 다양한 리액트 아키텍처 패턴을 참고하여 자신에게 맞는 설계 방식을 선택하는 것이 중요합니다.

이 장의 내용을 통해서 변경에 유연한 구조를 만들기 위해 깊게 고민 해보는 계기가 되었으면 좋겠습니다.

6장

MUI UI 컴포넌트를
활용하여 쇼핑몰 개선하기

 이 장에서 다루는 내용

우리는 5장까지 오직 리액트만 사용해서 간단한 CRUD 기능이 있는 쇼핑몰을 만들었지만 사용자 UI는 크게 생각하지 않았습니다. 하지만 실제 쇼핑몰 서비스는 사용자 UI는 물론이고 수많은 기술과 기능이 복합되어 들어가야 합니다. 이 장에서는 개발자에게 UI의 고민을 덜어줄 수 있는 MUI라는 UI 컴포넌트를 사용해서 쇼핑몰을 개선하겠습니다.

6.1 MUI 도입하기

지금까지 우리가 만든 쇼핑몰 앱은 기본적으로 스타일이 하나도 들어 있지 않습니다. 그래서 스타일을 입혀서 그럴 듯한 앱을 만들고 싶은데 스타일은 감각이 필요한 부분이라 개발자들에게는 항상 고민입니다.

여기, 그런 고민을 해결해주는 MUI Material-UI라는 라이브러리가 있습니다.

[그림 6-1] 리액트 UI 도구로 소개되고 있는 MUI

MUI를 도입하면 디자인이 미리 적용되어 완성된 UI 컴포넌트를 사용할 수 있고, 사용자화가 가능한 테마를 통해 일관된 스타일을 적용할 수 있습니다. 또한 반응형 디자인을 지원하고 다양한 기능과 유틸리티를 제공합니다. 커뮤니티와 문서화도 잘 되어 있어 초보자들이 접근하기 쉬운 라이브러리입니다.

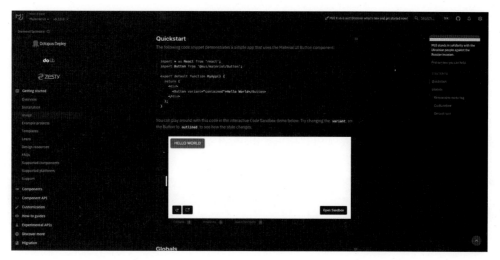

[그림 6-2] MUI 문서

백견불여일타! 직접 사용하면서 익혀보겠습니다. MUI는 라이브러리라서 설치를 해야 합니다. 공식 문서에 설치 관련 정보가 잘 정리되어 있으므로 문서 내용에 따라 설치하면 됩니다.

```
cd client
yarn add @mui/material @emotion/react @emotion/styled
```

터미널에서 client 폴더에 접근한 후 위 코드를 입력하여 모듈을 설치합니다. 그리고 테스트를 하기 위해서 App.tsx에 있는 Routes들을 잠시 지우고 컴포넌트들을 살펴보겠습니다.

[함께 해봐요 6-1] MUI 테스트 예제 준비

```
01  // App.tsx
02  function App() {
03    return (
04      <>
05        MUI 테스트
06      </>
07    );
08  }
09
10  export default App;
```

가장 먼저 해야 할 것은 자주 사용하는 Button 컴포넌트를 불러오는 것입니다.

```
import Button from '@mui/material/Button';
```

위와 같이 작성하면 Button 컴포넌트를 불러올 수 있습니다. 그리고 사용 방법은 HTML의 button과
유사합니다. 태그를 감싸고 내부에 어떤 내용을 표시할지 선언하면 됩니다.

[함께 해봐요 6-2] MUI 테스트: 스타일이 입혀진 버튼

```tsx
01  // App.tsx
02  import Button from '@mui/material/Button';
03
04  function App() {
05    return (
06      <>
07        <h1>
08          MUI 테스트
09        </h1>
10
11        <Button>
12          안녕하세요
13        </Button>
14      </>
15    );
16  }
17
18  export default App;
```

이렇게만 작성하고 화면에 어떤 모습으로 나올지 확인하겠습니다.

[그림 6-3] 스타일이 입혀진 버튼 결과

이렇게 "안녕하세요"라는 내용으로 스타일이 입혀진 버튼이 나오게 되었습니다. 여기서 좀 더 다양한 버튼의 모습으로 표현할 수 있습니다. Button의 Props로 옵션들을 전달하면 됩니다. 더 자세한 옵션은 MUI 사이트를 참조하고 여기서는 두 가지 옵션만 알아봅니다.

- variant: 버튼의 스타일을 지정합니다. 예를 들어, contained는 색상이 채워진 버튼을 나타내며, outlined는 테두리만 있는 버튼을 나타냅니다.
- color: 버튼의 색상을 지정합니다. 예를 들어, primary는 주요 색상을 나타내며, secondary는 보조 색상을 나타냅니다.

위의 옵션대로 버튼을 다양한 모양으로 렌더링하겠습니다.

[함께 해봐요 6-3] 옵션을 활용하여 다양한 버튼의 모양으로 렌더링 해보기

```
01  // App.tsx
02  import Button from '@mui/material/Button';
03
04  function App() {
05    return (
06      <>
07        <h1>
08          MUI 테스트
09        </h1>
10
11        <Button>
12          기본 버튼
13        </Button>
14
15        <Button variant='contained'>
16          contained 버튼
17        </Button>
18
19        <Button variant='outlined'>
20          outlined 버튼
21        </Button>
22
23        <Button color='error' variant='contained'>
24          error 버튼
25        </Button>
26      </>
```

```
27      );
28  }
29
30  export default App;
```

이렇게 다양하게 조절하여 여러분만의 스타일을 만들 수 있습니다.

[그림 6-4] 다양한 버튼의 모습들

MUI에서는 여러분이 상상하는 것보다 컴포넌트가 더 많습니다. 대표적으로 많이 사용되는 컴포넌트를 알아보겠습니다. 우리가 MUI로 레이아웃을 구성할 때 사용할 대표적인 컴포넌트들입니다.

- Button(버튼): 사용자의 상호작용을 유도하거나 액션을 수행하는 버튼을 나타냅니다.
- TextField(텍스트 필드): 텍스트 입력을 받는 입력란을 나타냅니다.
- Typography(타이포그래피): 다양한 텍스트 스타일을 적용할 수 있습니다.
- AppBar(앱바): 상단에 고정된 헤더 영역을 나타냅니다.
- Card(카드): 정보를 담고 있는 작은 영역을 나타낼 수 있고, 이미지, 텍스트, 액션 등을 포함할 수 있습니다.
- Dialog(다이얼로그): 모달 형태로 나타나는 대화상자를 나타냅니다.
- IconButton(아이콘 버튼): 아이콘을 포함한 버튼을 나타냅니다.

6.2 CSS 정규화

각 브라우저마다 CSS의 스타일이 다른 것을 알고 있나요? 여러분이 크롬에서 사용하던 웹 서비스를 다른 브라우저인 사파리, 파이어폭스 등에서 사용하며 화면이 조금 다른 것을 본 경험이 있을 겁니다.

Chrome Button　**Safari Button**

[그림 6-5] 브라우저마다 다르게 나타나는 스타일

예를 들어, 자주 사용하는 <button> 태그의 크기, 마진, 패딩 등은 브라우저마다 다를 수 있습니다. 그러면 브라우저가 달라도 화면을 통일하고 싶은 경우에는 어떻게 해야 할까요? 브라우저 간에 일관된 스타일을 유지하면서 원하는 디자인을 쉽게 구현할 수 있을까요?

MUI에서 이를 지원합니다.

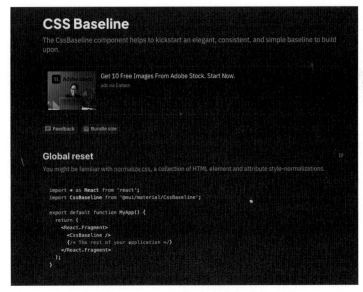

[그림 6-6] CssBaseLine 컴포넌트의 MUI를 사용하는 방법

사용 방법은 매우 간단합니다.

```
import CssBaseline from '@mui/material/CssBaseline';
```

위 코드를 입력하여 CssBaseLine 컴포넌트를 불러와, 전역 공간에서 컴포넌트를 실행하면 됩니다.
우리 코드에서 전역 공간은 App.tsx와 index.tsx 파일입니다. 이번 실습에서는 index.tsx를 불러와
CssBaseLine 컴포넌트를 수행하는 로직을 작성하겠습니다.

방법은 앞서와 같이 CssBaseLine 컴포넌트를 불러오는 것입니다. 그리고 client 폴더 내에 index.tsx
를 아래와 같이 수정하면 됩니다.

[함께 해봐요 6-4] MUI를 전역 공간에서 실행하기

```
01  // index.tsx
02  import React from "react";
03  import ReactDOM from "react-dom/client";
04  import { BrowserRouter } from "react-router-dom";
05  import CssBaseline from '@mui/material/CssBaseline';
06  import App from "./App";
07
08  const root = ReactDOM.createRoot(
09    document.getElementById("root") as HTMLElement
10  );
11
12  root.render(
13    <React.StrictMode>
14      <BrowserRouter>
15        <App />
16
17        <CssBaseline />
18      </BrowserRouter>
19    </React.StrictMode>
20  );
```

이제 저장하고 화면을 보면 CSS 정규화(normalize)가 잘 이루어진 모습을 확인할 수 있습니다. 이전
의 코드와 비교를 하면서 어떤 변화가 생겼는지 관찰해보세요. 그리고 크롬과 사파리 등 다양한 브라
우저에서 번갈아 확인하면서 스타일에 차이가 사라졌는지도 확인하기 바랍니다.

6.3 MUI 그리드

앱 다운 앱을 만들려면 레이아웃을 먼저 구상해야 합니다. MUI에서는 이런 레이아웃조차 쉽게 만들 수 있는 기능을 제공합니다.

빨강	노랑	파랑
1	2	3

[그림 6-7] 색상이 다른 일직선의 레이아웃

> 🦉 **여기서 잠깐**
>
> **실제 색상과 인쇄물과의 차이**
>
> [그림 6-7]의 실제 색은 1. 빨강 2. 노랑 3. 파랑입니다. 이 책은 컬러 인쇄물이 아니라서 실제 색상을 표현하지 못했습니다. 뒤에서 나오는 MUI 색상도 마찬가지입니다. 이 부분을 감안해주세요.

만약, 여러분이 위와 같은 일직선의 레이아웃을 그리고 싶다면 MUI의 그리드Grid를 도입하여 쉽게 구현할 수 있습니다. 그리드는 기본적으로 가로 화면을 12등분합니다. 그러므로 각 그리드는 "12를 가지고 공간을 얼마나 차지할 것인가?"를 정의하면 됩니다.

그리드 컴포넌트를 사용하려면 아래와 같이 작성하여 임포트import합니다.

```
import Grid from '@mui/material/Grid';
```

그런 후 App.tsx를 아래와 같이 작성합니다.

> 🐻 **[함께 해봐요 6-5] 그리드 컴포넌트 활용 예제**

```
01  // App.tsx
02  import Grid from '@mui/material/Grid';
03
04  function App() {
05    return (
06      <>
```

```
07        <h1>
08          MUI 테스트
09        </h1>
10
11        <Grid container>
12          <Grid item xs={12} sm={6} md={4} bgcolor='red'>
13            1
14          </Grid>
15          <Grid item xs={12} sm={6} md={4} bgcolor='yellow'>
16            2
17          </Grid>
18          <Grid item xs={12} sm={6} md={4} bgcolor='blue'>
19            3
20          </Grid>
21        </Grid>
22      </>
23    );
24  }
25
26  export default App;
```

코드 내용을 설명하기 전에 그리드의 개념부터 간단하게 설명하고 넘어가겠습니다.

- Container(컨테이너): 그리드 컴포넌트를 감싸는 최상위 컨테이너로, 그리드 레이아웃을 구성하는 요소들을 감싸는 역할을 합니다.
- item(아이템): 그리드 컨테이너 안에서 표현되는 각각의 아이템 요소를 나타냅니다. 아이템은 그리드 시스템 내에서 정렬되고 배치될 수 있는 단위입니다.

여기서 그리드 컴포넌트에 이 그리드가 컨테이너인지, 아이템인지를 props로 명확하게 전달해야 합니다.

```
<Grid container></Grid>
<Grid item></Grid>
```

이 작업을 하지 않는다면 그리드의 기본 동작을 수행하지 않게 됩니다. 위 코드에서 그리드에 12, 6, 4와 같은 식으로 무엇인가를 전달했는데, 이 수가 "화면에 얼만큼의 비율을 차지할 것인가"를 명시한 것입니다.

여기서 sx, sm, md prop들에 대해서 설명이 필요할 것 같습니다. 그리드 컴포넌트는 반응형 디자인을 지원합니다. 그러므로 xs, sm, md, lg, xl과 같은 속성을 사용하여 그리드 아이템의 크기와 배치를 지정할 수 있습니다.

- xs: 가장 작은 화면 크기에서 아이템의 크기와 배치를 지정합니다. 일반적으로 모바일 기기를 기준으로 합니다.
- sm: 작은 화면 크기에서 아이템의 크기와 배치를 지정합니다. 일반적으로 태블릿 기기를 기준으로 합니다.
- md: 중간 화면 크기에서 아이템의 크기와 배치를 지정합니다.
- lg: 큰 화면 크기에서 아이템의 크기와 배치를 지정합니다. 일반적으로 데스크톱 화면을 기준으로 합니다.
- xl: 가장 큰 화면 크기에서 아이템의 크기와 배치를 지정합니다. 일부 경우에만 사용합니다.

그러면 xs={12}라는 것의 의미를 조금 풀어 설명하면, 모바일 기기 화면의 크기일 때 이 그리드가 12만큼의 영역을 차지하겠다는 의미입니다. 그런데 각 1, 2, 3의 아이템들이 다 xs일 경우 12의 영역을 차지한다고 명시했는데, 그리드는 기본적으로 가로 화면을 12등분 한다고 했습니다. 그러면 총 12 × 3인 36의 영역을 차지하게 되는데, 이 경우는 화면에 어떻게 나올까요?

[그림 6-8] xs에 12라는 값을 주었을 때 자동으로 개행되는 결과 화면(모바일 기기 화면의 원리)

12를 넘기게 되면 그리드는 알아서 개행(Carriage Return)을 해줍니다. 그래서 한 줄에 이 세 가지 색이 모두 나오는 것이 아니라 각각 한 줄씩 차지하게 됩니다.

정말 간단하게 그리드를 구성해봤는데, 좀 더 복잡한 구조로 알아보겠습니다. 그리드는 단순하지만 헷갈리는 부분이 있어서 빨리 익숙해져야 하기 때문입니다. 웹의 기초적인 레이아웃을 그리드로 만들어 보았습니다.

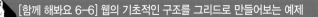

```tsx
01  // App.tsx
02  import Grid from '@mui/material/Grid';
03
04  function App() {
05    return (
06      <>
07        <h1>
08          MUI 테스트
09        </h1>
10
11        <Grid container>
12          <Grid item xs={12} height={100} bgcolor='red'>
13            <header>
14              헤더 영역입니다.
15            </header>
16          </Grid>
17          <Grid item xs={3} height={500} bgcolor='yellow'>
18            <aside>
19              사이드 영역입니다.
20            </aside>
21          </Grid>
22          <Grid item xs={9} height={500} bgcolor='green'>
23            <article>
24              아티클 영역입니다.
25            </article>
26          </Grid>
27          <Grid item xs={12} height={100} bgcolor='blue'>
28            <footer>
29              푸터 영역입니다.
30            </footer>
31          </Grid>
32        </Grid>
33      </>
34    );
35  }
36
37  export default App;
```

위 코드는 아래와 같은 레이아웃 형태를 나타냅니다.

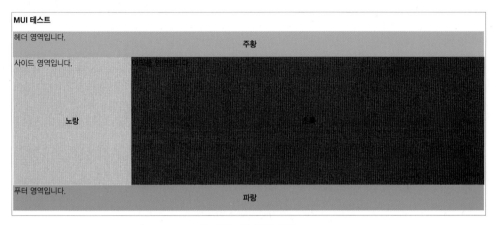

[그림 6-9] 결과 화면

그리드에 전달된 각 수가 어떻게 12등분되고 개행되는지 머릿속으로 연산한다면 위와 같은 간단한 레이아웃을 정말 쉽게 만들 수 있습니다.

그러면 '1장의 미리보기'에서 봤던 쇼핑몰 앱의 레이아웃을 다시 한 번 보겠습니다.

[그림 6-10] 우리가 만들려고 하는 쇼핑몰 앱의 레이아웃

가장 상단에 고정된 헤더 영역을 구현하기 위해서는 AppBar라는 컴포넌트를 사용하면 됩니다. 그리고 상품 목록은 우리가 배웠던 그리드를 사용하여 쉽게 구현할 수 있습니다. 테스트용으로 잠시 변경했던 App 컴포넌트를 다시 원상복구합니다.

```tsx
01   // App.tsx
02   import { Route, Routes } from "react-router-dom";
03   import { HomePage, ProductCreatePage, ProductPage } from "./pages";
04
05   function App() {
06     return (
07         <Routes>
08           <Route index element={<HomePage />} />
09           <Route path="create" element={<ProductCreatePage />} />
10           <Route path="/:productId" element={<ProductPage />} />
11         </Routes>
12     );
13   }
14
15   export default App;
```

6.4 레이아웃 구현하기

이 절에서는 6.3절에서 언급한 레이아웃_{Layout}을 직접 만들겠습니다. 레이아웃을 컴포넌트로 만들어서 여러 화면에서 재사용할 수 있도록 구현하겠습니다. 공용된 컴포넌트들은 components 폴더 내에 shared라는 이름으로 된 폴더 내부에서 정의하겠습니다.

src/components/shared/Layout.tsx를 만들어주세요. 그리고 내보내기도 수행할 수 있도록 index.ts도 만듭니다. 그러면 아래와 같은 구조가 됩니다.

```
src
└── components
    └── shared
        ├── Layout.tsx
        └── index.ts
```

이제 Layout.tsx에 아래와 같이 작성해주세요.

[함께 해봐요 6-8] 레이아웃 작성하기(Layout.tsx)

```
01  // Layout.tsx
02  import { AppBar, Box, Button, Container, Fab, Toolbar, Typography }
    from "@mui/material"
03
04  type Props = {
05      children: React.ReactNode;
06  }
07
08  const Layout = ({ children }: Props) => {
09      return (
10          <>
11              <Box sx={{ flexGrow: 1 }}>
12                  <AppBar position="static" sx={{{mb: 4}}>
13                      <Toolbar sx={{ display: 'flex',
                        justifyContent: 'space-between' }}>
```

```
14                        <Typography
15                            variant="h1"
                             sx={{ fontSize: 26, fontWeight: 'bold',
                             cursor: 'pointer' }} >
16                            온라인 쇼핑몰
17                        </Typography>
18                        <Button color="inherit">
19                            장바구니
20                        </Button>
21                    </Toolbar>
22                </AppBar>
23
24                <Container fixed>
25                    {children}
26                </Container>
27            </Box>
28
29            <Box sx={{ position: "fixed", bottom: "16px", right: "16px" }}>
30                <Fab color="primary">
31                    추가하기
32                </Fab>
33            </Box>
34        </>
35    )
36 }
37
38 export default Layout;
```

만들어진 레이아웃이 각각 어떤 역할을 하는지, 스타일이 어떻게 구성되는지 조각조각 살펴보겠습니다.

Box 컴포넌트가 사용되었는데, MUI의 Box 컴포넌트는 다른 컴포넌트를 묶어서 스타일 및 레이아웃을 적용하는 데 사용됩니다. Box 컴포넌트는 기본적으로 <div> 요소를 감싸며, props를 사용하여 스타일, 레이아웃, 간격 등을 설정할 수 있습니다.

쉽게 말해, Box 컴포넌트 자체에서는 기본값으로는 아무런 스타일이 없고 내부 요소를 묶어서 스타일을 직접 지정하려고 사용된 것입니다.

```
<AppBar position="static" sx={{mb: 4}}>
...
</AppBar>
```

AppBar는 설명했듯, 화면에 헤더 영역을 표시하기 위해 사용된 컴포넌트입니다. position 속성은 AppBar의 위치를 정적(static)으로 설정합니다. 이렇게 설정하게 되면 AppBar가 페이지 스크롤과 상관없이 **항상 고정된 위치에 표시**되도록 합니다.

또한 sx라는 props도 있는데, 이 props는 AppBar에 사용자화해서 스타일을 적용할 수 있습니다. 여기서 mb: **4는 marginBottom을 4의 단위로 설정**하는 것을 의미합니다. 즉, 하단에 4만큼의 여백을 주도록 설정한 것입니다.

```
<Toolbar sx={{ display: 'flex', justifyContent: 'space-between' }}>
        <Typography variant="h1" sx={{ fontSize: 26, fontWeight: 'bold',
        cursor: 'pointer' }} >
        온라인 쇼핑몰
        </Typography>
        <Button color="inherit">
          장바구니
        </Button>
</Toolbar>
```

다음으로 Toolbar라는 컴포넌트를 사용했습니다. 상단 네비게이션, 로고, 검색 창, 액션 버튼 등을 포함하는 상단 도구바(Toolbar)를 생성하는 데 사용합니다. 기본적으로 AppBar와 함께 따라가는 형태로 사용합니다.

```
sx={{ display: 'flex', justifyContent: 'space-between' }}
```

위 코드는 sx 속성을 사용하여 도구바에 사용자화로 스타일을 적용합니다. 도구바 내부 요소를 양 끝에 위치시키는 CSS입니다.

Typography 컴포넌트도 이번에 처음 사용되었는데, Typography는 텍스트를 스타일링하는 데 사용합니다. props로 variant="h1"이라는 것을 넘겨주었는데, variant 속성을 사용하여 텍스트의 스타일을 지정합니다.

[그림 6-11] Typography 컴포넌트의 스타일링 예

Typography 컴포넌트에 사용되었던 sx 속성을 하나하나 살펴보겠습니다.

```
sx={{ fontSize: 26, fontWeight: 'bold', cursor: 'pointer' }}
```

- fontSize: 폰트의 크기를 설정합니다.
- fontWeight: 폰트의 굵기를 설정합니다(bold 옵션은 두껍게 설정합니다.)
- cursor: 마우스가 호버Hover(또는 롤오버)됐을 때 어떤 커서를 렌더링할지 정합니다. 아래는 pointer 옵션의 모습입니다.

다음은 Container 컴포넌트 부분입니다. children 값을 받아서 내부에 렌더링하고 있습니다.

```
<Container fixed>
    {children}
</Container>
```

Layout 컴포넌트는 기본적으로 아래와 같이 사용됩니다.

```
<Layout>
    <Page1 />
</Laout>

<Layout>
    <Page2 />
</Laout>

<Layout>
    <Page3 />
</Laout>
```

이 모습을 보니 Container 내부에는 각 페이지 컴포넌트가 들어가게 될 것이라고 예측할 수 있습니다.

그러면 이 Container가 어떤 역할을 하는지 알아봅시다. 앞서 설명했듯, Container 컴포넌트는 주로 페이지의 주요 콘텐츠를 감싸는 데 사용되며, 브라우저의 가로 너비에 따라 자동으로 크기를 조정하여 적절한 레이아웃을 유지합니다.

마지막으로 Fab 컴포넌트를 살펴보고 넘어가겠습니다.

```
<Box sx={{ position: "fixed", bottom: "16px", right: "16px" }}>
    <Fab color="primary">
    추가하기
    </Fab>
</Box>
```

Fab 컴포넌트는 화면에 둥둥 떠있는 것처럼 보이게 하는 원형 버튼입니다. 주로 주요 작업을 나타내거나 추가적인 동작을 수행하는 데 사용됩니다. 우리는 상품 추가하기 페이지로 이동하는 버튼으로 사용할 예정입니다.

```
sx={{ position: "fixed", bottom: "16px", right: "16px" }}
```

위 코드는 화면에 아래쪽 16px, 오른쪽 16px에 위치하도록 지정해놓은 코드입니다. fixed를 사용함으로써, 스크롤을 해도 Fab 컴포넌트는 페이지를 따라가게 됩니다.

이제 우리가 만든 Layout 컴포넌트를 index.ts를 통해서 내보내면 됩니다.

```
01  // src/components/shared/index.ts
02  export { default as Layout } from './Layout'
```

그리고 이 Layout 컴포넌트는 모든 화면에서 사용되므로 App 컴포넌트 상단에 모두 묶어주겠습니다.

[함께 해봐요 6-10] Layout 컴포넌트를 App 컴퍼넌트 상단에 모두 묶기

```
01  // App.tsx
02  import { Route, Routes } from "react-router-dom";
03  import { Layout } from "./components/shared";
04  import { HomePage, ProductCreatePage, ProductPage } from "./pages";
05
06  function App() {
07    return (
08      <Layout>
09        <Routes>
10          <Route index element={<HomePage />} />
11          <Route path="create" element={<ProductCreatePage />} />
12          <Route path="/:productId" element={<ProductPage />} />
13        </Routes>
14      </Layout>
15    );
16  }
17
18  export default App;
```

저장하고 모든 화면에 잘 적용되었는지 확인해주세요.

[그림 6-12] Layout 컴포넌트의 결과 화면

그런데 레이아웃을 만들고 버튼을 눌러도 아무런 동작을 하지 않습니다. 그래서 각 버튼에 이벤트 핸들러를 연결하여 페이지를 이동하는 로직도 추가하겠습니다. 그러면 최종 코드는 아래와 같습니다. 참고로 장바구니 페이지는 아직 구현하지 않았고 뒤에서 구현할 예정입니다.

[함께 해봐요 6-11] 각 버튼에 이벤트 핸들러를 연결하여 페이지를 이동하는 로직 추가하기

```
01  // Layout.tsx
02  import { useNavigate } from "react-router-dom";
03  import { AppBar, Box, Button, Container, Fab, Toolbar, Typography }
    from "@mui/material"
04
05  type Props = {
06      children: React.ReactNode;
07  }
08
09  const Layout = ({ children }: Props) => {
10    const navigate = useNavigate();
11
12    const handlePushHomePage = () => navigate('/');
13    const handlePushCartPage = () => navigate('/cart');
14    const handlePushCreatePage = () => navigate('/create');
15
16      return (
17          <>
```

```
18          <Box sx={{ flexGrow: 1 }}>
19              <AppBar position="static" sx={{mb: 4}}>
20              <Toolbar
                sx={{ display: 'flex', justifyContent: 'space-between' }}>
21                  <Typography
22                      variant="h1"
                    sx={{ fontSize: 26, fontWeight: 'bold', cursor: 'pointer' }}
23                      onClick={handlePushHomePage}
24                  >
25                      온라인 쇼핑몰
26                  </Typography>
27                  <Button
28                    color="inherit"
29                    onClick={handlePushCartPage}
30                  >
31                              장바구니
32                  </Button>
33              </Toolbar>
34              </AppBar>
35
36              <Container fixed>
37                  {children}
38              </Container>
39          </Box>
40
41          <Box sx={{ position: "fixed", bottom: "16px", right: "16px" }}>
42              <Fab
43                color="primary"
44                onClick={handlePushCreatePage}
45              >
46                          추가하기
47              </Fab>
48          </Box>
49      </>
50    )
51 }
52
53 export default Layout;
```

6.5 로딩 기능 추가하기

[그림 6-13] 로딩 이미지

상품에서 수정, 삭제, 조회를 할 때 뚝뚝 끊기는 느낌이 들 때가 있지 않나요? 실제로 만든 프로젝트를 확인해보면 확연하게 끊기는 모습을 볼 수 있을 겁니다. 이러한 끊김은 사용자의 사용자 경험을 좋지 않게 하므로 이를 개선해야 할 필요가 있습니다.

물론, 끊기는 시간을 최소화하면 제일 좋겠지만 그렇지 않은 경우 "이 작업이 진행되고 있습니다." 같은 로딩 화면이 나타나면 어떨까요? 그러면 사용자는 너그럽게(?) 이해해줄 겁니다. 물론, 로딩 시간이 길지 않은 선에서 말입니다.

이 절에서는 리액트에서 로딩을 구현하는 방법을 다루겠습니다.

[그림 6-14]는 사용자가 유입되고 상품을 삭제하는 상호작용이 발생했을 때 어떤 화면을 보여줘야 하는지를 그린 사용자 흐름도입니다. 삭제 흐름을 생각했을 때 생성, 수정도 마찬가지로 로딩 흐름을 가져가면 됩니다.

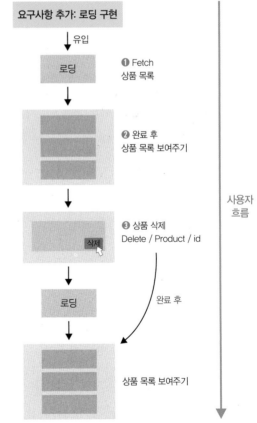

[그림 6-14] 사용자가 상품을 삭제할 때 보여줘야 하는 화면 흐름도

MUI에서 로딩Loading 시 나와야 할 스피너Spinner도 지원합니다. 해당 컴포넌트를 불러서 구현하겠습니다.

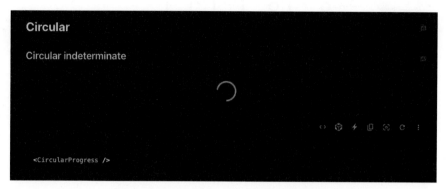

[그림 6-15] CircularProgress 컴포넌트 동작 모습

이 CircularProgress를 불러오려면 아래와 같이 작성하면 됩니다.

```
import { CircularProgress } from "@mui/material";
```

HomePage에서 임시로 해당 컴포넌트를 불러와서 모습만 확인해주세요.

[함께 해봐요 6-12] HomePage에서 임시로 해당 컴포넌트 불러오기

```
01  // HomePage.tsx
02  import { CircularProgress } from "@mui/material";
03  import { ProductList } from "../components/home";
04
05
06  function HomePage() {
07    return (
08      <>
09        <CircularProgress />
10        <ProductList />
11      </>
12    )
13  }
14
15  export default HomePage;
```

저장하고 메인 페이지에서 로딩이 잘 나타나는지 확인해주세요.

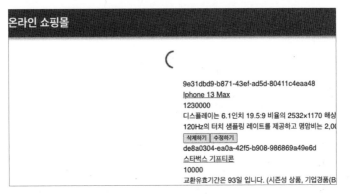

[그림 6-16] 로딩 확인

로딩이 잘 나타나는 모습을 확인했으면, HomePage 컴포넌트를 다시 원상복구해주세요.

```tsx
01  // HomePage.tsx
02  import { ProductList } from "../components/home";
03
04  function HomePage() {
05    return <ProductList />;
06  }
07
08  export default HomePage;
```

ProductList를 화면에 불러오면 바로 불러지지 않고 일정 시간을 두고 메인 화면에 렌더링되는데, 이 공백 기간 동안 로딩 컴포넌트를 보여주는 식으로 동작하게 만들겠습니다. HomePage에 렌더링했던 Loading 컴포넌트는 지워주고 ProductList 컴포넌트 쪽으로 갑니다.

로딩도 잘 생각해보면 하나의 상태입니다. "로딩이 되었다, 안 되었다" 하는 Boolean 형태의 데이터라고 바라보면, 이 로딩도 '상태'로 관리할 수 있습니다. 그러면 어느 타이밍에 로딩 상태를 변경하면 될까요? 요청을 시작했을 때 로딩은 true가 되어야 합니다. 로딩이 시작되었기 때문입니다. 그리고 데이터 페치fetch가 완료되었다면 로딩의 상태는 false가 되어야 합니다.

이런 이해를 바탕으로 로딩이 true인 경우에는 <Loading /> 컴포넌트를 렌더링하고, 로딩이 false인 경우에는 <ProductItem />들을 렌더링하면 됩니다. 이 내용을 코드로 구현하겠습니다.

```tsx
01 // ProductList.tsx
02 import { CircularProgress } from "@mui/material";
03 import { useEffect, useState } from "react";
04 import { ProductItem } from ".";
05 import { ProductType } from "../../types";
06
07 const ProductList = () => {
08   const [products, setProducts] = useState<ProductType[]>([]);
09   const [isLoading, setIsLoading] = useState(false);
10
11   const handleDelete = (id: string) => {
12     fetch('/product/${id}', {
13       method: "DELETE",
14     }).then((response) => {
15       if (response.ok) {
16         setProducts(products.filter((product) => product.id !== id));
17       }
18     });
19   };
20
21   const handleUpdate = (updateProduct: ProductType) => {
22     fetch(`/product/${updateProduct.id}`, {
23       method: "PATCH",
24       headers: {
25         "Content-Type": "application/json",
26       },
27       body: JSON.stringify(updateProduct),
28     }).then((response) => {
29       if (response.ok) {
30         setProducts(
31           products.map((product) =>
32             product.id === updateProduct.id ? updateProduct : product
33           )
34         );
35       }
36     });
37   };
38
39   useEffect(() => {
40     setIsLoading(true);
41
```

```
42    fetch("/product")
43      .then((response) => response.json())
44      .then((data) => setProducts(data.products))
45      .finally(() => setIsLoading(false))
46  }, []);
47
48  if (isLoading) return <CircularProgress />;
49
50  return (
51    <ul>
52      {products.map((product) => (
53        <ProductItem
54          product={product}
55          onDelete={handleDelete}
56          onUpdate={handleUpdate}
57        />
58      ))}
59    </ul>
60  );
61 };
62
63 export default ProductList;
```

위 코드는 앞서 설명한 내용을 기반으로 만든 코드입니다. 내용은 간단합니다. ProductList도 결국
은 컴포넌트이고 그 컴포넌트는 함수로 구현되어 있습니다. 그러면 이 함수 컴포넌트가 반환하는 값
은 요소가 됩니다. 그러므로 로딩 상태일 때는 `<CircularProgress />` 컴포넌트가 렌더링될 수 있도
록 하고, 그게 아닌 경우에는 데이터를 보여주는 것입니다.

```
useEffect(() => {
  setIsLoading(true);

  fetch("/product")
    .then((response) => response.json())
    .then((data) => setProducts(data.products))
    .finally(() => setIsLoading(false))
}, []);
```

위 부분에 대해서 좀더 부연하겠습니다.

useEffect라는 훅을 사용하여 컴포넌트가 마운트될 때 실행되는 부분입니다. 먼저, setIsLoading (true)를 호출하여 로딩 상태를 true로 설정합니다. 이로 인해 ProductList 컴포넌트에서는 로딩 화면이 나타나게 됩니다.

그 다음으로, fetch("/product")를 사용하여 백엔드 API 서버에 상품 목록 데이터를 요청합니다. 비동기적으로 실행되며, 백엔드 API 서버는 /product 엔드포인트에서 응답을 반환할 때까지 기다리게 됩니다.

fetch 함수는 Promise를 반환합니다. 그렇다는 것은 then 메서드를 사용하여 응답이 완료되었을 경우 다음처럼 핸들링할 수 있다는 것입니다.

1. .then()은 서버 응답을 JSON으로 변환합니다.
2. .then()에서는 setProducts(data.products)를 호출하여 data 객체의 products 값을 컴포넌트 상태로 설정합니다.

이를 통해 서버에서 받은 제품 데이터를 컴포넌트의 상태로 저장할 수 있습니다. 이제 비동기 작업이 완료되었으니 로딩을 멈춰야합니다. 이때는 finally 메서드를 사용하여 비동기 작업이 완료되면 setIsLoading(false)를 호출하여 로딩 상태를 false로 설정합니다. 이를 통해 비동기 작업이 완료되었음을 알려주고 로딩 표시를 감출 수 있습니다.

> **여기서 잠깐**
>
> finally 메서드
> finally는 Promise 체인에서 사용되는 메서드로, 성공하든 실패하든 상관없이 실행되는 코드 블록입니다. 즉, 위 예제에서는 요청이 성공하든, 실패하든 로딩 상태를 끝내기 위해서 finally에 작성한 것입니다.

useEffect에 Deps로 빈 배열([])을 전달함으로써, useEffect는 컴포넌트가 처음 렌더링될 때 한 번만 실행되고, 이후에는 종속성이 없으므로 다시 실행되지 않습니다. 즉, 이 코드는 컴포넌트가 처음 렌더링될 때 /product 엔드포인트에서 제품 데이터를 가져와 컴포넌트의 상태로 설정하고, 로딩 상태를 관리하는 기능이 있습니다.

이제 저장하고 실제 페이지를 보겠습니다. 처음에 로딩 화면이 "깜빡"하고 나타난 후에 정상적으로 데이터가 잘 나타나는 모습을 볼 수 있습니다. 그런데 로딩이 너무 짧아서 안 한 것만 못한 효과가 나타납니다. 그래서 데이터를 가져오는 네트워크 속도를 임의로 느리게 설정해서 로딩 컴포넌트가 좀 더 잘 보이게 설정하겠습니다.

리액트로 빌드한 페이지에 접속해서 [네트워크] 탭으로 들어갑니다. 그리고 [네트워크] 탭에서 아래처럼 [제한 없음] 버튼을 누릅니다.

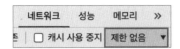

[그림 6-17] 개발자 도구의 [네트워크] 아래의 [제한 없음] 버튼 선택

그러면 메뉴 리스트가 쭉 나타나는데, 여기서 [느린 3G]로 변경합니다.

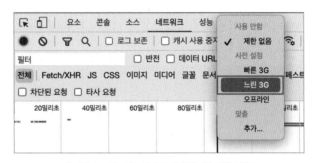

[그림 6-18] 메뉴 리스트에서 [느린 3G] 선택

그리고 페이지를 '새로고침'하면 네트워크 요청이 엄청 느리게 동작하게 되고 의도한 대로 로딩 컴포넌트가 잘 나타나는 모습을 볼 수 있습니다. 로딩이 잘 나오는 것을 확인했다면 속도를 [제한 없음]으로 원상복구합니다.

6.6 상품 생성 컴포넌트를 MUI로 마이그레이션하기

MUI에 좀 더 익숙해지기 위해서 상품 생성하기 부분도 MUI로 꾸며보겠습니다.

홈페이지 부분에 [추가하기] 버튼 대신에 상품 생성을 의미하는 아이콘을 보여주면 좀 더 직관적이어서 좋을 것 같습니다. MUI에서 제공하는 아이콘icon들을 사용하여 변경하겠습니다.

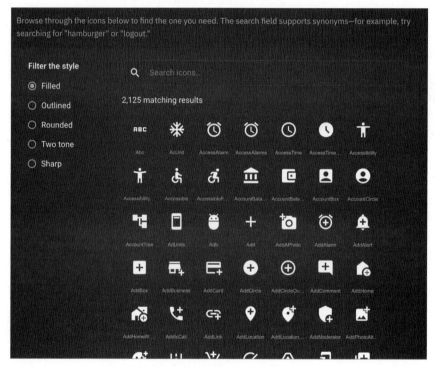

[그림 6-19] MUI에서 제공하는 아이콘

Material Icons(MUI에서 제공하는 아이콘)를 사용하기 위해서 client 폴더 내에서 아래 명령어를 입력합니다.

```
yarn add @mui/icons-material
```

사용 방법은 매우 간단합니다. 아이콘을 마치 리액트 컴포넌트처럼 사용하면 됩니다. [상품 생성하기] 버튼을 페이지의 우측 하단에 항상 위치하게 구현하겠습니다.

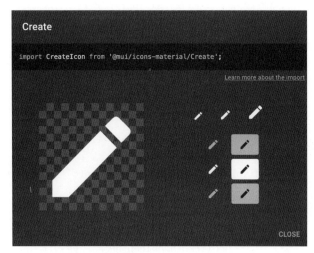

[그림 6-20] Create 아이콘

Material Icon에서는 Create라는 이름의 아이콘을 지원합니다. 사용법은 위에 명시된 것처럼 import 문을 작성하면 됩니다.

```
import CreateIcon from '@mui/icons-material/Create';
```

그러면 CreateIcon을 불러와서 Layout에 [추가하기] 버튼을 바꿔주겠습니다.

[함께 해봐요 6-15] CreateIcon을 불러와서 Layout에 [추가하기] 버튼 바꾸기

```
01  // Layout.tsx
02  import { useNavigate } from "react-router-dom";
03  import { AppBar, Box, Button, Container, Fab, Toolbar, Typography }
    from "@mui/material"
04  import CreateIcon from '@mui/icons-material/Create';
05
06  type Props = {
07      children: React.ReactNode;
08  }
09
```

```
10  const Layout = ({ children }: Props) => {
11    const navigate = useNavigate();
12
13    const handlePushHomePage = () => navigate('/');
14    const handlePushCartPage = () => navigate('/cart');
15    const handlePushCreatePage = () => navigate('/create');
16
17      return (
18          <>
19              <Box sx={{ flexGrow: 1 }}>
20                  <AppBar position="static" sx={{mb: 4}}>
21                  <Toolbar sx=
                    {{ display: 'flex', justifyContent: 'space-between' }}>
22                      <Typography
23                          variant="h1" sx=
                        {{ fontSize: 26, fontWeight: 'bold', cursor: 'pointer' }}
24                          onClick={handlePushHomePage}
25                      >
26                          온라인 쇼핑몰
27                      </Typography>
28                      <Button
29                        color="inherit"
30                        onClick={handlePushCartPage}
31                      >
32                                          장바구니
33                      </Button>
34                  </Toolbar>
35                  </AppBar>
36
37                  <Container fixed>
38                      {children}
39                  </Container>
40              </Box>
41
42              <Box sx={{ position: "fixed", bottom: "16px", right: "16px" }}>
43                  <Fab
44                    color="primary"
45                    onClick={handlePushCreatePage}
46                  >
47                      <CreateIcon />
48                  </Fab>
49              </Box>
```

```
50          </>
51      )
52  }
53
54  export default Layout;
```

저장 후 화면을 보면 좀 더 괜찮은 레이아웃으로 변경된 것을 확인할 수 있습니다.

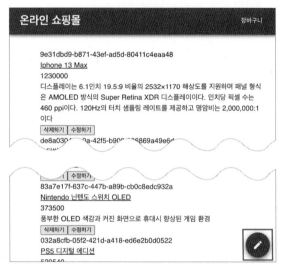

[그림 6-21] 추가하기 버튼이 생성된 결과

다음으로 /create 페이지에 접근하면 정말 볼품없는 컴포넌트가 렌더링될 것입니다.

[그림 6-22] 아직까지 볼품없는 상품 만들기 페이지 렌더링 결과

위 페이지를 좀 더 괜찮은 화면으로 바꿔보겠습니다. components/create/ProductCreateForm.tsx 컴포넌트에 접근해서 아래와 같이 수정합니다.

```tsx
01  // ProductCreateForm.tsx
02  import { Button, Container, TextField, Typography } from "@mui/material";
03  import { useState } from "react";
04  import { ProductType } from "../../types";
05
06  const ProductCreateForm = () => {
07    const [name, setName] = useState("");
08    const [price, setPrice] = useState(0);
09    const [explanation, setExplanation] = useState("");
10
11    const handleNameChange = (event: React.ChangeEvent<HTMLInputElement>) => {
12      setName(event.target.value);
13    };
14
15    const handlePriceChange = (event: React.ChangeEvent<HTMLInputElement>) => {
16      setPrice(Number(event.target.value));
17    };
18
19    const handleExplanationChange =
      (event: React.ChangeEvent<HTMLTextAreaElement>) => {
20      setExplanation(event.target.value);
21    };
22
23    const handleCreate = (event: React.FormEvent) => {
24      event.preventDefault();
25      const newProduct: Omit<ProductType, "id"> = {
26        name,
27        explanation,
28        price,
29      };
30
31      fetch("/product", {
32        method: "POST",
33        headers: {
34          "Content-Type": "application/json",
35        },
36        body: JSON.stringify(newProduct),
37      })
38        .then((response) => response.json())
39        .then((data) => {
40          console.log(data);
```

```
41            });
42        };
43
44        return (
45          <>
46            <Container maxWidth="sm">
47              <Typography variant="h4" align="center" gutterBottom>
48                상품 생성
49              </Typography>
50              <form onSubmit={handleCreate}>
51                <TextField
52                  label="상품 이름"
53                  fullWidth
54                  value={name}
55                  onChange={handleNameChange}
56                  margin="normal"
57                />
58                <TextField
59                  label="가격"
60                  type="number"
61                  fullWidth
62                  value={price}
63                  onChange={handlePriceChange}
64                  margin="normal"
65                />
66                <TextField
67                  label="상품 설명"
68                  fullWidth
69                  multiline
70                  rows={4}
71                  value={explanation}
72                  onChange={handleExplanationChange}
73                  margin="normal"
74                />
75                <Button type="submit" variant="contained" color="primary"
                    fullWidth sx={{
76                    marginTop: 6
77                }}>
78                  생성
79                </Button>
80              </form>
81            </Container>
```

```
82        </>
83    );
84  };
85
86  export default ProductCreateForm;
```

이제 작성한 코드를 저장하고 변경된 화면을 보겠습니다.

[그림 6-23] 좀더 깔끔하게 변화된 UI

좀 더 깔끔하고 쇼핑몰다운 UI가 완성되었습니다. 이 UI가 어떻게 구성되었는지 궁금합니다.

기본적으로 handleCreate 함수는 폼 제출 이벤트(onSubmit)에서 호출됩니다. 이 함수는 기본 이벤트 동작을 막고, newProduct 객체를 생성하고 fetch 함수를 사용하여 백엔드 API 서버로 전송합니다.

그리고 MUI를 사용하여 상품 생성 폼을 렌더링합니다. TextField 컴포넌트를 사용하여 상품 이름, 가격, 상품 설명을 입력할 수 있는 입력 필드를 만들고, Button 컴포넌트를 사용하여 [생성] 버튼을 추가합니다. 폼이 제출되면 handleCreate 함수가 호출됩니다.

TextField 컴포넌트는 입력 필드 컴포넌트입니다. TextField 컴포넌트는 속성이 다양해서 여러 형태와 동작을 가진 입력 필드를 생성할 수 있습니다. 위 코드에서 사용된 속성들을 하나하나 살펴보겠습니다.

- label: 입력 필드의 레이블을 설정합니다. 사용자에게 입력할 내용에 대한 안내를 제공하는 역할을 합니다.
- fullWidth: 입력 필드를 부모 요소의 가로 폭에 맞게 확장하는지 여부를 설정합니다.
- value: 입력 필드의 현재 값으로, 컴포넌트의 상태와 연결되어 동기화됩니다.
- onChange: 입력값이 변경될 때 호출되는 콜백 함수를 설정합니다. 이벤트 객체를 통해 입력된 값을 가져와서 상태를 업데이트하거나 다른 작업을 수행할 수 있습니다.
- margin: 입력 필드 주위의 여백을 설정합니다.

6.7 API를 이용한 섬네일 업로드 구현하기

우리가 클론받은 백엔드 API 서버에는 이미 섬네일 업로드 기능이 구현되어 있습니다. 섬네일 업로드 방식의 구현은 프런트엔드, 즉 브라우저에서 섬네일 업로드 API로 파일을 보내는 방식입니다.

그러면 HTTP 통신을 통해서 API 서버에서 파일을 받고 이미지를 저장소에 저장합니다. 저장하는 위치는 그 API 서버의 로컬 저장소일 수도 있고 AWS S3와 같은 클라우드 서비스에 저장할 수도 있습니다. 그것은 백엔드 API 서버의 구현마다 달라지는 부분입니다.

우리의 백엔드 API 서버는 로컬 저장소에 저장하는 방식을 사용하고 있습니다.

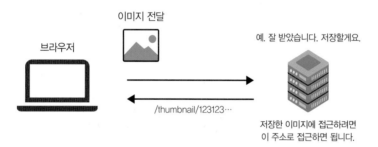

[그림 6-24] 쇼핑몰 서비스의 섬네일 저장 방식

API 요청 주소는 /product/thumbnail/:productId 형식으로 전달하면 됩니다. 직접 코드를 구현하면서 알아보겠습니다. 참고로 이 절에서 다루는 내용이 조금 어려울 수도 있으니 천천히 따라오기 바랍니다.

기존의 생성 폼에서 이미지 업로드 기능을 추가하는 형태로 진행할 예정이고, 해당 기능을 추가하면서 MUI를 이용하여 화면 스타일링도 진행하겠습니다.

우리는 이전에 ProductCreateForm 컴포넌트를 이미 만들었습니다. ProductCreateForm도 충분히 크기 때문에 이미지 업로드 컴포넌트를 따로 분리하겠습니다. components 폴더 안의 create 폴더 내부에 ThumbnailUploader라는 컴포넌트를 만들어주세요.

```
src
└─ components
   └─ create
      ├─ ProductCreateForm.tsx
      ├─ ThumbnailUploader.tsx
      └─ index.ts
```

그러면 ThumbnailUploader 컴포넌트가 어떤 역할을 하게 될지부터 설명하겠습니다.

ThumbnailUploader는 말 그대로 상품 섬네일을 업로드하는 기능을 수행하는 컴포넌트입니다. 이 컴포넌트를 사용하는 곳은 ProductCreateForm이고, ProductCreateForm 안에서는 아래와 같은 형식으로 사용합니다(예시 코드입니다).

```
const [thumbnail, setThumbnail] = useState(null);
...
<ThumbnailUploader
  value={thumbnail}
  onChange={(file) => setThumbnail(file)}
/>
```

ThumbnailUploader 컴포넌트에 전달해주는 프로퍼티는 다음처럼 이해하면 됩니다.

- value: ThumbnailUploader에 바인딩되는 상태입니다.
- onChange: 사용자가 파일을 업로드하거나 삭제했을 때 실행되는 핸들러입니다.

이제 ThumbnailUploader 컴포넌트를 직접 구현하겠습니다.

[함께 해봐요 6-17] 섬네일 업로더 컴포넌트 구현하기 1(ThumbnailUploader.tsx)

```
01  // ThumbnailUploader.tsx
02  type Props = {
03    value: File | null;
04    onChange: (value: File | null) => void;
05  };
06
07  const ThumbnailUploader = ({
08    value,
09    onChange,
```

```
10  }: Props) => {
11    return (
12      <>
13        <input type="file" />
14      </>
15    );
16  };
17
18  export default ThumbnailUploader;
```

위 컴포넌트에서 기본적으로 input[type=file] 형식의 요소를 사용했습니다. 해당 요소는 웹 페이지에서 사용자가 파일 탐색기 또는 파인더에 접근해서 로컬에 있는 이미지를 업로드할 수 있게 해주는 요소입니다. 그리고 Props로 각 프로퍼티를 받고 있습니다. 아직 실제로 요소들과 이벤트 핸들러와 연결하지는 않았습니다.

이제 value와 onChange 핸들러는 input[type=file]에 연결하면 됩니다. onChange는 inpute [type=file]의 값이 변경될 때마다 실행됩니다.

[함께 해봐요 6-18] 섬네일 업로더 컴포넌트 구현하기 2(ThumbnailUploader.tsx)

```
01  // ThumbnailUploader.tsx
02  import { ChangeEvent } from "react";
03
04  type Props = {
05    value: File | null;
06    onChange: (value: File | null) => void;
07  };
08
09  const ThumbnailUploader = ({
10    value,
11    onChange,
12  }: Props) => {
13    const handleChangeInput = (event: ChangeEvent<HTMLInputElement>) => {
14      if (event.target.files) onChange(event.target.files[0]);
15    };
16
17    return (
18      <>
```

```
19        <input type="file" multiple={false} onChange={handleChangeInput} />
20      </>
21    );
22  };
23
24  export default ThumbnailUploader;
```

우선 input[type=file]에 onChange 핸들러에 handleChangeInput이라는 함수를 바인딩해 줄 것입니다. 이 함수는 onChange가 발생한 event.target 즉, input[type=file] 요소의 files에 접근해서 첫 번째 배열에 있는 값을 onChange 콜백에 전달합니다. event.target.files는 파일 입력 필드에 선택된 파일들의 목록을 나타내는 **FileList 객체**입니다. FileList는 배열 형태로 구성되어 있으며, 사용자가 선택한 여러 파일들이 이 객체에 들어가게 됩니다.

event.target.files는 사용자가 선택한 파일들을 담고 있지만, 파일 입력 필드가 단일 파일 선택을 지원하는 경우에도 배열 형태로 반환됩니다. 그러므로 배열의 첫 번째 요소인 files[0]은 사용자가 실제로 선택한 첫 번째 파일을 가리킵니다. 그리고 multiple={false}라는 옵션을 줘서 여러 파일을 선택하지 못하도록 수정했습니다.

이렇게 임의로 만들어진 ThumbnailUploader 컴포넌트를 ProductCreateForm에 불러와서 개발자 도구의 콘솔로 테스트합니다. 그 전에 만들어진 ThumbnailUploader 컴포넌트를 index.ts에 내보내기를 하겠습니다.

[함께 해봐요 6-19] ThumbnailUploader 컴포넌트 내보내기

```
01  // index.ts
02  export { default as ProductCreateForm } from './ProductCreateForm';
03  export { default as ThumbnailUploader } from './ThumbnailUploader';
```

위와 같이 작성한 후 ProductCreateForm을 아래와 같이 수정합니다.

[함께 해봐요 6-20] ProductCreateForm 수정하기

```
01  // ProductCreateForm.tsx
02  import { Button, Container, TextField, Typography } from "@mui/material";
03  import { useState } from "react";
04  import { ThumbnailUploader } from ".";
05  import { ProductType } from "../../types";
06
```

```
07  const ProductCreateForm = () => {
08    const [name, setName] = useState("");
09    const [price, setPrice] = useState(0);
10    const [explanation, setExplanation] = useState("");
11    const [thumbnail, setThumbnail] = useState<File | null>(null);
12
13    const handleNameChange = (event: React.ChangeEvent<HTMLInputElement>) => {
14      setName(event.target.value);
15    };
16
17    const handlePriceChange = (event: React.ChangeEvent<HTMLInputElement>) => {
18      setPrice(Number(event.target.value));
19    };
20
21    const handleExplanationChange =
      (event: React.ChangeEvent<HTMLTextAreaElement>) => {
22      setExplanation(event.target.value);
23    };
24
25    const handleCreate = (event: React.FormEvent) => {
26      event.preventDefault();
27      const newProduct: Omit<ProductType, "id"> = {
28        name,
29        explanation,
30        price,
31      };
32
33      fetch("/product", {
34        method: "POST",
35        headers: {
36          "Content-Type": "application/json",
37        },
38        body: JSON.stringify(newProduct),
39      })
40        .then((response) => response.json())
41        .then((data) => {
42          console.log(data);
43        });
44    };
45
```

```
46    return (
47      <>
48        <Container maxWidth="sm">
49          <Typography variant="h4" align="center" gutterBottom>
50            상품 생성
51          </Typography>
52          <form onSubmit={handleCreate}>
53            <TextField
54              label="상품 이름"
55              fullWidth
56              value={name}
57              onChange={handleNameChange}
58              margin="normal"
59            />
60            <TextField
61              label="가격"
62              type="number"
63              fullWidth
64              value={price}
65              onChange={handlePriceChange}
66              margin="normal"
67            />
68            <TextField
69              label="상품 설명"
70              fullWidth
71              multiline
72              rows={4}
73              value={explanation}
74              onChange={handleExplanationChange}
75              margin="normal"
76            />
77            <ThumbnailUploader
78              value={thumbnail}
79              onChange={(file) => setThumbnail(file)}
80            />
81            <Button type="submit" variant="contained" color="primary"
              fullWidth sx={{
82              marginTop: 6
83            }}>
84              생성
85            </Button>
86          </form>
```

```
      </Container>
    </>
  );
};

export default ProductCreateForm;
```

코드를 작성했으면 저장하고 화면을 테스트하겠습니다.

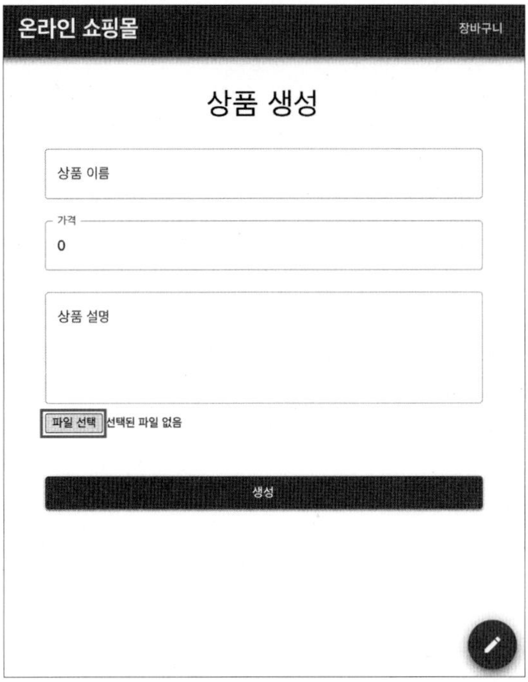

[그림 6-25] 결과 화면

[파일 선택] 버튼을 클릭하면 여러분이 가진 파일을 선택할 수 있는 파일 탐색기가 나오고 해당 파일을 업로드하면 개발자 콘솔에 여러분이 선택한 파일이 나타납니다.

아래와 같이 잘 나타난다면 문제가 없는 것이니 계속 진행하겠습니다.

```
                                                    ProductCreateForm.tsx:28
 File {name: '36FB330C-85E2-4D63-A3F3-B28761093764.jpeg', lastModified: 16567298095
▼10, lastModifiedDate: Sat Jul 02 2022 11:43:29 GMT+0900 (한국 표준시), webkitRelative
 Path: '', size: 4851791, …} ℹ
   lastModified: 1656729809510
 ▶ lastModifiedDate: Sat Jul 02 2022 11:43:29 GMT+0900 (한국 표준시) {}
   name: "36FB330C-85E2-4D63-A3F3-B28761093764.jpeg"
   size: 4851791
   type: "image/jpeg"
   webkitRelativePath: ""
 ▶ [[Prototype]]: File
```

[그림 6-26] 개발자 콘솔 화면

이 File 객체를 하나하나 살펴보면 아래와 같은 값을 가집니다.

- name: 파일 이름을 나타냅니다.
- size: 파일 크기를 바이트 단위로 나타냅니다.
- type: 파일의 MIME 유형을 나타냅니다.
- lastModified: 파일이 마지막으로 수정된 시간을 나타냅니다.
- lastModifiedDate: 파일이 마지막으로 수정된 날짜와 시간을 나타내는 Date 객체입니다(오래된 브라우저에서 지원합니다).

여기서 잠깐

MIME 타입

MIME(Multipurpose Internet Mail Extensions) 타입은 인터넷에서 데이터를 정의하고 표현하기 위해 사용되는 데이터 형식을 식별하는 데 사용되는 식별자입니다.

이러한 MIME 타입은 일반적으로 파일의 확장자와 연결되어 사용됩니다. 예를 들어, image/jpeg는 JPEG 형식의 이미지 파일을 나타내는 MIME 타입입니다. text/plain은 일반 텍스트 파일을, application/pdf는 PDF 파일을, audio/mp3는 MP3 오디오 파일을 나타냅니다. 각각의 MIME 타입은 특정한 데이터 형식을 식별하고 해당 데이터를 처리하기 위한 알고리즘 및 애플리케이션에 대한 힌트를 제공합니다.

여기서 우리는 기존의 input에 새로운 스타일을 지정해주고 싶습니다. 하지만 input 요소를 직접 수정하는 방법은 사용자화에 제약이 있습니다. 그래서 input 요소의 기능만을 추출하여 우리만의 input 컴포넌트를 직접 구현하는 방법으로 우회해야 합니다. 이게 어떻게 가능한지 같이 확인하겠습니다.

input에 hidden이라는 속성을 부여하면 해당 요소는 보이지 않습니다. 아래와 같이 수정해주세요.

[함께 해봐요 6-21] ThumbnailUploader 컴포넌트에서 input에 hidden 속성 부여하기

```
01  // ThumbnailUploader.tsx
02  ...
03  <input
04      type="file"
05      multiple={false}
06      onChange={handleChangeInput}
07      hidden
08  />
09  ...
```

그러면 화면에는 기존의 input 요소가 보이지 않게 됩니다.

[그림 6-27] input 요소가 보이지 않는 결과 화면

여기서 우리가 앞서 다뤘던 Ref를 사용할 시간입니다. 이 타이밍에 Ref를 사용하다니, 어떤 의미일 까요?

이전 장에서는 Ref를 렌더링에 구애받지 않는 값을 만들 때 사용한다고 했습니다. 하지만 Ref는 **리액 트에서 DOM에 직접 접근할 때 사용**하기도 합니다. 해당 코드를 아래와 같이 수정해주세요.

[함께 해봐요 6-22] 섬네일 업로더 컴포넌트 구현하기 3(ThumbnailUploader.tsx)

```
01  import { Button } from "@mui/material";
02  import { ChangeEvent, useRef } from "react";
03
04  type Props = {
05    value: File | null;
06    onChange: (value: File | null) => void;
07  };
08
09  const ThumbnailUploader = ({ value, onChange }: Props) => {
10    const inputRef = useRef<HTMLInputElement | null>(null);
11
12    const handleChangeInput = (event: ChangeEvent<HTMLInputElement>) => {
13      if (event.target.files) onChange(event.target.files[0]);
14    };
15
16    const handleButtonClick = () => {
17      if (inputRef.current) {
18        inputRef.current.click();
19      }
20    };
```

```
21
22    return (
23      <>
24        <input
25          type="file"
26          multiple={false}
27          onChange={handleChangeInput}
28          hidden
29          ref={inputRef}
30        />
31        <Button
32          variant="contained"
33          onClick={handleButtonClick}
34        >
35            섬네일 업로드
36        </Button>
37      </>
38    );
39  };
40
41  export default ThumbnailUploader;
```

아래와 같은 흐름으로 동작하도록 코드를 수정했습니다.

1. useRef를 사용하여 inputRef라는 Ref를 생성했습니다.
2. input 요소에 `ref={inputRef}` 속성을 추가하여 Ref를 연결합니다.
3. `handleButtonClick` 함수를 생성하여 버튼을 클릭했을 때 input 요소를 클릭하도록 설정합니다. 이때 inputRef.current를 사용하여 Ref에 저장된 input 요소에 접근합니다.
4. 버튼을 클릭하면 input 요소가 클릭되며 파일 선택 다이얼로그가 표시됩니다.

여기서 Ref의 동작을 좀 더 상세히 설명하겠습니다. useRef를 사용하여 초깃값이 null인 Ref 객체인 inputRef를 생성했습니다. inputRef는 current 속성을 통해 현재 Ref에 연결된 요소에 접근할 수 있습니다. 초깃값으로 null을 지정했으므로, 컴포넌트가 마운트되고 Ref가 설정될 때까지 inputRef.current는 null입니다.

[표 6-1] inputRef 값의 변화

초기의 inputRef 값	컴포넌트가 마운트된 후의 inputRef 값

`{`
`    current: null`
`}`
	`{`
	`    current: [Input Element Instance]`
	`}`

이제 inputRef.current는 input 요소 그 자체입니다. 비유를 조금하면 TV 리모컨 정도로 이해하면 됩니다. 직접 TV 버튼을 클릭해서 동작을 제어할 수도 있지만 리모컨을 통해서 간접적으로 TV를 제어할 수 있습니다. 이처럼 inputRef는 일종의 TV 리모컨의 역할을 수행하는 것입니다.

inputRef.current.click()은 해당 DOM을 클릭하게 되고, inputRef.current.focus()는 해당 DOM을 포커스하게 됩니다. 그러면 가상으로 클릭시켜 주는 작업을 할 수 있게 됩니다(조금 헷갈릴 수 있지만 익숙해져야 합니다). 이제 저장하고 Button을 클릭하여 리모컨으로서의 동작을 잘 하는지 확인합니다.

[그림 6-28] 섬네일 업로드 후 파일 선택까지 할 수 있게 만든 결과 화면

실제로 확인하면 파일 선택은 잘 되지만 선택한 후 아무런 피드백이 없어서 사용자가 값을 제대로 넣었는지 확인하기 힘듭니다. 그러므로 사용자가 선택한 섬네일을 화면에서 임시로 렌더링하는 로직을 추가하겠습니다. 추가로 약간의 스타일링도 함께 해줬습니다.

[함께 해봐요 6-23] 파일 선택 후 섬네일을 화면에서 임시로 렌더링하는 로직(ThumbnailUploader.tsx)

```tsx
01  import { Button, Card, CardMedia } from "@mui/material";
02  import { ChangeEvent, useRef } from "react";
03
04  type Props = {
05    value: File | null;
06    onChange: (value: File | null) => void;
07  };
08
09  const ThumbnailUploader = ({ value, onChange }: Props) => {
10    const inputRef = useRef<HTMLInputElement | null>(null);
```

```
11
12   const handleChangeInput = (event: ChangeEvent<HTMLInputElement>) => {
13     if (event.target.files) onChange(event.target.files[0]);
14   };
15
16   const handleButtonClick = () => {
17     if (inputRef.current) {
18       inputRef.current.click();
19     }
20   };
21
22   return (
23     <>
24       <input
25         type="file"
26         multiple={false}
27         onChange={handleChangeInput}
28         hidden
29         ref={inputRef}
30       />
31       <Card
32         sx={{
33           padding: 2,
34           display: "flex",
35           alignItems: "center",
36           justifyContent: "center",
37           flexDirection: "column",
38         }}
39       >
40         {value && (
41           <CardMedia
42             component="img"
43             alt={value.name}
44             height={200}
45             sx={{
46               objectFit: "contain",
47               marginBottom: 2,
48             }}
49             src={URL.createObjectURL(value)}
50           />
51         )}
52         <Button variant="contained" onClick={handleButtonClick}>
```

```
53            섬네일 업로드
54          </Button>
55        </Card>
56      </>
57    );
58  };
59
60  export default ThumbnailUploader;
```

이렇게 value가 있다면 img 요소를 렌더링하는 구현 방식입니다. 이때 URL.createObjectURL이 무엇인지 한번 살펴보겠습니다. URL.createObjectURL은 Blob이나 File 객체를 받아서 URL로 변환시키는 함수입니다. img 태그의 src는 문자열 형태의 URL을 받아서 이미지를 렌더링하는데, 그때 Obect 자체를 넘겨서 렌더링할 수 없기 때문에 URL로 변환시키는 작업을 하는 것입니다.

이때 만든 URL은 다른 사람들이 접근할 수 있는 URL이 아닌 여러분의 로컬에서 임시로 만들어지는 URL이라는 것을 명심해주세요. 즉 윈도우 창이 꺼지면 URL이 해제되는 일회성 URL입니다. 그래서 다른 사람들이 접근할 수 있고 계속 유지되는 URL을 만들기 위해서 서버에서 그 작업을 해주는 것입니다.

이렇게 섬네일 상태를 콜백으로 전달시켜서 구현하는 방법을 사용했는데, 이런 의문이 들 수도 있습니다. "왜 굳이 외부에서 구현해서 넘겨줘야 하지? ThumbnailUploader에서 직접 구현하면 안 되나?"

물론, 그렇게 구현할 수도 있지만 제어를 역전시켜서 확장성에 용이하게 설계하기 위해서 이런 식으로 구현했습니다. 만약 ThumbnailUploader가 재사용된다면 그 재사용한 컴포넌트에서는 섬네일 삭제라는 기능이 없을 수도 있기 때문에 외부에서 역할을 주입해주고 핸들링은 내부에서 하는 방식으로 구현한 것입니다.

이대로 잘 따라왔다면 본격적으로 API를 연동하겠습니다. API를 연동하는 방법에는 다음처럼 크게 두 가지가 있습니다.

- 상품 등록과 섬네일 등록을 일괄적으로 요청하는 방식
- 상품 등록을 하고 섬네일 등록을 따로 하는 방식

전자의 방식은 API가 통합되어 있어야 하는데, 지금 우리 서버는 API가 나누어져 있기 때문에 후자의 방식으로 구현하겠습니다. 우리가 선택한 API 방식은 기존에 있던 상품 데이터에 섬네일을 업데이트해주는 방식이기 때문에 먼저 상품을 만들고 그 후에 섬네일 업로드 요청을 보내야 합니다.

흐름을 좀 더 상세하게 정리하겠습니다.

1. 사용자가 섬네일을 업로드합니다.
2. 상품을 등록하게 되면 섬네일 요청 API를 호출해서 상품 데이터의 섬네일을 수정합니다.
3. 요청 기간 동안 Loading 컴포넌트를 렌더링합니다.
4. 두 API의 요청이 모두 성공적으로 완료될 경우에는 '성공', 아닌 경우에는 '실패'입니다.

이런 식으로 흐름을 잡겠습니다. 먼저, 우리가 1단계 흐름은 구현했으니 2단계인 섬네일 요청을 구현하겠습니다. 섬네일 요청은 ThumbnailUploader 컴포넌트에서 구현하는 것이 아니라 ProductCreateForm에서 구현하는 게 맞습니다. ThumbnailUploader는 단순히 사용자로부터 입력을 받는 역할로서 동작하기 때문입니다.

그러면 기존에 ProductCreateForm을 아래와 같이 수정해야 합니다. 변경사항이 조금 있기 때문에 우선 코드를 보고 하나하나 기능을 설명하겠습니다.

[함께 해봐요 6-24] 2단계 섬네일 요청 구현하기(ProductCreateForm.tsx)

```
01  // ProductCreateForm.tsx
02  import { Button, Container, TextField, Typography } from "@mui/material";
03  import { useState } from "react";
04  import { ThumbnailUploader } from ".";
05  import { ProductType } from "../../types";
06
07  const ProductCreateForm = () => {
08    const [name, setName] = useState("");
09    const [price, setPrice] = useState(0);
10    const [explanation, setExplanation] = useState("");
11    const [thumbnail, setThumbnail] = useState<File | null>(null);
12
13    const handleNameChange = (event: React.ChangeEvent<HTMLInputElement>) => {
14      setName(event.target.value);
15    };
16
17    const handlePriceChange = (event: React.ChangeEvent<HTMLInputElement>) => {
18      setPrice(Number(event.target.value));
19    };
20
21    const handleExplanationChange =
        (event: React.ChangeEvent<HTMLTextAreaElement>) => {
22      setExplanation(event.target.value);
23    };
24
25    const uploadThumbnailRequest = (productId: string, thumbnail: File) => {
```

```
26      const formData = new FormData();
27      formData.append("thumbnail", thumbnail);
28      return fetch(`/product/thumbnail/${productId}`, {
29        method: "PATCH",
30        body: formData,
31      });
32    };
33
34    const createProductRequest = (newProduct: Omit<ProductType, "id">) => {
35      return fetch("/product", {
36        method: "POST",
37        headers: {
38          "Content-Type": "application/json",
39        },
40        body: JSON.stringify(newProduct),
41      });
42    };
43
44    const handleCreateProduct = async (event: React.FormEvent) => {
45      event.preventDefault();
46
47      const response = await createProductRequest({
48        name,
49        explanation,
50        price,
51      });
52      const data = await response.json();
53
54      if (thumbnail) {
55        await uploadThumbnailRequest(data.product.id, thumbnail);
56      };
57    };
58
59    return (
60      <>
61        <Container maxWidth="sm">
62          <Typography variant="h4" align="center" gutterBottom>
63            상품 생성
64          </Typography>
65          <form onSubmit={handleCreateProduct}>
66            <TextField
67              label="상품 이름"
```

282

```
 68              fullWidth
 69              value={name}
 70              onChange={handleNameChange}
 71              margin="normal"
 72            />
 73            <TextField
 74              label="가격"
 75              type="number"
 76              fullWidth
 77              value={price}
 78              onChange={handlePriceChange}
 79              margin="normal"
 80            />
 81            <TextField
 82              label="상품 설명"
 83              fullWidth
 84              multiline
 85              rows={4}
 86              value={explanation}
 87              onChange={handleExplanationChange}
 88              margin="normal"
 89            />
 90            <ThumbnailUploader
 91              value={thumbnail}
 92              onChange={(file) => setThumbnail(file)}
 93            />
 94            <Button type="submit" variant="contained" color="primary"
             fullWidth sx={{
 95              marginTop: 6
 96            }}>
 97              생성
 98            </Button>
 99          </form>
100        </Container>
101      </>
102    );
103  };
104
105  export default ProductCreateForm;
```

위 코드를 함수 단위로 하나하나 살펴보겠습니다.

```
25   const uploadThumbnailRequest = (productId: string, thumbnail: File) => {
26     const formData = new FormData();
27     formData.append("thumbnail", thumbnail);
28     return fetch('/product/thumbnail/${productId}', {
29       method: "PATCH",
30       body: formData,
31     });
32   };
```

uploadThumbnailRequest 함수는 만든 상품의 id와 사용자가 업로드한 thumbnail을 받아서 API를 요청하는 함수입니다. 이때 formData라는 것을 사용했습니다. formData를 이용하면 이미지나 영상 같은 파일을 서버에 전송할 수 있게 됩니다. 그래서 new FormData()를 이용해서 formData 인스턴스를 만들었고 formData.append 함수를 이용해서 key와 value 형태로 저장합니다. 이해를 위해 JSON 형식으로 표현하면 아래와 같이 되는 것입니다.

```
{
    thumbnail: 업로드한 이미지 파일
}
```

그리고 그 formData를 body에 전송하여 요청을 보냈습니다. handleCreateProduct 함수는 [상품 만들기] 버튼을 클릭할 때 실행되는 함수입니다.

```
44   const handleCreateProduct = async (event: React.FormEvent) => {
45     event.preventDefault();
46
47     const response = await createProductRequest({
48       name,
49       explanation,
50       price,
51     });
52     const data = await response.json();
53
54     if (thumbnail) {
55       await uploadThumbnailRequest(data.product.id, thumbnail);
56     };
57   };
```

이때 createProductRequest API를 실행해서 먼저 상품을 만들고, 완료가 되었다면 응답값에서 id를 가져옵니다. 만약에 사용자가 thumbnail을 업로드했다면 uploadThumbnailRequest 함수를 실행시켜 id와 thumbnail을 넘겨주게 됩니다. 그렇게 완료되었다면 json 형식으로 변환하고, 다음 then문에서 기존 product에 붙여서 최종적으로 화면에 보여주게 됩니다.

이렇게 코드 작성을 완료했다면 이미지 업로드는 정상적으로 완료되었습니다. 하지만 실제로 업로드를 해보면 사진은 안 나오고 기존과 똑같은 결과가 나옵니다. 그 이유는 상품 목록 데이터에는 상품 이미지 URL이 있지만 프런트엔드에서 해당 데이터를 따로 처리를 해주지 않았기 때문입니다. 그러니 상품 목록에서 상품 섬네일도 추가해주는 작업도 해야 합니다.

작업 전에 thumbnail 속성이 추가되었으니 ProductType을 업데이트하겠습니다.

[함께 해봐요 6-25] thumbnail 속성 추가에 따른 ProductType 업데이트

```
01  // client/src/types/index.ts
02  export interface ProductType {
03    id: string;
04    name: string;
05    explanation: string;
06    price: number;
07    thumbnail?: string;
08  }
```

그리고 ProductItem을 아래와 같이 수정해주세요.

[함께 해봐요 6-26] thumbnail 속성 추가에 따른 ProductItem 업데이트

```
01  // ProductItem.tsx
02  import { useState } from "react";
03  import { Link } from "react-router-dom";
04  import { ProductType } from "../../types";
05
06  interface ProductItemProps {
07    product: ProductType;
08    onDelete: (id: string) => void;
09    onUpdate: (product: ProductType) => void;
10  }
11
12  function ProductItem({ product, onDelete, onUpdate }: ProductItemProps) {
13    const { id, name, price, explanation } = product;
```

```
14    const [isEditMode, setIsEditMode] = useState(false);
15    const [editName, setEditName] = useState(product.name);
16    const [editExplanation, setEditExplanation] = useState(product.explanation);
17    const [editPrice, setEditPrice] = useState(product.price);
18
19    return (
20      <div>
21        {product.thumbnail && (
22          <img
23            src={product.thumbnail}
24          />
25        )}
26        <div>
27          <Link to={`/${id}`}>{name}</Link>
28        </div>
29        <div>{price}</div>
30        <div>{explanation}</div>
31
32        <button type="button" onClick={() => onDelete(id)}>
33          삭제하기
34        </button>
35
36        <button type="button" onClick={() => setIsEditMode((prev) => !prev)}>
37          수정하기
38        </button>
39
40        {isEditMode && (
41          <form
42            onSubmit={(event) => {
43              event.preventDefault();
44              onUpdate({
45                id,
46                name: editName,
47                price: editPrice,
48                explanation: editExplanation
49              });
50            }}
51          >
52            <input
53              type="text"
54              placeholder="상품 이름"
55              value={editName}
```

```
56              onChange={(event) => setEditName(event.target.value)}
57            />
58            <input
59              type="text"
60              placeholder="상품 설명"
61              value={editExplanation}
62              onChange={(event) => setEditExplanation(event.target.value)}
63            />
64            <input
65              type="number"
66              placeholder="상품 가격"
67              value={editPrice}
68              onChange={(event) =>
                 setEditPrice(parseInt(event.target.value, 10))}
69            />
70            <input type="submit" value="상품 수정하기" />
71          </form>
72        )}
73      </div>
74    );
75  }
76
77  export default ProductItem;
```

6.8 섬네일이 나오지 않는 문제를 수정하기

섬네일 기능을 구현했는데 섬네일이 나오지 않는 문제가 있습니다.

백엔드에는 이미지 정보가 잘 저장되어 있는데 왜 이미지가 안 나오는 걸까요? 바로 URL이 잘못되었기 때문입니다. 이렇게 이미지가 나오지 않을 때 개발자 콘솔에서 확인해보면 원인을 파악할 수 있습니다.

[그림 6-29] 개발자 콘솔에서 확인한 URL 오류

우리는 /product/thumbnails/상품ID 형식이 아니라 /thumbnails/상품ID 형식으로 요청을 해야 합니다. 그런데 왜 자동으로 product가 붙었을까요? 우리가 별도의 도메인을 정해주지 않았기 때문에 자동으로 도메인이 설정된 것입니다. 그래서 우리가 정적으로 백엔드 URL을 명시해줘야 이런 문제가 발생하지 않습니다.

정적이라는 의미를 담고 있는 constants라는 이름으로 src 내부에 폴더를 만들어주세요. 그리고 index.ts라는 파일을 만들고 아래 코드를 작성합니다. 여러분에 포트 번호를 직접 지정했다면 해당 번호로 작성해주세요.

```
// index.ts
export const API_SERVER_DOMAIN = "http://localhost:3090";
```

만약, 서버의 도메인이 변경된다면 값 부분만 수정하면 됩니다. 그리고 이미지를 사용하는 곳에 이 값을 적용해줍니다.

```
// ProductPage.tsx
...
import { API_SERVER_DOMAIN } from "../constants";
...

        <Box sx={{ display: "flex", justifyContent: "center", mb: 4 }}>
          {product?.thumbnail && (
            <img
              src={'${API_SERVER_DOMAIN}/${product.thumbnail}'}
              alt={product?.name}
              style={{ width: "100%", maxWidth: 400 }}
            />
          )}
        </Box>
...
```

이제 도메인을 정적으로 정해줬기 때문에 이미지가 잘 나옵니다.

6.9 상품 목록을 MUI로 마이그레이션하기

지금 상품 목록 페이지는 아무런 스타일도 구현되어 있지 않습니다. 이제 이 절에서 상품 목록을 꾸미 겠습니다.

ProductList 컴포넌트를 보면 각각의 ProductItem 컴포넌트를 ul 태그로 묶어주고 있습니다. 하지만 지금의 ul 태그는 브라우저의 기본 스타일만 적용된 상태입니다. 그래서 이 부분을 MUI 컴포넌트로 변경하겠습니다. 우선은 Grid 컴포넌트를 사용하여 ProductItem들을 묶어줍니다.

[함께 해봐요 6-27] 상품 목록 디자인 1: Grid 컴포넌트로 ProductItem 묶어주기(ProductList.tsx)

```
01  // ProductList.tsx
02  import { CircularProgress, Grid } from "@mui/material";
03  ...
04
05  const ProductList = () => {
06  ...
07
08    return (
09      <Grid container spacing={3}>
10        {products.map((product) => (
11          <ProductItem
12            key={product.id}
13            product={product}
14            onDelete={handleDelete}
15            onUpdate={handleUpdate}
16          />
17        ))}
18      </Grid>
19    );
20  };
21
22  export default ProductList;
```

그리고 이제 ProductItem에 Grid item으로 묶어줘야 합니다.

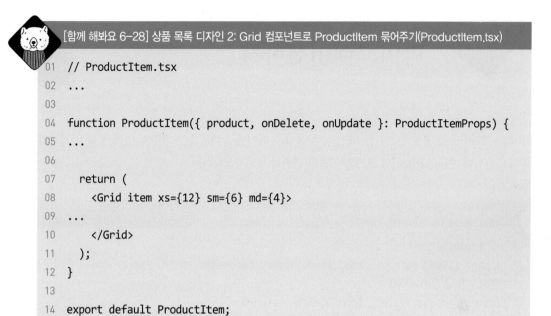

```tsx
01  // ProductItem.tsx
02  ...
03
04  function ProductItem({ product, onDelete, onUpdate }: ProductItemProps) {
05    ...
06
07    return (
08      <Grid item xs={12} sm={6} md={4}>
09  ...
10      </Grid>
11    );
12  }
13
14  export default ProductItem;
```

가장 작은 화면(xs)일 경우 12등분의 공간을 전부 차지하고, 작은 화면(sm)에서는 12등분에서 6만큼의 공간을 차지하게 했습니다. 그러면 상품 목록이 두 줄로 나올 겁니다. 마지막으로 중간 정도의 화면(md)에서는 12등분에서 4만큼의 크기이니 세 줄로 나오게 됩니다.

6.10 상품 아이템을 MUI로 마이그레이션하기

Grid로 레이아웃을 구성했습니다. 하지만 각 상품의 아이템 스타일을 지정하지 않아서 아직 체감이 되지 않습니다. ProductItem의 코드를 아래와 같이 수정하겠습니다.

[함께 해봐요 6-29] 상품 아이템에 스타일 지정하기(ProductItem.tsx)

```
01  // ProductItem.tsx
02  import { Box, Button, Card, CardContent, CardMedia, Grid, Typography }
    from "@mui/material";
03  import { useNavigate } from "react-router-dom";
04  import { API_SERVER_DOMAIN } from "../../constants";
05
06  import { ProductType } from "../../types";
07
08
09  interface ProductItemProps {
10    product: ProductType;
11  }
12
13  function ProductItem({ product }: ProductItemProps) {
14    const navigate = useNavigate();
15
16    const handlePushProductPage = () => navigate('/product/${product.id}');
17    const handlePushPurchasePage = () => navigate('/purchase/${product.id}')
18
19    return (
20      <Grid item xs={12} sm={6} md={4}>
21        <Card sx={{ maxWidth: 345, padding: 3, height: 300 }}
        onClick={handlePushProductPage}>
22            {product.thumbnail && (
```

```
23          <CardMedia
24              sx={{ height: 140 }}
25              image={'${API_SERVER_DOMAIN}/${product.thumbnail}'}
26              title={product.name}
27          />
28      )}
29      <CardContent sx={{ padding: 0 }}>
30          <Typography
31              gutterBottom
32              variant="h5"
33              component="div"
34              sx={{
35                  overflow: 'hidden',
36                  textOverflow: 'ellipsis',
37                  whiteSpace: 'nowrap',
38              }}
39          >
40              {product.name}
41          </Typography>
42          <Typography
43              variant="body2"
44              color="text.secondary"
45              sx={{
46                  height: 30,
47                  overflow: 'hidden',
48                  textOverflow: 'ellipsis',
49                  whiteSpace: 'nowrap',
50              }}
51          >
52              {product.explanation}
53          </Typography>
54      </CardContent>
55      <Box sx={{ display: 'flex', justifyContent: 'flex-end', marginTop: 3 }}>
56
57          <Button
58              size="small"
59              onClick={handlePushPurchasePage}
60              variant="contained"
61          >
62              구매하기
63          </Button>
64      </Box>
```

```
65        </Card>
66      </Grid>
67    );
68  }
69
70  export default ProductItem;
```

변경된 코드에서는 디자인뿐만 아니라 수정, 삭제하는 기능도 제거했습니다. 추후에 상품 상세 페이지를 만들어서 그곳으로 수정하는 기능을 옮길 것이기 때문입니다. 그리고 하단에 [구매하기] 버튼도 추가했습니다. 다음 절에서 [구매하기] 페이지를 만들어서 이 부분도 구현하겠습니다. 페이지를 이동할 수 있도록 navigate를 사용하여 click 이벤트에 연결했습니다.

이제 위에서 수정한 ProductItem의 코드를 하나하나 살펴보겠습니다.

```
42  <Typography
43      variant="body2"
44      color="text.secondary"
45      sx={{
46          height: 30,
47          overflow: 'hidden',
48          textOverflow: 'ellipsis',
49          whiteSpace: 'nowrap',
50      }}
51  >
52      {product.explanation}
53  </Typography>
```

위 코드에서 height, overflow, textOverflow, whiteSpace 속성을 사용하여 텍스트가 너무 길 경우에는 일부를 생략하고, 가로로 넘침이 발생하는 경우에는 텍스트를 숨기도록 설정하고 있습니다.

height: 30은 Typography 컴포넌트의 높이를 30px로 설정하고, overflow: 'hidden'은 텍스트가 컴포넌트 영역을 넘어가면 숨기도록 설정합니다. textOverflow: 'ellipsis'는 텍스트가 생략되었을 때 생략 부분을 "…"으로 표시하도록 설정하며, whiteSpace: 'nowrap'은 텍스트가 한 줄로만 표시되도록 설정합니다.

그래서 위 스타일은 한 줄에 글씨를 표시하고 넘치는 부분에 …을 표시하기 위한 삼형제라고 보면 됩니다.

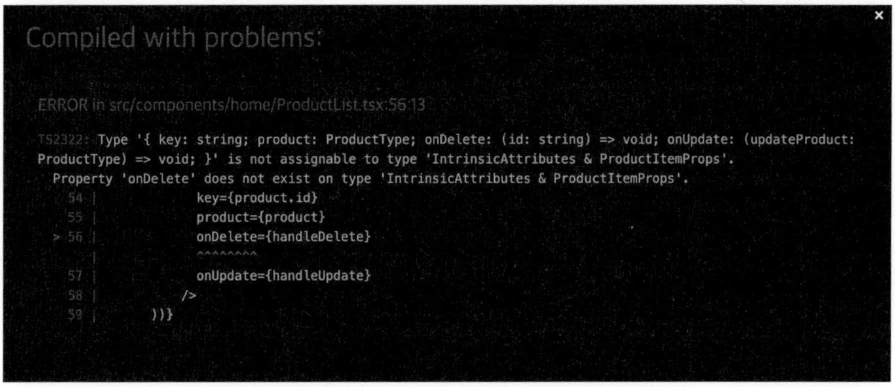

```
Compiled with problems:

ERROR in src/components/home/ProductList.tsx:56:13

TS2322: Type '{ key: string; product: ProductType; onDelete: (id: string) => void; onUpdate: (updateProduct:
ProductType) => void; }' is not assignable to type 'IntrinsicAttributes & ProductItemProps'.
  Property 'onDelete' does not exist on type 'IntrinsicAttributes & ProductItemProps'.
    54 |                    key={product.id}
    55 |                    product={product}
  > 56 |                    onDelete={handleDelete}
       |                    ^^^^^^^^
    57 |                    onUpdate={handleUpdate}
    58 |                 />
    59 |             ))}
```

[그림 6-30] 저장 후 나오는 오류 화면

하지만 지금까지 수정한 ProductItem 코드를 작성한 후 저장하면 위와 같은 오류가 화면에 나타납니다. 여러분이 이러한 오류에 직면하게 된다면 99% 오류 메시지를 통해 답을 얻을 수 있습니다. 그러므로 오류 메시지를 번역할 수 있는 능력만 있다면 이러한 오류에 직면하더라도 유연하게 대처할 수 있습니다.

오류 메시지를 해석하면 아래와 같습니다.

타입 '{ key: string; product: ProductType; onDelete: (id: string) => void; onUpdate: (updateProduct: ProductType) => void; }'은(는) 'IntrinsicAttributes & ProductItemProps' 타입에 할당할 수 없습니다.

'onDelete' 속성은 'IntrinsicAttributes & ProductItemProps' 타입에 존재하지 않습니다.

하나하나 살펴보겠습니다. ProductItem 컴포넌트에서 onDelete 속성을 사용하려고 했으나 해당 속성이 IntrinsicAttributes와 ProductItemProps 타입에 존재하지 않아서 발생합니다. 우리가 어떤 행동을 취해서 해당 오류가 발생했을까요? ProductItem에서 onDelete와 onUpdate를 props로 전달받고 있었는데 MUI로 마이그레이션하면서 그것들을 제거했습니다.

원인을 기반으로 결과를 도출해보면, ProductList 컴포넌트에서 onDelete와 onUpdate를 props로 넘겨주지 않으면 된다는 답이 나옵니다.

```tsx
01  // ProductList.tsx
02  import { CircularProgress, Grid } from "@mui/material";
03  import { useEffect, useState } from "react";
04  import { ProductItem } from ".";
05  import { ProductType } from "../../types";
06
07  const ProductList = () => {
08    const [products, setProducts] = useState<ProductType[]>([]);
09    const [isLoading, setIsLoading] = useState(false);
10
11    useEffect(() => {
12      setIsLoading(true);
13
14      fetch("/product")
15        .then((response) => response.json())
16        .then((data) => setProducts(data.products))
17        .finally(() => setIsLoading(false))
18    }, []);
19
20    if (isLoading) return <CircularProgress />;
21
22    return (
23      <Grid container spacing={3}>
24        {products.map((product) => (
25          <ProductItem
26            key={product.id}
27            product={product}
28          />
29        ))}
30      </Grid>
31    );
32  };
33
34  export default ProductList;
```

추가로 상품상세 페이지는 원래 /상품의 아이디 URL로 접근했야 했는데, 주소가 많아짐에 따라서 /product/상품의 아이디의 형식으로 변경하는 게 더 좋겠습니다. ProductItem에 handlePush ProductPage 함수는 이미 그런 형식으로 수정을 해놓은 상태입니다. 따라서 App.tsx에서 주소만 반영하면 됩니다.

```tsx
01  // App.tsx
02  import { Route, Routes } from "react-router-dom";
03  import { Layout } from "./components/shared";
04  import { HomePage, ProductCreatePage, ProductPage } from "./pages";
05
06  function App() {
07    return (
08      <Layout>
09        <Routes>
10          <Route index element={<HomePage />} />
11          <Route path="create" element={<ProductCreatePage />} />
12          <Route path="product/:productId" element={<ProductPage />} />
13        </Routes>
14      </Layout>
15    );
16  }
17
18  export default App;
```

저장하고 화면을 보면 상품 목록이 제대로 나오는 것을 확인할 수 있습니다.

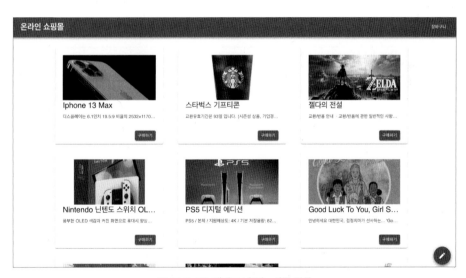

[그림 6-31] 제대로 나오는 상품 목록

그 외의 부분들은 MUI 컴포넌트를 사용하면서 크게 어려운 부분이 없을 것으로 판단하고 넘어가겠습니다.

6.11 상품 상세보기 페이지를 MUI로 마이그레이션하기

아래 코드는 기존에 구현한 ProductPage입니다. param으로부터 productId를 받고 상품 정보를 불러와 렌더링하는 간단한 코드입니다.

[함께 살펴봐요 6-1] 기존에 구현한 ProductPage

```tsx
01  // ProductPage.tsx
02  import { useEffect, useState } from "react";
03  import { useParams } from "react-router-dom";
04
05  type ProductType = {
06    id: string;
07    name: string;
08    explanation: string;
09    price: number;
10  }
11
12  function ProductPage() {
13    const { productId } = useParams<{ productId: string }>();
14    const [product, setProduct] = useState<ProductType | null>(null);
15
16    useEffect(() => {
17      fetch('/product/${productId}')
18        .then((response) => response.json())
19        .then((data) => setProduct(data.product));
20    }, [productId]);
21
22    if (!product) {
23      return <h1>찾으시는 상품이 없습니다.</h1>;
24    }
25
26    return (
27      <div>
28        <h1>{product?.name}</h1>
```

```
29        <p>{product?.explanation}</p>
30        <span>{product?.price}</span>
31      </div>
32    );
33  }
34
35  export default ProductPage;
```

이 상세보기 페이지에서 삭제하기 기능과 수정하기 기능을 구현하기로 했는데, 우선 수정, 삭제는 뒤로 잠시 미루고 UI부터 구현하겠습니다. 아래와 같이 수정해주세요.

[함께 해봐요 6-32] ProductPage UI 수정하기

```
01  // ProductPage.tsx
02  import { Delete, Edit } from "@mui/icons-material";
03  import { Box, Button, ButtonGroup, Typography } from "@mui/material";
04  import { useEffect, useState } from "react";
05  import { useNavigate, useParams } from "react-router-dom";
06  import { ProductType } from "../types";
07  import { API_SERVER_DOMAIN } from "../constants";
08
09  function ProductPage() {
10    const navigate = useNavigate();
11    const { productId } = useParams<{ productId: string }>();
12    const [product, setProduct] = useState<ProductType | null>(null);
13
14    const handlePushPurchasePage = () => {
15      if (productId) {
16          navigate(`/purchase/${productId}`)
17      }
18    }
19
20    useEffect(() => {
21      fetch('/product/${productId}')
22        .then((response) => response.json())
23        .then((data) => setProduct(data.product));
24    }, [productId]);
25
```

```jsx
26    if (!product) {
27      return <h1>찾으시는 상품이 없습니다.</h1>;
28    }
29
30    return (
31      <>
32        <Box sx={{ display: 'flex', justifyContent: 'center', mb: 4 }}>
33        {product?.thumbnail && (
34          <img
35            src={'${API_SERVER_DOMAIN}/${product.thumbnail}'}
36            alt={product?.name}
37            style={{ width: '100%', maxWidth: 400 }}
38          />
39        )}
40        </Box>
41        <Box sx={{{
42          display: 'flex',
43          alignItems: 'center',
44          justifyContent: 'space-between',
45          marginBottom: 2
46        }}>
47          <Typography variant="h4" sx={{ fontWeight: 'bold' }}>
48            {product?.name}
49          </Typography>
50          <ButtonGroup orientation="horizontal">
51            <Button
52              variant="text"
53              onClick={() => null}
54              color="error"
55            >
56              <Delete />
57            </Button>
58            <Button
59              variant="text"
60              onClick={() => null}
61              color="info"
62            >
63              <Edit />
64            </Button>
65          </ButtonGroup>
66        </Box>
```

```
67        <Typography variant="h6" sx={{ marginBottom: 4 }}>
68            {product?.price.toLocaleString('KO-kr')}원
69        </Typography>
70        <Typography variant="body1" sx={{ marginBottom: 4 }}>
71            {product?.explanation}
72        </Typography>
73
74        <ButtonGroup orientation="vertical" fullWidth>
75            <Button variant="outlined">
76                장바구니 담기
77            </Button>
78            <Button variant="contained" onClick={handlePushPurchasePage}>
79                구매하기
80            </Button>
81        </ButtonGroup>
82    </>
83    );
84 }
85
86 export default ProductPage;
```

if (!product)문을 사용하여 product 상태가 null인 경우 "찾으시는 상품이 없습니다." 메시지를 반환합니다. 반면 product 상태가 존재하는 경우, 해당 제품의 섬네일, 이름, 가격, 설명 등을 표시합니다.

[장바구니 담기] 및 [구매하기] 버튼을 추가했는데, [구매하기] 버튼을 클릭하면 handlePush PurchasePage 함수가 호출되고, navigate 함수를 사용하여 /purchase/${productId} 경로로 이동합니다.

[장바구니 담기] 버튼을 클릭해도 현재는 아무런 동작을 하지 않습니다. 추후에 장바구니 페이지를 만들고 추가적인 동작을 구현해야 하기 때문에 여기서는 onClick에 아무 값도 할당하지 않았기 때문입니다.

[그림 6-32] 장바구니 UI 수정 결과

나머지 부분은 어렵지 않기 때문에 넘어가겠습니다.

6.12 구매 페이지 구현하기

이 절에서는 구매 페이지를 만들어보겠습니다. 상품 상세보기에서 [구매하기] 버튼을 클릭하면 구매 페이지로 넘어가 모의로 구매를 진행하게 되는 페이지입니다.

pages 폴더 내부에 PurchasePage라는 이름으로 페이지 컴포넌트를 하나 만들어주세요. 그리고 아래와 같이 작성합니다.

[함께 해봐요 6-33] 구매 페이지 구현하기(PurchasePage.tsx)

```tsx
01  // PurchasePage.tsx
02  import { useEffect, useState } from 'react';
03  import { useNavigate, useParams } from 'react-router-dom';
04
05  import { Button, Card, CardContent, CardMedia, Container, FormControl, Grid,
        InputLabel, MenuItem, Select, TextField, Typography } from "@mui/material";
06  import type { ProductType } from '../types';
07  import { API_SERVER_DOMAIN } from "../constants";
08
09  type ParamsType = {
10    productId: string;
11  }
12
13  const PurchasePage = () => {
14    const { productId } = useParams<ParamsType>();
15    const [product, setProduct] = useState<ProductType | null>(null);
16
17    useEffect(() => {
18      fetch('/product/${productId}')
19        .then((response) => response.json())
20        .then((data) => setProduct(data.product));
21    }, [productId]);
22
```

```
23    if (!product) {
24      return <h1>찾으시는 상품이 없습니다.</h1>;
25    }
26
27    return (
28        <Container maxWidth="sm">
29        <Typography variant="h4" sx={{ marginBottom: 4 }}>
30            구매하기
31        </Typography>
32        <Grid container spacing={2}>
33          <Grid item xs={12}>
34            <Card sx={{ display: 'flex', marginBottom: 2 }}>
35              {product?.thumbnail && (
36                <CardMedia
37                  sx={{ width: 100, height: 100, marginRight: 2 }}
38                  image={'${API_SERVER_DOMAIN}/${product?.thumbnail}'}
39                  title="Product"
40                />
41              )}
42              <CardContent>
43                <Typography variant="h6">{product?.name}</Typography>
44              </CardContent>
45            </Card>
46            <form>
47              <Grid container spacing={2}>
48                <Grid item xs={12}>
49                  <TextField label="구매자 이름" fullWidth />
50                </Grid>
51                <Grid item xs={12}>
52                  <TextField label="구매자 이메일" fullWidth />
53                </Grid>
54                <Grid item xs={12}>
55                  <TextField label="배송 주소" fullWidth />
56                </Grid>
57                <Grid item xs={12}>
58                  <FormControl fullWidth>
59                    <InputLabel>결제 정보</InputLabel>
60                    <Select label="결제 정보">
61                      <MenuItem value={10}>신용카드 / 체크카드</MenuItem>
62                      <MenuItem value={20}>무통장 입금</MenuItem>
63                      <MenuItem value={30}>휴대폰 결제</MenuItem>
64                    </Select>
```

```
65                    </FormControl>
66                 </Grid>
67                 <Grid item xs={12}>
68                   <Button type="submit" variant="contained" fullWidth>
69                     구매 완료
70                   </Button>
71                 </Grid>
72             </Grid>
73           </form>
74         </Grid>
75       </Grid>
76     </Container>
77   )
78 }
79
80 export default PurchasePage;
```

이 페이지는 제품 정보를 표시하고, 구매자 정보와 결제 정보를 입력받아 구매를 완료하는 기능을 제공합니다. 기본적으로 상품 상세 페이지와 유사하게 useParams 훅을 사용하여 현재 URL에서 productId를 추출합니다. useEffect 훅을 사용하여 productId가 변경될 때마다 API를 호출하여 제품 데이터를 가져오게 되는 것입니다.

if (!product)문을 사용하여 product 상태가 null인 경우 즉, 없는 경우 "찾으시는 상품이 없습니다." 메시지를 반환합니다. product 상태가 존재하는 경우, 제품의 섬네일과 이름을 Card 컴포넌트를 사용하여 표시합니다.

FormControl과 Select 컴포넌트도 MUI 라이브러리에서 제공하는 컴포넌트입니다. FormControl 컴포넌트는 폼 컨트롤을 그룹화하는 역할을 합니다. 이를 통해 레이블, 입력 요소, 버튼 등을 하나의 단위로 묶어 폼을 구성할 수 있습니다. FormControl은 속성과 스타일이 다양하며 폼 컨트롤 요소들을 포함할 수 있습니다.

Select 컴포넌트는 드롭다운 형태의 선택 목록을 생성하는 데 사용됩니다. 사용자는 Select 컴포넌트를 클릭하면 선택할 수 있는 다양한 옵션이 나타나고, 그중 하나를 선택할 수 있게 됩니다. Select 컴포넌트는 FormControl 컴포넌트 내에서 사용되며, FormControl의 일부로, Label과 함께 폼 컨트롤을 완성합니다. Select 컴포넌트에는 value 속성을 통해 현재 선택된 값을 설정하고, onChange 이벤트를 통해 선택이 변경될 때마다 새로운 값을 처리할 수 있습니다.

이렇게 작성한 PurchasePage에서 최종적으로 [구매 완료] 버튼을 렌더링하고, 이 버튼을 클릭하면 구매가 완료됩니다. 지금은 [구매 완료] 버튼을 클릭해도 아무런 동작을 하지 않습니다. 관련 동작은 다음 절에서 구현하겠습니다.

PurchasePage 컴포넌트를 pages 내부의 index.tsx에서 내보내기를 해주겠습니다.

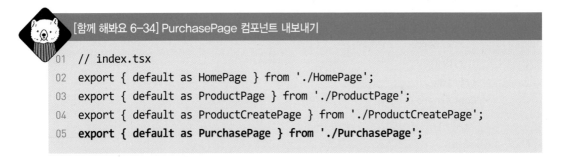

[함께 해봐요 6-34] PurchasePage 컴포넌트 내보내기

```tsx
01  // index.tsx
02  export { default as HomePage } from './HomePage';
03  export { default as ProductPage } from './ProductPage';
04  export { default as ProductCreatePage } from './ProductCreatePage';
05  export { default as PurchasePage } from './PurchasePage';
```

이렇게 내보내진 PurchasePage 컴포넌트를 Router와 연결해줍니다.

[함께 해봐요 6-35] PurchasePage를 Router와 연결하기

```tsx
01  // App.tsx
02  import { Route, Routes } from "react-router-dom";
03  import { Layout } from "./components/shared";
04  import { HomePage, ProductCreatePage, ProductPage, PurchasePage }
    from "./pages";
05
06  function App() {
07    return (
08      <Layout>
09        <Routes>
10          <Route index element={<HomePage />} />
11          <Route path="create" element={<ProductCreatePage />} />
12          <Route path="product/:productId" element={<ProductPage />} />
13          <Route path="purchase/:productId" element={<PurchasePage />} />
14        </Routes>
15      </Layout>
16    );
17  }
18
19  export default App;
```

이렇게 페이지를 연결했습니다. 구매하려는 상품의 ID를 받아서 구매하기 위해서 /purchase/: productId의 형식으로 주소를 지정했습니다. 저장 후 상품 페이지가 잘 넘어가는지 확인해보세요.

[그림 6-33] 구매하기 페이지 결과 화면

6.13 상품 구매 모달 구현하기

구매 페이지는 완성했는데 [총 ~ 구매] 버튼을 클릭할 때 모달Modal로 "정말 결제하시겠습니까?" 같은 알람을 띄워주는 것을 구현하려고 합니다. MUI를 통해서 모달을 구현할 예정인데, 그 전에 모달의 기본적인 구현 방식부터 알아보고 넘어가겠습니다. 공식 문서에서는 모달을 다음처럼 설명합니다.

> "모달은 사용자에게 정보를 표시하거나 추가 작업을 수행하기 위해
> 잠시 창을 표시하는 UI 패턴입니다."

MUI에서 Modal 컴포넌트를 가져옵니다.

```
import { Modal } from '@mui/material';
```

모달의 상태를 관리하기 위해 useState 훅을 사용하여 open 상태 변수를 생성합니다.

```
const [open, setOpen] = useState(false);
```

모달을 열기 위한 이벤트 핸들러를 생성합니다. 이 핸들러는 모달을 열 때 setOpen(true)를 호출합니다.

```
const handleOpenModal = () => {
  setOpen(true);
};
```

모달을 닫기 위한 이벤트 핸들러를 생성합니다. 이 핸들러는 모달을 닫을 때 setOpen(false)를 호출합니다.

```
const handleCloseModal = () => {
  setOpen(false);
};
```

JSX에서 Modal 컴포넌트를 사용하여 모달을 렌더링합니다. open 상태 변수를 사용하여 모달이 열리거나 닫히는지를 제어합니다.

```
<Modal open={open} onClose={handleCloseModal}>
  {/* 모달 내용 */}
</Modal>
```

모달 내용을 정의합니다. 모달 내용은 Modal 컴포넌트의 자식 요소로 포함됩니다. 모달 내용에는 모달에 표시할 내용이 포함됩니다.

```
<Modal open={open} onClose={handleCloseModal}>
    {/* 모달 내용 */}
</Modal>
```

Modal 컴포넌트의 children으로는 모달에 표시할 내용을 전달합니다. 예를 들어, "정말 결제하시겠습니까?"와 같은 알림 메시지를 포함할 수 있습니다.

```
<Modal open={open} onClose={handleCloseModal}>
  <>
    <Typography>정말 결제하시겠습니까?</Typography>
    <Button onClick={handleCloseModal}>취소</Button>
    <Button onClick={handlePayment}>결제</Button>
  </>
</Modal>
```

Modal 컴포넌트를 사용하여 모달을 구현하는 기본적인 방법을 설명했습니다. **open 상태 변수를 사용하여 모달의 열림과 닫힘을 제어하고, 모달 내용을 정의하여 표시할 내용을 구성합니다.** 이를 활용하여 [총 ~ 구매] 버튼을 클릭할 때 알림 모달을 구현할 수 있습니다.

이제 직접 구현하겠습니다. form의 코드가 너무 비대해지는 관계로 해당 부분을 컴포넌트로 분리하겠습니다. purchase라는 폴더를 만들고 PurchaseForm.tsx라는 컴포넌트를 만들어 주세요.

```
src/components/purchase/PurchaseForm.tsx
```

그리고 PurchasePage.tsx에서 작성했던 form 부분을 PurchaseForm.tsx에 옮겨주세요. PurchasePage.tsx는 모달 작업을 완료한 후에 작업하겠습니다.

```tsx
01  // PurchaseForm.tsx
02  import { Button, Dialog, DialogActions, DialogContent, DialogContentText,
    DialogTitle, FormControl, Grid, InputLabel, MenuItem, Select, TextField }
    from "@mui/material";
03  import { useState } from "react";
04  import { useNavigate } from "react-router-dom";
05
06  const PurchaseForm = () => {
07    const navigate = useNavigate();
08
09    const [isModalOpen, setIsModalOpen] = useState(false);
10
11      const handlePurchaseProduct = (event: React.FormEvent) => {
12        event.preventDefault();
13        setIsModalOpen(true);
14      }
15
16      const handlePushHomePage = () => {
17        setIsModalOpen(false);
18        navigate('/');
19      }
20
21      return (
22        <>
23          <form onSubmit={handlePurchaseProduct}>
24            <Grid container spacing={2}>
25              <Grid item xs={12}>
26                <TextField label="구매자 이름" fullWidth />
27              </Grid>
28              <Grid item xs={12}>
29                <TextField label="구매자 이메일" fullWidth />
30              </Grid>
31              <Grid item xs={12}>
32                <TextField label="배송 주소" fullWidth />
33              </Grid>
34              <Grid item xs={12}>
35                <FormControl fullWidth>
36                  <InputLabel>결제 정보</InputLabel>
37                  <Select label="결제 정보">
38                    <MenuItem value={10}>신용카드 / 체크카드</MenuItem>
39                    <MenuItem value={20}>무통장 입금</MenuItem>
```

```
40                    <MenuItem value={30}>휴대폰 결제</MenuItem>
41                 </Select>
42              </FormControl>
43            </Grid>
44            <Grid item xs={12}>
45              <Button type="submit" variant="contained" fullWidth>
46                구매 완료
47              </Button>
48            </Grid>
49          </Grid>
50        </form>
51
52        <Dialog
53          open={isModalOpen}
54          onClose={handlePushHomePage}
55          aria-labelledby="responsive-dialog-title"
56        >
57          <DialogTitle id="responsive-dialog-title">
58            성공적으로 구매했습니다.
59          </DialogTitle>
60          <DialogContent>
61            <DialogContentText>
62              메인 페이지로 이동합니다.
63            </DialogContentText>
64          </DialogContent>
65          <DialogActions>
66            <Button onClick={handlePushHomePage} autoFocus>
67              확인
68            </Button>
69          </DialogActions>
70        </Dialog>
71      </>
72    );
73  };
74
75  export default PurchaseForm;
```

이 컴포넌트는 사용자로부터 구매자 정보와 결제 정보를 입력받아 구매를 완료하고, 구매에 성공하면 모달을 표시하여 사용자에게 알림을 제공합니다. useState 훅을 사용하여 isModalOpen 상태 변수를 생성합니다. 이 변수는 모달의 열림과 닫힘을 제어합니다.

handlePurchaseProduct 함수는 [구매 완료] 버튼을 클릭할 때 호출되며, 폼 제출 이벤트의 기본 동작을 방지하고 isModalOpen 상태를 true로 설정하여 모달을 엽니다. 폼 제출의 기본 동작을 방지하는 이유는 일반적으로 폼 제출은 페이지를 새로고침하거나 다른 경로로 이동시키므로 event. preventDefault(); 코드를 사용하면 기본 동작을 방지하여 SPA의 특성을 유지할 수 있기 때문입니다.

Dialog 컴포넌트를 사용하여 모달을 구현합니다. open 속성을 사용하여 모달의 열림과 닫힘을 제어하고, onClose 이벤트를 사용하여 모달을 닫을 때 필요한 동작을 정의합니다. 모달 내부에서 DialogTitle, DialogContent, DialogContentText, DialogActions 등의 컴포넌트를 사용하여 모달의 제목, 내용 및 액션을 구성합니다.

정리하면 PurchaseForm 컴포넌트는 구매 폼을 렌더링하고, 구매 완료 시 모달을 표시하여 사용자에게 알림을 제공합니다. 알림 모달에서 [확인] 버튼을 클릭하면 메인 페이지로 이동합니다.

이제 PurchasePage에서 PurchaseForm 컴포넌트를 불러와 잘 동작하는지 확인하겠습니다. purchase 폴더 내에 index.tsx 파일을 만들고 index.tsx를 통해서 PurchaseForm 컴포넌트를 내보내 주세요.

[함께 해봐요 6-37] PurchaseForm 컴포넌트 내보내기

```
01  // index.tsx
02  export { default as PurchaseForm } from './PurchaseForm';
```

그 다음 PurchasePage에서 form 코드를 제거한 아래 코드의 형태로 수정해주세요.

[함께 해봐요 6-38] PurchasePage 수정하기

```
01  import { useEffect, useState } from "react";
02  import { useParams } from "react-router-dom";
03
04  import {
05    Card,
06    CardContent,
07    CardMedia,
08    Container,
09    Grid,
10    Typography,
11  } from "@mui/material";
12  import { PurchaseForm } from "../components/purchase";
```

```
13
14   import type { ProductType } from "../types";
15   import { API_SERVER_DOMAIN } from "../constants";
16
17   type ParamsType = {
18     productId: string;
19   };
20
21   const PurchasePage = () => {
22     const { productId } = useParams<ParamsType>();
23     const [product, setProduct] = useState<ProductType | null>(null);
24
25     useEffect(() => {
26       fetch(`/product/${productId}`)
27         .then((response) => response.json())
28         .then((data) => setProduct(data.product));
29     }, [productId]);
30
31     if (!product) {
32       return <h1>찾으시는 상품이 없습니다.</h1>;
33     }
34
35     return (
36       <Container maxWidth="sm">
37         <Typography variant="h4" sx={{ marginBottom: 4 }}>
38           구매하기
39         </Typography>
40         <Grid container spacing={2}>
41           <Grid item xs={12}>
42             <Card sx={{ display: "flex", marginBottom: 2 }}>
43               {product?.thumbnail && (
44                 <CardMedia
45                   sx={{ width: 100, height: 100, marginRight: 2 }}
46                   image={`${API_SERVER_DOMAIN}/${product?.thumbnail}`}
47                   title="Product"
48                 />
49               )}
50               <CardContent>
51                 <Typography variant="h6">{product?.name}</Typography>
52               </CardContent>
53             </Card>
54             <PurchaseForm />
```

```
55          </Grid>
56        </Grid>
57      </Container>
58    );
59  };
60
61  export default PurchasePage;
```

저장하고 구매하기 페이지에 접근합니다. 모달이 잘 동작하고 메인 페이지로 이동이 잘 되는지 확인
해주세요.

[그림 6-34] 모달 동작이 확인되는 구매하는 페이지

6.14 상품 생성 모달 구현하기

상품을 생성했을 때에도 생성이 완료되었다는 모달과 함께 생성한 상품의 상세 페이지로 이동할 수 있으면 좋을 것 같습니다. ProductCreateForm.tsx 컴포넌트에서 아래 두 상태를 추가해주세요.

```tsx
// ProductCreateForm.tsx
...
  const [name, setName] = useState("");
  const [price, setPrice] = useState(0);
  const [explanation, setExplanation] = useState("");
  const [thumbnail, setThumbnail] = useState<File | null>(null);
  const [createdProductId, setCreatedProductId] = useState("");
  const [isModalOpen, setIsModalOpen] = useState(false);
...
```

여기서 구현한 방법은 두 상태를 추가로 만들어주었습니다. 위 상태를 하나하나 풀이하자면, createProductId 상태는 상품을 만들었을 때 API에서 상품의 id를 보내주고 있는데 그 상품의 정보를 담는 상태입니다. 그리고 isModalOpen은 모달의 열림/닫힘의 상태를 표현한 것입니다.

이제 두 상태를 기반으로 코드를 함께 구현하겠습니다.

[함께 해봐요 6-39] createProductId와 isModalOpen 상태를 함께 구현한 코드

```tsx
01  // ProductCreateForm.tsx
02  import {
03    Button,
04    Container,
05    Dialog,
06    DialogActions,
07    DialogContent,
08    DialogContentText,
09    DialogTitle,
10    TextField,
11    Typography,
12  } from "@mui/material";
```

```
13  import { useState } from "react";
14  import { useNavigate } from "react-router-dom";
15  import { ThumbnailUploader } from ".";
16  import { ProductType } from "../../types";
17
18  const ProductCreateForm = () => {
19    const [name, setName] = useState("");
20    const [price, setPrice] = useState(0);
21    const [explanation, setExplanation] = useState("");
22    const [thumbnail, setThumbnail] = useState<File | null>(null);
23    const [createdProductId, setCreatedProductId] = useState("");
24    const [isModalOpen, setIsModalOpen] = useState(false);
25
26    const navigate = useNavigate();
27
28  ...
29
30    const handleCreateProduct = async (event: React.FormEvent) => {
31      event.preventDefault();
32
33      const response = await createProductRequest({
34        name,
35        explanation,
36        price,
37      });
38      const data = await response.json();
39
40      if (thumbnail) {
41        await uploadThumbnailRequest(data.product.id, thumbnail);
42      }
43
44      setCreatedProductId(data.product.id);
45      setIsModalOpen(true);
46    };
47
48    const handlePushProductPage = () => {
```

```
49      setIsModalOpen(false);
50      navigate('/product/${createdProductId}');
51    };
52
53    return (
54      <>
55        ...
56
57        <Dialog
58          open={isModalOpen}
59          onClose={() => setIsModalOpen(false)}
60          aria-labelledby="responsive-dialog-title"
61        >
62          <DialogTitle id="responsive-dialog-title">
63            상품을 성공적으로 추가했습니다.
64          </DialogTitle>
65          <DialogContent>
66            <DialogContentText>확인을 누르면 상품상세 페이지로 이동합니다.
                </DialogContentText>
67          </DialogContent>
68          <DialogActions>
69            <Button onClick={handlePushProductPage} autoFocus>
70              확인
71            </Button>
72          </DialogActions>
73        </Dialog>
74      </>
75    );
76  };
77
78  export default ProductCreateForm;
```

상품 생성 및 섬네일 업로드가 완료되면, 성공적으로 생성된 상품의 ID를 data.product.id에서 가져와 setCreatedProductId 함수를 사용하여 상태를 업데이트합니다. 그리고 setIsModalOpen(true)를 호출하여 모달 창을 열게 됩니다.

그러면 우리는 이제 생성한 상품의 ID를 알고 있습니다. 그렇게 된다면 상품 상세주소 또한 알고 있는 것이므로 그에 따라서 handlePushProductPage는 아래와 같이 구현하면 됩니다.

```
01  const handlePushProductPage = () => {
02    setIsModalOpen(false);
03    navigate('/product/${createdProductId}');
04  };
```

[그림 6-35] 상품 생성 모달 화면

6.15 장바구니 페이지 구현하기

상품을 구매하는 것까지 만들었는데, 생각해보니 여러 상품을 담아두고 한꺼번에 구매하는 기능이 없어서 사용성이 많이 떨어집니다. 그래서 이번에는 장바구니 페이지를 만들어서 우리 쇼핑몰 앱을 개선하겠습니다.

그 전에 생각해봐야 할 몇 가지 사항이 있습니다. 우리가 구매할 때 그 상품의 id, 즉 productId를 받아서 구매를 하는 방식이 있는데, 이 방식의 문제점은 한 개의 상품 id를 받아 구매하는 방식으로 구현되어 있다는 것입니다. 그래서 단순히 장바구니 페이지를 만들어서 구현할 것이 아니라 구매하기 로직 자체를 개선해야 필요가 있습니다.

그럼 어떤 방식으로 구현하면 좋을까요? 방법이 많겠지만 쿠키 스토리지Cookie Storage를 이용하여 사용자가 담은 상품의 정보를 저장하고 불러오는 방식이 보편적으로 많이 사용되는 방식입니다. 구현하기에 앞서 쿠키 스토리지에 대한 간단한 이해를 바탕으로 진행하면 좀 더 쉽게 개선할 수 있습니다.

쿠키Cookie는 웹 서비스를 이용하는 사용자의 정보를 담아두기 위한 수단으로 사용됩니다. 키와 값의 형태로 저장되고 저장 기간을 설정하여 그 기간에는 쿠키가 지속적으로 유지된다는 특징이 있습니다.

이런 쿠키를 이용한 흐름을 살펴보면 다음과 같은 방식으로 구현할 수 있습니다.

1. 사용자가 상품 상세보기 페이지에서 [장바구니에 담기] 버튼을 클릭합니다.
2. 해당 상품의 ID를 쿠키에 저장합니다.
3. 1번과 2번을 사용자가 반복합니다.
4. 장바구니 페이지에 가면 저장한 상품의 정보들을 쿠키로부터 가져와서 렌더링합니다.
5. 장바구니 페이지에서 [구매하기] 버튼을 클릭합니다.
6. 구매하기 페이지에 가면 쿠키로부터 장바구니 정보를 가져와서 렌더링합니다.
7. 구매를 완료합니다.

리액트 라이브러리 중에서 쿠키를 좀 더 쉽고 간편하게 다룰 수 있게 해주는 react-cookie라는 라이브러리가 있습니다. 해당 라이브러리를 다운로드해서 진행하겠습니다. 터미널에 접속해서 client 디렉토리에서 아래 명령어를 입력해주세요.

```
yarn add react-cookie
```

이제 CartPage라는 이름으로 장바구니 페이지를 하나 만듭니다.

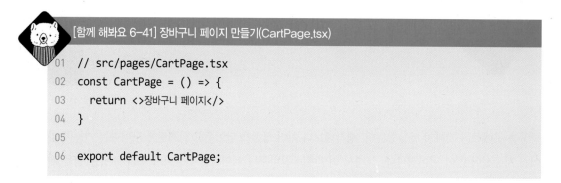

[함께 해봐요 6-41] 장바구니 페이지 만들기(CartPage.tsx)

```
01  // src/pages/CartPage.tsx
02  const CartPage = () => {
03    return <>장바구니 페이지</>
04  }
05
06  export default CartPage;
```

그리고 이 CartPage 컴포넌트를 장바구니 페이지에 index.tsx를 통해서 내보내세요.

[함께 해봐요 6-42] 장바구니 페이지 내보내기

```
01  // index.tsx
02  export { default as HomePage } from './HomePage';
03  export { default as ProductPage } from './ProductPage';
04  export { default as ProductCreatePage } from './ProductCreatePage';
05  export { default as PurchasePage } from './PurchasePage';
06  export { default as CartPage } from './CartPage';
```

그런 후 CartPage의 코드를 간단하게 아래와 같이 작성합니다.

[함께 해봐요 6-43] 장바구니 페이지 꾸미기

```
01  // CartPage.tsx
02  import { useCookies } from 'react-cookie';
03  import { ProductType } from '../types';
04
05  const CartPage = () => {
06    const [cookies] = useCookies(['cart']);
07
08    const cartItems = cookies.cart as ProductType[];
09
10    if (!cartItems) {
11      return <h3>장바구니에 담은 아이템이 없습니다.</h3>
12    }
13
14    return (
```

```
15          <ul>
16              {cartItems.map((item) =>
17                  <li key={item.id}>
18                      <h3>{item.name}</h3>
19                      <span>{item.price}</span>
20
21                      {item?.thumbnail &&
22                        <img
23                          src={item.thumbnail}
24                          alt={item.explanation}
25                        />
26                      }
27
28                      <p>{item.explanation}</p>
29                  </li>
30              )}
31          </ul>
32      )
33 }
34
35 export default CartPage
```

useCookies라는 함수를 react-cookie에서 가져옵니다. 마치 useState를 사용하는 것처럼 사용합니다. 앞서 쿠키는 기본적으로 키와 값의 형태로 저장이 된다고 했습니다.

따라서 우리가 사용할 장바구니 쿠키의 키값은 cart라는 이름으로 지정하고, 값에는 ProductType의 배열 형태로 저장할 겁니다. 처음에는 당연히 CartItems라는 변수에는 undefined가 할당됩니다. 아무런 값을 저장하지 않았기 때문입니다. 그래서 CartItems가 없다면 "장바구니에 담은 아이템이 없습니다." 같은 문구를 나타내면 됩니다.

이제 이 페이지가 잘 동작하는지 확인하겠습니다. 페이지를 만들었으니 Router를 연결해줘야 합니다. 이제 이 작업에는 익숙해져야 합니다.

[함께 해봐요 6-44] 장바구니 페이지를 Router에 연결하기

```
01 // App.tsx
02 import { Route, Routes } from "react-router-dom";
03 import { Layout } from "./components/shared";
04 import { CartPage, HomePage, ProductCreatePage, ProductPage, PurchasePage }
   from "./pages";
```

```
05
06   function App() {
07     return (
08       <Layout>
09         <Routes>
10           <Route index element={<HomePage />} />
11           <Route path="create" element={<ProductCreatePage />} />
12           <Route path="cart" element={<CartPage />} />
13           <Route path="product/:productId" element={<ProductPage />} />
14           <Route path="purchase/:productId" element={<PurchasePage />} />
15         </Routes>
16       </Layout>
17     );
18   }
19
20   export default App;
```

이렇게 작성한 후 저장하고 /cart URL에 접속해봅니다.

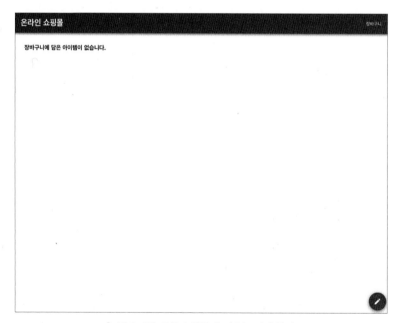

[그림 6-36] 라우터 연결 후 나오는 결과 화면

위와 같은 화면이 나타난다면 성공적으로 페이지를 만든 겁니다. 그러면 쿠키값을 추가해서 잘 나타나는지 확인해봐야 합니다. 상품 상세보기 페이지에서 [장바구니 담기] 버튼을 클릭하면 쿠키에 상품값을 추가하는 로직을 작성하겠습니다.

Iphone 13 Max

1,230,000원

디스플레이는 6.1인치 19.5:9 비율의 2532×1170 해상도를 지원하며 패널 형식은 AMOLED 방식의 Super Retina XDR 디스플레이이다. 인치당 픽셀 수는 460 ppi이다. 120Hz 의 터치 샘플링 레이트를 제공하고 명암비는 2,000,000:1이다

장바구니 담기

구매하기

[그림 6-37] [장바구니 담기] 버튼을 클릭하면 쿠키에 상품값을 추가하는 로직을 작성한 결과 미리보기

[함께 해봐요 6-45] [장바구니 담기] 버튼을 클릭하면 쿠키에 상품값을 추가하는 로직 작성하기

```tsx
// ProductPage.tsx
import { Box, Button, ButtonGroup, Container, Dialog, DialogActions,
DialogContent, DialogContentText, DialogTitle, Typography }
from "@mui/material";
import { useEffect, useState } from "react";
import { useNavigate, useParams } from "react-router-dom";
import { ProductType } from "../types";

import Edit from '@mui/icons-material/Edit';
import Delete from '@mui/icons-material/Delete';
import { useCookies } from "react-cookie";
import { API_SERVER_DOMAIN } from "../constants";


const ProductPage = () => {
  const navigate = useNavigate();
  const { productId } = useParams<{ productId: string }>();
  const [cookies, setCookies] = useCookies(['cart']);

  const [product, setProduct] = useState<ProductType | null>(null);
  const [isModalOpen, setIsModalOpen] = useState(false);
  const [isDeleteModal, setIsDeleteModal] = useState(false);

  const cartItems = cookies.cart as ProductType[];

  const handleAddCard = () => {
    const nextValue = cartItems ? [...cartItems, product] : [product];

    setCookies('cart', nextValue, { path: '/' });
    setIsModalOpen(true);
  }

```

```
31    const handlePushPurchasePage = () => {
32        if (productId) {
33            navigate('/purchase/${productId}')
34        }
35    }
36
37    const handlePushCartPage = () => {
38        navigate('/cart')
39    }
40
41    useEffect(() => {
42      fetch('/product/${productId}')
43        .then((response) => response.json())
44        .then((data) => setProduct(data.product));
45    }, [productId]);
46
47    if (!productId) {
48        return <>잘못된 페이지입니다.</>
49    }
50
51    return (
52      <>
53        <Container maxWidth="sm">
54            <Box sx={{ display: 'flex', justifyContent: 'center', mb: 4 }}>
55            {product?.thumbnail && (
56              <img
57                src={'${API_SERVER_DOMAIN}/${product.thumbnail}'}
58                alt={product?.name}
59                style={{ width: "100%", maxWidth: 400 }}
60              />
61            )}
62
63            </Box>
64            <Box sx={{{
65                display: 'flex',
66                alignItems: 'center',
67                justifyContent: 'space-between',
68                marginBottom: 2
69            }}>
70                <Typography variant="h4" sx={{ fontWeight: 'bold' }}>
71                    {product?.name}
72                </Typography>
```

```
73          <ButtonGroup orientation="horizontal">
74              <Button
75                  variant="text"
76                  onClick={() => setIsDeleteModal(true)}
77                  color="error"
78              >
79                  <Delete />
80              </Button>
81              <Button
82                  variant="text"
83                  // onClick={handlePushPurchasePage}
84                  color="info"
85              >
86                  <Edit />
87              </Button>
88          </ButtonGroup>
89      </Box>
90      <Typography variant="h6" sx={{ marginBottom: 4 }}>
91          {product?.price.toLocaleString('KO-kr')}원
92      </Typography>
93      <Typography variant="body1" sx={{ marginBottom: 4 }}>
94          {product?.explanation}
95      </Typography>
96
97      <ButtonGroup orientation="vertical" fullWidth>
98          <Button variant="outlined" onClick={handleAddCard}>
99              장바구니 담기
100         </Button>
101         <Button variant="contained" onClick={handlePushPurchasePage}>
102             구매하기
103         </Button>
104     </ButtonGroup>
105 </Container>
106
107 <Dialog
108     open={isDeleteModal}
109     onClose={() => setIsDeleteModal(false)}
110     aria-labelledby="responsive-dialog-title"
111 >
112     <DialogTitle id="responsive-dialog-title">
113         상품을 정말로 삭제하시겠습니까?
114     </DialogTitle>
```

```
115          <DialogContent>
116              <DialogContentText>
117                  이 작업은 되돌릴 수 없습니다.
118              </DialogContentText>
119          </DialogContent>
120          <DialogActions>
121              <Button onClick={() => setIsDeleteModal(false)}>
122                  아니요
123              </Button>
124              <Button autoFocus>
125                  네
126              </Button>
127          </DialogActions>
128      </Dialog>
129
130      <Dialog
131          open={isModalOpen}
132          onClose={() => setIsModalOpen(false)}
133          aria-labelledby="responsive-dialog-title"
134      >
135          <DialogTitle id="responsive-dialog-title">
136              장바구니에 성공적으로 추가했습니다.
137          </DialogTitle>
138          <DialogContent>
139              <DialogContentText>
140                  장바구니 페이지로 이동하시겠습니까?
141              </DialogContentText>
142          </DialogContent>
143          <DialogActions>
144              <Button onClick={() => setIsModalOpen(false)}>
145                  아니요
146              </Button>
147              <Button onClick={handlePushCartPage} autoFocus>
148                  네
149              </Button>
150          </DialogActions>
151      </Dialog>
152      </>
153    )
154 };
155
156 export default ProductPage;
```

변경된 코드 내용을 하나하나 알아보겠습니다.

먼저 handleCartAdd라는 함수는 CartItems가 없는 경우 [CartItems]의 형식으로 첫 번째 Index에 할당해주었고, CartItems가 있는 경우에는 기존 장바구니 정보에 붙여넣어 주었습니다.

작성을 완료했으면 아무 상품이나 들어간 후 [장바구니 담기] 버튼을 클릭하고 /car에 접속해서 장바구니에 정보가 성공적으로 담겼는지 확인해보세요. 스타일이 꾸며져 있지 않아서 보기는 조금 힘들지만 그래도 화면에 잘 나타나는 모습을 확인할 수 있습니다.

```
27    setCookies('cart', nextValue, { path: '/' });
```

해당 코드는 setCookies 함수를 사용하여 쿠키를 설정하는 부분입니다. react-cookie의 setCookies 함수로 쿠키를 설정하기 위해서는 쿠키의 이름, 값, 옵션을 지정해야 합니다.

이 쿠키는 'cart'이라는 이름을 가집니다. 이름은 쿠키를 식별하기 위해 사용되는 고유한 값입니다. nextValue 부분은 쿠키에 설정될 값입니다. 이 값은 'cart' 쿠키에 저장될 값입니다. { path: '/' }는 쿠키의 경로 옵션입니다. 이 옵션을 통해 **쿠키의 적용 범위를 지정할 수 있습니다.**

'/'는 쿠키를 전체 사이트에서 사용 가능하게 만듭니다. 경로 옵션은 선택적이라서 생략할 수도 있습니다. **경로를 명시적으로 지정하지 않으면 쿠키는 기본적으로 현재 페이지의 경로에만 적용됩니다.** 예를 들어, 경로가 /products로 지정된 경우에는 /products 경로와 하위 경로에서만 해당 쿠키에 접근할 수 있습니다.

경로 옵션을 사용하여 쿠키의 적용 범위를 제한함으로써 쿠키를 보다 구체적으로 사용할 수 있습니다. 이를 통해 필요한 경로에서만 쿠키를 사용하고 다른 경로에서는 쿠키에 접근하지 못하도록 제한할 수 있습니다.

이제 장바구니 페이지의 스타일도 MUI를 이용하여 꾸미겠습니다.

[함께 해봐요 6-46] MUI를 이용하여 장바구니 페이지 스타일 꾸미기(CartPage.tsx)

```
01  import {
02    Box,
03    Button,
04    Card,
05    Container,
06    Dialog,
07    DialogActions,
08    DialogContent,
09    DialogContentText,
```

```
10    DialogTitle,
11    Grid,
12    Typography,
13  } from "@mui/material";
14  import { useState } from "react";
15  import { useCookies } from "react-cookie";
16  import { useNavigate } from "react-router-dom";
17  import { ProductType } from "../types";
18
19  const CartPage = () => {
20    const navigate = useNavigate();
21    const [cookies] = useCookies(["cart"]);
22
23    const cartItems = (cookies.cart as ProductType[]) || null;
24
25    const [isModalOpen, setIsModalOpen] = useState(false);
26
27    const handlePurchaseProduct = (event: React.FormEvent) => {
28      event.preventDefault();
29      setIsModalOpen(true);
30    };
31
32    const handlePushHomePage = () => {
33      setIsModalOpen(false);
34      navigate("/");
35    };
36
37    return (
38      <>
39        <Container fixed>
40          <Grid container spacing={3}>
41            <Grid item xs={12} sm={8}>
42              <Typography variant="h4" sx={{ marginBottom: 2 }}>
43                장바구니
44              </Typography>
45              {!cartItems || cartItems.length === 0 ? (
46                <Typography variant="body1">
47                  장바구니에 담긴 상품이 없습니다.
48                </Typography>
49              ) : (
50                <>CartItem 컴포넌트를 구현해봅시다.</>
51              )}
```

```
52            </Grid>
53
54          <Grid item xs={12} sm={4}>
55            <Typography variant="h4" sx={{ marginBottom: 2 }}>
56              결제 정보
57            </Typography>
58            <Box sx={{ position: "sticky", top: 20 }}>
59              <Card sx={{ padding: 2 }}>
60                <Typography variant="subtitle1" sx={{ marginBottom: 1 }}>
61                  총 상품 가격: 0원
62                </Typography>
63                <Typography variant="subtitle1" sx={{ marginBottom: 1 }}>
64                  배송비: 평생 무료
65                </Typography>
66                <Typography variant="h6" sx={{ marginBottom: 2 }}>
67                  총 결제 금액: 0원
68                </Typography>
69                <Button
70                  variant="contained"
71                  fullWidth
72                  onClick={handlePurchaseProduct}
73                >
74                  결제하기
75                </Button>
76              </Card>
77            </Box>
78          </Grid>
79        </Grid>
80      </Container>
81
82      <Dialog
83        open={isModalOpen}
84        onClose={handlePushHomePage}
85        aria-labelledby="responsive-dialog-title"
86      >
87        <DialogTitle id="responsive-dialog-title">
88          성공적으로 구매했습니다.
89        </DialogTitle>
90        <DialogContent>
91          <DialogContentText>메인 페이지로 이동합니다.</DialogContentText>
92        </DialogContent>
93        <DialogActions>
```

```
94            <Button onClick={handlePushHomePage} autoFocus>
95              확인
96            </Button>
97          </DialogActions>
98        </Dialog>
99      </>
100    );
101  };
102
103 export default CartPage;
```

위 코드를 작성하면 아래와 같은 페이지가 구현됩니다.

[그림 6-38] UI가 변경된 장바구니 페이지

작성한 코드를 하나하나 살펴보겠습니다.

useCookies 훅을 사용하여 cart 쿠키를 읽기 위한 cookies 변수를 가져옵니다. 앞서 설명했듯 Dialog의 제어를 위해서 useState 훅을 사용하여 isModalOpen 상태 변수를 생성합니다.

구현된 handlePurchaseProduct 함수는 [결제하기] 버튼을 클릭할 때 호출되며, 폼 제출 이벤트의 기본 동작을 방지하고 isModalOpen 상태를 true로 설정하여 모달을 엽니다.

handlePushHomePage 함수는 Dialog의 [확인] 버튼을 클릭하여 Dialog를 닫고 메인 페이지로 이동합니다. 이 함수는 Dialog의 onClose 이벤트와 [확인] 버튼의 클릭 이벤트로 사용됩니다.

결제 정보 섹션은 아래와 같이 설정하여 스크롤 시 항상 상단에 고정되도록 합니다.

```
position: 'sticky'
```

여기에 사용된 상품 가격, 총 결제 금액은 아직 0으로 고정된 값이고 7장에서 구현할 예정입니다.

위 코드에서 아직 CartItem 컴포넌트 코드를 작성하지 않았는데 이 부분도 구현해서 장바구니 페이지를 완성하겠습니다. components 폴더에 cart라는 폴더를 만들고 그 내부에 CartItem.tsx와 index.ts 파일을 만들어주세요.

[함께 해봐요 6-47] 장바구니 아이템 컴포넌트 코드를 작성하고 장바구니 페이지 완성하기

```tsx
01  // src/components/cart/CartItem.tsx
02  import { Card, CardContent, CardMedia, Grid, IconButton, Typography }
    from "@mui/material";
03  import { Add, Delete, Remove } from "@mui/icons-material";
04  import { grey } from '@mui/material/colors';
05
06  import type { ProductType } from "../../types";
07  import { API_SERVER_DOMAIN } from "../../constants";
08
09
10  type Props = {
11    cart: ProductType;
12  }
13
14  const CartItem = ({ cart }: Props) => {
15    return (
16      <Card sx={{ display: 'flex', marginBottom: 2 }}>
17        {cart.thumbnail && (
18          <CardMedia
19            sx={{ width: 100 }}
20            image={`${API_SERVER_DOMAIN}/${cart.thumbnail}`}
21            title={cart.name}
22          />
23        )}
24        <CardContent sx={{ width: '100%' }}>
25          <Typography variant="h6">
26            {cart.name}
27          </Typography>
28
```

```
29          <Typography
30            variant="h6"
31            fontSize={14}
32            color={grey[600]}
33          >
34            {cart.price.toLocaleString('KR-ko')}원
35          </Typography>
36
37          <Grid
38            container
39            justifyContent='space-between'
40          >
41            <Grid item>
42              <IconButton>
43                <Remove/>
44              </IconButton>
45              {0}
46              <IconButton>
47                <Add />
48              </IconButton>
49            </Grid>
50
51            <Grid item>
52              <IconButton>
53                <Delete />
54              </IconButton>
55            </Grid>
56          </Grid>
57        </CardContent>
58      </Card>
59    );
60  };
61  export default CartItem;
```

CartItem 컴포넌트는 cart prop을 받아서 해당 상품의 정보를 표시합니다. JSX에서 Card 컴포넌트를 사용하여 상품 카드를 생성합니다. CardMedia 컴포넌트를 사용하여 상품의 섬네일 이미지를 표시합니다.

CardContent 컴포넌트를 사용하여 상품의 이름, 가격 및 수량 조절 버튼을 포함하는 콘텐츠를 생성합니다. 위 코드에서 CartItem 컴포넌트는 장바구니 페이지에서 개별 상품을 표시하는 역할을 합니다. 상품의 섬네일, 이름, 가격, 수량 조절 버튼, 삭제 버튼 등을 포함한 상품 카드를 렌더링합니다.

가격, 수량 조절 기능, 삭제 기능은 7장에서 구현하겠습니다. 작성된 CartItem 컴포넌트를 index.ts 로 내보내주세요.

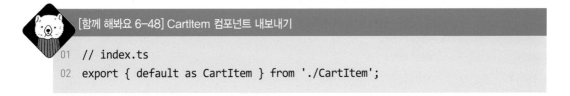

[함께 해봐요 6-48] CartItem 컴포넌트 내보내기

```
01  // index.ts
02  export { default as CartItem } from './CartItem';
```

그리고 CartPage를 렌더링하는 부분을 CartItem으로 추가해주세요. 아래는 CartPage의 최종 코드 입니다.

[함께 해봐요 6-49] 장바구니 페이지(CartPage)의 최종 코드

```
01  import { Box, Button, Card, Container, Dialog, DialogActions, DialogContent,
    DialogContentText, DialogTitle, Grid, Typography } from "@mui/material";
02  import { useState } from "react";
03  import { useCookies } from "react-cookie";
04  import { useNavigate } from "react-router-dom";
05  import { CartItem } from "../components/cart";
06  import { ProductType } from "../types";
07
08
09  const CartPage = () => {
10    const navigate = useNavigate();
11    const [cookies] = useCookies(['cart']);
12
13    const cartItems = cookies.cart as ProductType[] || null;
14
15    const [isModalOpen, setIsModalOpen] = useState(false);
16
17    const handlePurchaseProduct = (event: React.FormEvent) => {
18      event.preventDefault();
19      setIsModalOpen(true);
20    }
21
22    const handlePushHomePage = () => {
23      setIsModalOpen(false);
24      navigate('/');
25    }
26
```

```
27    return (
28      <>
29        <Container fixed>
30          <Grid container spacing={3}>
31            <Grid item xs={12} sm={8}>
32              <Typography
33                variant="h4"
34                sx={{ marginBottom: 2 }}
35              >
36                장바구니
37              </Typography>
38              {!cartItems || cartItems.length === 0  ? (
39                <Typography variant="body1">
40                  장바구니에 담긴 상품이 없습니다.
41                </Typography>
42              ) : (
43                cartItems?.map((cart) => (
44                  <CartItem key={cart.id} cart={cart}/>
45                ))
46              )}
47            </Grid>
48
49            <Grid item xs={12} sm={4}>
50              <Typography variant="h4" sx={{ marginBottom: 2 }}>
51                결제 정보
52              </Typography>
53              <Box sx={{ position: 'sticky', top: 20 }}>
54                <Card sx={{ padding: 2 }}>
55                  <Typography variant="subtitle1" sx={{ marginBottom: 1 }}>
56                    총 상품 가격: 0원
57                  </Typography>
58                  <Typography variant="subtitle1" sx={{ marginBottom: 1 }}>
59                    배송비: 평생 무료
60                  </Typography>
61                  <Typography variant="h6" sx={{ marginBottom: 2 }}>
62                    총 결제 금액: 0원
63                  </Typography>
64                  <Button
65                    variant="contained"
66                    fullWidth
67                    onClick={handlePurchaseProduct}
68                  >
```

```
69                     결제하기
70                 </Button>
71             </Card>
72           </Box>
73         </Grid>
74       </Grid>
75     </Container>
76
77     <Dialog
78       open={isModalOpen}
79       onClose={handlePushHomePage}
80       aria-labelledby="responsive-dialog-title"
81     >
82       <DialogTitle id="responsive-dialog-title">
83             성공적으로 구매했습니다.
84       </DialogTitle>
85       <DialogContent>
86           <DialogContentText>
87               메인 페이지로 이동합니다.
88           </DialogContentText>
89       </DialogContent>
90       <DialogActions>
91           <Button onClick={handlePushHomePage} autoFocus>
92               확인
93           </Button>
94       </DialogActions>
95     </Dialog>
96   </>
97   )
98 }
99
100 export default CartPage;
```

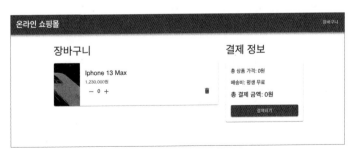

[그림 6-39] 장바구니 페이지 최종 결과 화면

6.16 404 페이지 구현하기

만약, 사용자가 잘못된 페이지에 들어가게 되는 경우에는 어떤 화면이 나타날까요? 지금 우리가 만든 서비스에서 임시로 아래의 URL로 접속해봅시다.

- /hello-world

[그림 6-40] 사용자가 잘못된 페이지로 접근하는 경우

그러면 아무런 콘텐츠가 화면에 나타나지 않습니다. 그 이유는 hello-world 라우팅이 정의되지 않았기 때문입니다. /hello-world와 같은 URL은 react-router-dom 라우터에 의해 처리되지 않는 경로입니다. 즉, 해당 경로에 대한 라우팅이 정의되어 있지 않아 컴포넌트가 렌더링되지 않습니다.

그런데 우리가 하고 싶은 동작은 사용자가 잘못된 페이지에 접근했을 때 "이 페이지는 잘못되었다"고 알려주는 기능을 구현하고 싶습니다. 그러한 경우에는 어떻게 대처하면 좋을까요?

리액트 라우터 v6 버전에서는 라우팅 및 404 페이지 처리 방식이 기존의 버전과 비교해서 변경되었습니다. 기본적으로 〈Routes〉 컴포넌트를 사용하여 라우팅을 정의합니다. 각 경로에 대한 〈Route〉

컴포넌트를 설정하고, 모든 경로를 매치하지 못한 경우 〈Route〉 컴포넌트에 path="*"를 지정하여 잘못된 페이지를 처리합니다. 아래와 같이 동작하게 됩니다.

[함께 살펴봐요 6-2] 〈Route〉 컴포넌트 동작 예시

```
01  import { BrowserRouter as Router, Routes, Route } from 'react-router-dom';
02
03  const App = () => {
04    return (
05      <Router>
06        <Routes>
07        // ... Routes들 정보
08          <Route path="*" element={<NotFoundPage />} />
09        </Routes>
10      </Router>
11    );
12  };
```

위 예시에서 NotFoundPage 컴포넌트는 어떤 경로에도 매치되지 않는 경우에 렌더링됩니다. 항상 404 페이지의 Route는 가장 하단부에 위치해야 합니다. 그 이유가 무엇일까요? 바로 라우팅 매칭의 작동 방식 때문입니다.

React Router는 위에서부터 아래로 〈Route〉 컴포넌트를 평가합니다. 첫 번째로 매칭되는 경로에 해당하는 〈Route〉가 렌더링되고, 더 이상 평가하지 않습니다. 따라서 404 페이지의 〈Route〉를 가장 하단에 위치시키면 애플리케이션에서 정의된 모든 경로에 대한 매칭을 시도한 후에도 매칭되는 경로가 없을 때 404 페이지가 렌더링됩니다.

만약, 404 페이지의 〈Route〉를 가장 상단에 위치시키면, 이 경로는 항상 매칭되기 때문에 다른 경로들은 더 이상 평가되지 않고 404 페이지가 항상 렌더링됩니다. 따라서 **404 페이지의 〈Route〉는 더 이상 매칭되는 경로가 없을 때만 렌더링되어야 하므로, 가장 하단에 위치시켜야 합니다.**

 path="*"

참고로 path 값을 *로 지정한 해당 코드는 리액트 라우터에서 사용되는 와일드카드 경로입니다. 이는 어떤 경로든지 매칭되도록 설정하는 역할을 합니다.

정리하면 위에서 정의된 Routes들을 평가한 후 더 이상 매칭되는 URL이 없는 경우 마지막으로 path='*'을 평가하게 됩니다. 이 경우 모든 URL에 매칭되는 와일드카드이므로 무조건 렌더링됩니다.

이제 404 페이지를 만들고 와일드카드에 페이지를 연결하겠습니다.

src/pages/NotFoundPage.tsx를 만들어주세요. 그리고 아래와 같이 간단하게 잘못된 페이지라는 인식을 줄 수 있도록 코드를 작성해주세요.

[함께 해봐요 6-50] 404 페이지 만들기(NotFoundPage.tsx)

```tsx
// src/pages/NotFoundPage.tsx
import { Box, Typography } from "@mui/material";
io
const NotFoundPage = () => {
  return (
    <Box
      display="flex"
      justifyContent="center"
      alignItems="center"
      height="100vh"
      flexDirection="column"
    >
      <Typography variant="h4" marginBottom={2}>
        페이지를 찾을 수 없습니다.
      </Typography>
    </Box>
  );
};

export default NotFoundPage;
```

페이지를 만들었다면 index.ts 파일에 내보내기를 해주세요.

[함께 해봐요 6-51] 404 페이지 만들기 컴포넌트 내보내기

```ts
export { default as HomePage } from './HomePage';
export { default as ProductPage } from './ProductPage';
export { default as ProductCreatePage } from './ProductCreatePage';
export { default as PurchasePage } from './PurchasePage';
export { default as CartPage } from './CartPage';
export { default as NotFoundPage } from './NotFoundPage';
```

그리고 App.tsx에 가서 해당 페이지를 와일드카드에 연결시킵니다.

```tsx
01  // App.tsx
02  import { Route, Routes } from "react-router-dom";
03  import { Layout } from "./components/shared";
04  import { CartPage, HomePage, NotFoundPage, ProductCreatePage, ProductPage,
    PurchasePage } from "./pages";
05
06  function App() {
07    return (
08      <Layout>
09        <Routes>
10          <Route index element={<HomePage />} />
11          <Route path="create" element={<ProductCreatePage />} />
12          <Route path="cart" element={<CartPage />} />
13          <Route path="product/:productId" element={<ProductPage />} />
14          <Route path="purchase/:productId" element={<PurchasePage />} />
15          <Route path="*" element={<NotFoundPage />} />
16        </Routes>
17      </Layout>
18    );
19  }
20
21  export default App;
```

이제 변경된 모든 파일을 저장하고 사전에 정의되지 않은 /hello-world URL로 접근하면 무슨 일이 벌어지는지 확인해보세요.

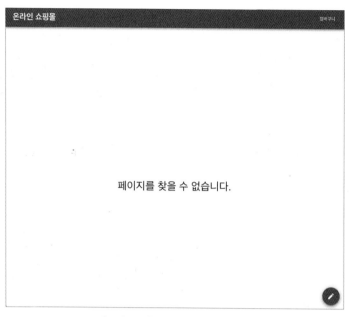

[그림 6-41] 404 페이지 결과 화면

지금까지 작성한 모든 코드는 아래 URL에서 확인할 수 있습니다.

- https://github.com/Hong-JunHyeok/shopping_app_example/tree/chap06/

정리하며

6장에서 핵심이 되는 부분은 MUI로 디자인하는 것과 쿠키를 이용한 장바구니 로직 구현입니다. MUI 도입하기를 통해 미리 완성된 컴포넌트를 사용했고 일관된 스타일을 구현할 수 있게 되었습니다. 또한 브라우저마다 CSS 스타일이 다르게 나타나는 것을 해결하기 위해 CSS 정규화를 적용했습니다.

그리드 시스템을 이해하여 웹 사이트의 전반적인 틀, 레이아웃을 구현하는 방법을 배웠고 기존에 적용된 코드들을 MUI로 업데이트하는 과정을 함께 했습니다. 그리고 장바구니 기능을 구현하면서 쿠키의 개념과 용도도 알아봤습니다. 쿠키를 리액트에서 잘 사용하기 위해서 react-cookie라는 모듈을 사용했습니다.

마지막으로 유효한 페이지가 아닐 경우에 404 Not Found 페이지를 렌더링하는 기법도 알아보았습니다.

7장

코드 리뷰: 개선점 찾기와 더 나은 서비스 만들기

 이 장에서 다루는 내용

6장까지 정말 잘 따라왔습니다. 무작정 코드를 타이핑하기만 한 독자들은 가능하면 한 번 더 제로 베이스에서 따라해보고 다양하게 코드를 고쳐보면서 한 번 더 학습해볼 것을 권합니다. 이후에 여러분이 만들어 보고 싶은 서비스를 작은 규모부터 만들어가면서 리액트에 완전히 익숙해지길 바라기 때문입니다.

마지막 7장에서는 6장까지 여러분이 완성한 쇼핑몰 코드를 리뷰하는 장입니다. 좀 더 개선할 부분을 찾아보고, 어떻게 개선할지 알아보고, 실제로 서비스에 반영까지 하겠습니다. 여러분도 백견불여일타 카페를 통해 쇼핑몰 서비스의 개선 방향을 함께 의논하고 더 나은 서비스를 만들어가기를 희망합니다.

7.1 장바구니 관련 쿠키 정보를 쉽게 관리하기 위한 훅 만들기

이제부터 지금까지 짠 코드를 한번 쭉 훑어보면서 코드를 리뷰하고 개선점을 찾아보겠습니다. 필자는 가장 먼저 쿠키를 다루는 부분에서 재활용할 수 있겠다는 생각이 들었습니다.

쿠키가 사용되는 로직은 ProductDetail, ProductPurchase, ShoppingBasket 부분인데, 이 세 가지 컴포넌트에서 사용되는 공통 쿼리 관련 로직을 분리하여 재사용할 수 있다면 코드가 좀 더 깔끔해질 것 같습니다.

이 작업을 위해서 useCart라는 훅Hook을 만들어주세요. 그리고 src 폴더 내에 hooks라는 새로운 폴더를 만들어 주고 그 내부에 useCart.ts라는 파일을 만듭니다. hooks 폴더 내에 들어가는 파일들은 재활용이 가능한 로직들을 구현하는 공간이라고 생각하면 됩니다. 이제 이 코드를 구현해볼까요?

[함께 해봐요 7-1] 쿠키를 재활용하는 훅 만들기(useCart.ts)

```
01  // useCart.ts
02  import { useCookies } from "react-cookie";
03  import { ProductType } from "../types";
04
05
06  const COOKIE_KEY = 'cart';
07
08  const useCart = () => {
09    const [cookies, setCookies] = useCookies([COOKIE_KEY]);
10
11    const cart = cookies.cart as ProductType[] ?? [];
12
13    const addCart = (newCart: ProductType | ProductType[]) => {
14      const nextCarts = newCart instanceof Array
15        ? [...cart, ...newCart]
16        : [...cart, newCart];
17
18      setCookies(COOKIE_KEY, nextCarts);
19    }
20
```

```
21    return {
22      cart,
23      addCart
24    }
25  };
26
27  export default useCart;
```

그리고 hooks 폴더 내부에 index.ts 파일을 만들고 내보내기를 해주세요.

[함께 해봐요 7-2] 만든 훅 내보내기

```
01  export { default as useCart } from './useCart';
```

위와 같이 작성된 코드를 읽어보고 각 부분이 어떤 역할을 하는지 설명하겠습니다.

먼저, COOKIE_KEY라는 상수를 만들어서 cart라는 쿠키값의 키를 지정했습니다. 이렇게 상수로 빼준 이유는 나중에 cart라는 글자를 잘못 타이핑하는 등의 이유로 예상치 못한 결과가 나올 수도 있기 때문입니다. 따라서 cart처럼 여러 곳에서 사용되는 문자값이라면 상수로 빼주는 것이 좋습니다.

그 다음으로 cart 변수는 cookies의 정보에서 장바구니에 대한 정보만 추출하여 사용하는 것입니다.

중요한 부분은 그 다음에 있는 addCart 함수입니다. 이 함수는 장바구니에 값을 추가하는 역할을 수행합니다. 새로 추가되는 장바구니의 타입이 Array인 경우에는 한꺼번에 여러 장바구니를 Set할 수 있는 경우를 고려하여 확장해놓았습니다.

이렇게 만들어진 cart와 addCart라는 두 값을 return함으로써 훅의 형태가 완성되었습니다. 이제 만들어진 훅을 활용하겠습니다.

먼저 ProductPage.tsx입니다. 아래와 같이 수정해주세요.

[함께 해봐요 7-3] 훅을 활용하기 위해 상품 페이지 수정하기(ProductPage.tsx)

```
01  // ProductPage.tsx
02  import { Box, Button, ButtonGroup, Container, Dialog, DialogActions,
    DialogContent, DialogContentText, DialogTitle, Typography }
    from "@mui/material";
03  import { useEffect, useState } from "react";
04  import { useNavigate, useParams } from "react-router-dom";
05  import { ProductType } from "../types";
```

```
06
07  import Edit from '@mui/icons-material/Edit';
08  import Delete from '@mui/icons-material/Delete';
09  import { useCookies } from "react-cookie";
10  import { useCart } from "../hooks";
11
12
13  const ProductPage = () => {
14    const navigate = useNavigate();
15    const { productId } = useParams<{ productId: string }>();
16    const { addCart } = useCart();
17
18    const [product, setProduct] = useState<ProductType | null>(null);
19    const [isModalOpen, setIsModalOpen] = useState(false);
20    const [isDeleteModal, setIsDeleteModal] = useState(false);
21
22    const handleAddCard = () => {
23      if (product) {
24        addCart(product);
25        setIsModalOpen(true);
26      }
27    };
28
29    const handlePushPurchasePage = () => {
30      if (productId) {
31        navigate('/purchase/${productId}')
32      }
33    }
34
35    const handlePushCartPage = () => {
36      navigate('/cart')
37    }
38
39    useEffect(() => {
40      fetch('/product/${productId}')
41        .then((response) => response.json())
42        .then((data) => setProduct(data.product));
43    }, [productId]);
44
45    if (!productId) {
46      return <>잘못된 페이지입니다.</>
47    }
```

```
48
49    return (
50      <>
51        …
52      </>
53    )
54  };
55
56  export default ProductPage;
```

addCart 함수를 사용하니 코드가 전보다 더 깔끔해졌습니다. 그 다음으로 CartPage도 수정합니다.

[함께 해봐요 7-4] 훅을 활용하기 위해 장바구니 페이지 수정하기(CartPage.ts)

```
01  // CartPage.tsx
02  import { Box, Button, Card, Container, Dialog, DialogActions, DialogContent,
        DialogContentText, DialogTitle, Grid, Typography } from "@mui/material";
03  import { useState } from "react";
04  import { useNavigate } from "react-router-dom";
05  import { CartItem } from "../components/cart";
06  import { useCart } from "../hooks";
07
08
09  const CartPage = () => {
10    const navigate = useNavigate();
11    const { cart } = useCart();
12
13    const [isModalOpen, setIsModalOpen] = useState(false);
14
15    const handlePurchaseProduct = (event: React.FormEvent) => {
16      event.preventDefault();
17      setIsModalOpen(true);
18    }
19
20    const handlePushHomePage = () => {
21      setIsModalOpen(false);
22      navigate('/');
23    }
24
25    return (
26      <>
```

```
27        <Container fixed>
28          <Grid container spacing={3}>
29            <Grid item xs={12} sm={8}>
30              <Typography
31                variant="h4"
32                sx={{ marginBottom: 2 }}
33              >
34                장바구니
35              </Typography>
36              {cart.length === 0 ? (
37                <Typography variant="body1">
38                  장바구니에 담긴 상품이 없습니다.
39                </Typography>
40              ) : (
41                cart.map((cart) => (
42                  <CartItem
43                    key={cart.id}
44                    cart={cart}
45                  />
46                ))
47              )}
48            </Grid>
49            ...
50        </>
51      )
52  }
53
54  export default CartPage;
```

변경된 부분들을 저장하고 이전과 비교해서 장바구니 기능이 그대로 잘 구현되는지 확인합니다. 이상
이 없다면 다음 절로 넘어가겠습니다.

7.2 ID 기반으로 변경해서 쿠키 용량 문제 해결하기

쿠키는 용량이 제한된다는 사실을 알고 있나요? 쿠키 스토리지는 최대 4KB라서 그렇게 많은 정보를 담을 수는 없습니다. 그런데 우리가 지금 저장하는 방식은 상품의 정보 자체를 저장하고 있기 때문에 용량에 무리가 갈 수 있습니다. 실제로 우리가 만든 서비스에서 상품을 몇 개 담고 나면 그 이후부터는 장바구니에 상품을 담을 수 없는 문제가 발생합니다.

이 문제를 해결하려면 저장 방식을 조금 변경할 필요가 있습니다. 필자가 생각한 방법은 ID 기반으로 상품을 저장하는 방식으로 변경하는 것입니다. 각 상품에는 고유한 ID 값이 있습니다. 그래서 그 ID 를 배열 형태로 저장하고 장바구니 페이지에 들어갔을 때 해당 상품을 서버로부터 가져오는 로직을 작성하면 됩니다.

그럼 이 부분을 해결하기 위해서 장바구니 관련 로직을 담당하고 있는 useCart 훅에서 작업하겠습니다.

[생각 해봐요 7-1] useCart 훅에서 ID 기반 상품 로직으로 저장 방식을 수정하기

```
01   // TODO: 각 id를 서버로부터 가져오는 방식으로 변경해야 한다.
02   const cart = cookies.cart as ProductType[] ?? [];
03
04   // TODO: 상품 정보 자체를 받는 것이 아니라 id를 넘겨받아서 저장해야 한다.
05   const addCart = (newCart: ProductType | ProductType[]) => {
06     const nextCarts = newCart instanceof Array
07       ? [...cart, ...newCart]
08       : [...cart, newCart];
09
10     setCookies(COOKIE_KEY, nextCarts);
11   }
```

변경해야 할 부분을 주석으로 정리했습니다. 먼저, 어떻게 구현해야 할지 생각해보고 다음 내용을 학습하기 바랍니다.

"잠시 학습을 멈추고 3분만 생각해봅시다."

먼저 productIds 변숫값을 지정합니다. 기존에 ProductType[]이었던 부분이 string[]으로 변해야합니다. 상품의 정보를 받는 것이 아니라 상품의 id를 받게 변경하기 때문입니다. 추가로 addCart 함수를 아래와 같이 ProductType을 받는 게 아니라 id 값을 넘겨받는 형식으로 수정해야 합니다. 아래와 같은 모습이 됩니다.

[함께 해봐요 7-5] productIds 변숫값 지정하기

```
01    const productIds = useMemo(
02      () => (cookies.cart as string[]) ?? [],
03      [cookies.cart]
04    );
05
06    const addCarts = (id: string) => {
07      const nextCartIds = [...productIds, id];
08      setCookies(COOKIE_KEY, nextCartIds, {
09        path: "/",
10      });
11    };
```

이렇게 작성을 완료한 후 장바구니 정보를 가져오려면 어떻게 해야 할까요? 각 id를 순차적으로 서버에 요청을 보내서 값을 받아와야 합니다.

addCart 함수 아래에 다음 코드를 작성합니다.

[함께 해봐요 7-6] 장바구니 정보를 가져오기 위한 코드 작성하기

```
01  import { useEffect, useState } from 'react';
02  import { useMemo } from 'react';
03  import { useCookies } from 'react-cookie';
04  import { ProductType } from '../types';
05
06
07  const COOKIE_KEY = 'cart' as const;
08
09  const useCart = () => {
10    const [cookies, setCookies] = useCookies([COOKIE_KEY]);
11    const [carts, setCarts] = useState<ProductType[]>([]);
12
```

```
13    const productIds = useMemo(() =>
      (cookies[COOKIE_KEY] as string[]) ?? [], [cookies]);
14
15    const addCarts = (id: string) => {
16      const nextCartIds = [...productIds, id];
17        setCookies(
18          COOKIE_KEY,
19          nextCartIds,
20          {
21            path: '/',
22          }
23        );
24    }
25
26    const getProductById = (id: string) => {
27      return fetch('/product/${id}')
28        .then(response => response.json());
29    }
30
31    useEffect(() => {
32      if (productIds && productIds.length) {
33        const requestList: Array<Promise<any>> = [];
34        productIds.forEach((id) => {
35          requestList.push(getProductById(id));
36        })
37
38        Promise.all(requestList)
39        .then((response) => {
40          const cartList: ProductType[] =
          response.map((item) => item.product);
41          setCarts(cartList);
42        });
43      }
44    }, [productIds]);
45
46    return {
47      carts,
48      addCarts,
49    }
50  }
51
52  export default useCart;
```

갑자기 새로 보는 코드가 나와서 조금 당황했을 수도 있는데, 하나하나 코드를 해석해보면 그렇게 어려운 코드는 아닙니다. 같이 살펴보겠습니다.

먼저 productIds라는 변수는 cookie로부터 가져온 id들의 정보를 저장해놓는 공간입니다. 그 바로 아래에 있는 requestList라는 변수는 요청 보낼 함수들을 잠시 저장해놓는 변수입니다. 조금 더 추가해서 설명하겠습니다.

getProductById라는 함수는 인자값으로 id를 넣어주면 요청을 보내고 응답값을 json으로 변환하여 반환해줍니다. 그러면 생각해볼 수 있는 시나리오는 각 상품의 id를 담아놓은 배열들을 0부터 끝까지 순회하면서 각각 요청을 보내서 그 응답을 배열에 누적해야 하는 겁니다.

그러면 저장된 id 수만큼 응답값을 동기적으로 누적해야 하는데, 걸리는 시간이 상당합니다. 이런 경우에 요청을 동시에 보내고 한 번에 값을 저장하고 싶을 겁니다. 그럴 때 Promise.all이라는 메서드를 사용하는 것입니다.

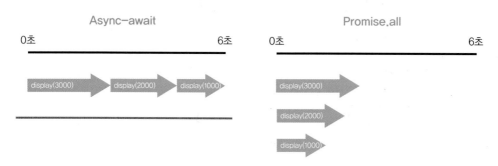

[그림 7-1] Promise.all 메서드를 활용하여 비동기 요청 처리하기

그러면 병렬적으로 비동기 요청을 처리할 수 있게 됩니다. Promise.all의 기본적인 사용법은 비동기 요청을 하는 함수를 배열에 넣습니다. 그리고 아래 형식의 배열을 전달하면 됩니다.

```
[request(), request(), request()]
```

우리는 여기서 id가 유동적으로 변경되므로 requestList라는 배열에 담아서 forEach로 각 배열을 순회하여 처리한 것입니다.

이제 저 코드가 어떤 역할을 수행하는지 이해할 수 있나요? 그리고 Promise.all의 응답은 각 요청에 대응한 배열 형태로 나오기 때문에 map 메서드를 사용해서 product를 추출하여 setCarts에 전달해주었습니다.

이제 작성한 useCart라는 훅을 다른 코드에 반영하겠습니다.

```tsx
01  // ProductPage.tsx
02  import { Box, Button, ButtonGroup, Container, Dialog, DialogActions,
    DialogContent, DialogContentText, DialogTitle, Typography }
    from "@mui/material";
03  import { useEffect, useState } from "react";
04  import { useNavigate, useParams } from "react-router-dom";
05  import { ProductType } from "../types";
06
07  import Edit from '@mui/icons-material/Edit';
08  import Delete from '@mui/icons-material/Delete';
09  import { useCart } from "../hooks";
10
11
12  const ProductPage = () => {
13    const navigate = useNavigate();
14    const { productId } = useParams<{ productId: string }>();
15    const { addCarts } = useCart();
16
17    const [product, setProduct] = useState<ProductType | null>(null);
18    const [isModalOpen, setIsModalOpen] = useState(false);
19    const [isDeleteModal, setIsDeleteModal] = useState(false);
20
21    const handleAddCard = () => {
22      if (product) {
23        addCarts(product.id);
24        setIsModalOpen(true);
25      }
26    };
27
28    const handlePushPurchasePage = () => {
29        if (productId) {
30            navigate('/purchase/${productId}')
31        }
32    }
33
34    const handlePushCartPage = () => {
35        navigate('/cart')
36    }
37
```

```
38    useEffect(() => {
39      fetch('/product/${productId}')
40        .then((response) => response.json())
41        .then((data) => setProduct(data.product));
42    }, [productId]);
43
44    if (!productId) {
45      return <>잘못된 페이지 ㅅㄱ</>
46    }
47
48    return (...)
49  };
50
51  export default ProductPage;
```

다음으로 CartPage.tsx 코드를 수정해주세요.

```
01  // CartPage.tsx
02  import { Box, Button, Card, Container, Dialog, DialogActions, DialogContent,
    DialogContentText, DialogTitle, Grid, Typography } from "@mui/material";
03  import { useState } from "react";
04  import { useNavigate } from "react-router-dom";
05  import { CartItem } from "../components/cart";
06  import { useCart } from "../hooks";
07
08
09  const CartPage = () => {
10    const navigate = useNavigate();
11    const { carts } = useCart();
12
13    const [isModalOpen, setIsModalOpen] = useState(false);
14
15    const handlePurchaseProduct = (event: React.FormEvent) => {
16      event.preventDefault();
17      setIsModalOpen(true);
18    }
19
```

```jsx
20    const handlePushHomePage = () => {
21      setIsModalOpen(false);
22      navigate('/');
23    }
24
25    return (
26      <>
27        <Container fixed>
28          <Grid container spacing={3}>
29            <Grid item xs={12} sm={8}>
30              <Typography
31                variant="h4"
32                sx={{ marginBottom: 2 }}
33              >
34                장바구니
35              </Typography>
36              {carts.length === 0 ? (
37                <Typography variant="body1">
38                  장바구니에 담긴 상품이 없습니다.
39                </Typography>
40              ) : (
41                carts.map((cart) => (
42                  <CartItem
43                    key={cart.id}
44                    cart={cart}
45                  />
46                ))
47              )}
48            </Grid>
49    …
50      </>
51    )
52  }
53
54  export default CartPage;
```

쿠키의 저장 방식에 따른 수정

참고로 쿠키의 저장 방식이 변경되었기 때문에 기존에 저장된 쿠키를 한 번 비워야 합니다. 개발자 도구를 열어서 다음과 같은 키를 눌러 수정합니다.

• 윈도우 및 리눅스: 〈Ctrl〉+〈Shift〉+〈I〉 혹은 〈F12〉
• 맥: 〈Cmd〉+〈Opt〉+〈I〉

또는 [애플리케이션] 탭에 들어가서 ⨳ → [모든 쿠키 삭제] 버튼을 클릭합니다.

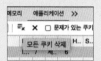

[그림 7-2] [애플리케이션] 탭에서 쿠키를 지우는 방법

7.3 장바구니가 중복되는 현상 막기

id를 기반으로 잘 담았으면 이제 생각해야 하는 것은 id가 중복되는 경우입니다. id가 중복된다는 것은 장바구니에 같은 아이템이 여러 개 있다는 이야기입니다. 이 경우는 어떻게 해결해야 할까요?

자바스크립트에서는 Set이라는 자료구조를 지원합니다. Set은 쉽게 말해서 유일한 값을 저장하기 위한 자료구조라고 생각하면 됩니다. 그림을 보면서 설명하겠습니다.

```
[1,2,3,4,5,4,3,2,1]
▶ (9) [1, 2, 3, 4, 5, 4, 3, 2, 1]
```
[그림 7-3] 숫자가 저장된 배열 구조

위 그림처럼 1,2,3,4,5,4,3,2,1이 저장되어 있는 배열 자료구조가 있습니다. 여기서 중복되는 부분은 1,2,3,4입니다. 중복되는 이 부분을 제거하여 [1,2,3,4,5]의 형태로 표현하고 싶습니다. 그럴 때 Set 자료구조를 사용하면 됩니다.

```
new Set([1,2,3,4,5,4,3,2,1]);
▶ Set(5) {1, 2, 3, 4, 5}
```
[그림 7-4] Set 자료구조를 사용하여 중복된 숫자 제거하기

이렇게 new Set(배열 자료구조) 형태로 값을 전달하면 Set 형태의 인스턴스가 생성됩니다. 이때 Set은 순회 가능한 객체이기 때문에 배열형과 같이 for문을 사용할 수 있습니다.

```
const data = new Set([1,2,3,4,5,4,3,2,1]);
for (let i = 0; i < data.size; i ++) {
    console.log(i);
}
0
1
2
3
4
```
[그림 7-5] Set 자료구조에서 for문 사용하기

하지만 순회 가능한 객체이긴 하지만 .map이나 .filter 같은 메서드는 Array 형태에서 지원하는 메서드이기 때문에 이러한 기능을 사용하기 위해서는 Array.from이라는 메서드를 사용하여 배열 형태로 다시 지정해줘야 합니다.

```
const data = Array.from(new Set([1,2,3,4,5,4,3,2,1]));
data.forEach((x) => console.log(x));
1
2
3
4
5
```

[그림 7-6] 배열을 Array 형태로 지정하기

그러면 이때 data 변수는 Set으로 중복되는 값을 제거한 후, Array.from을 통해 배열형으로 지정합니다.

Array.from에 대해서 간략하게 알아보면, Set형과 같이 유사 배열 자료형이나 순회 가능한 객체일 때 그 객체를 새로운 배열 자료형으로 변경해주는 역할을 합니다. 그런데 이렇게 되었을 때의 단점은 무엇일까요? 바로 중복되는 데이터에 대해서는 전부 없애버린다는 점입니다. 그러면 사용자가 장바구니에 의도적으로 두 개 이상을 담고 싶은 경우에는 어떻게 할까요?

그러면 위 방식으로는 구현할 수 없게 됩니다. 따라서 위 방법도 장바구니의 중복을 막는 방법일 수 있지만 장바구니의 기능을 구현하는 데 적합한 방법은 아니라는 것을 알 수 있습니다. 그러면 또 다른 방법을 찾아봐야 합니다.

이때 필요한 새로운 자료구조가 있습니다. 바로 Map입니다.

Map은 기본적으로 여러분이 아는 자바스크립트 객체와 동일합니다. 하지만 조금 다른 점은 키가 있어서 다양한 자료형이 올 수 있다는 점입니다. 키값에 boolean, number, string 등이 올 수 있다는 뜻입니다. 그러면 우리가 구현할 방법은 Map 자료구조를 만든 다음에 키값으로 각 장바구니의 id 값을 저장하고 그 키에 해당하는 값에 id의 중복 횟수를 저장하는 것입니다.

그러면 데이터는 아래와 같이 저장됩니다.

```
{
    "장바구니ID1": 3,
    "장바구니ID2": 1,
    ...
}
```

이제 중복되는 데이터에 대해서 제거를 하지 않으니 장바구니 기능을 구현하는 데 좀 더 적합합니다. Map 자료구조를 사용하는 방법을 살펴보겠습니다.

```javascript
const ids = [1,2,3,4,5,4,3,2,1];

const result = ids.reduce((acc, cur) => {
    acc.set(cur, (acc.get(cur) || 0) + 1);
    return acc;
}, new Map());

console.log(result);
```
```
▼ Map(5) {1 => 2, 2 => 2, 3 => 2, 4 => 2, 5 => 1} ℹ️
  ▼ [[Entries]]
    ▶ 0: {1 => 2}
    ▶ 1: {2 => 2}
    ▶ 2: {3 => 2}
    ▶ 3: {4 => 2}
    ▶ 4: {5 => 1}
    size: 5
  ▶ [[Prototypes]]: Map
```

[그림 7-7] Map 자료구조를 사용하는 방법

위 로직을 하나하나 살펴보겠습니다(한번에 이해하지 않아도 되니 차근차근 살펴보겠습니다).

ids 변수는 장바구니의 id 값이 저장된 자료구조입니다. 여기까지는 이전과 동일합니다. 그런데 ids 배열형에 reduce라는 메서드를 사용했습니다. reduce에서는 첫 번째 인자로 reduce 함수를 받습니다. 두 번째로는 누산기의 초깃값을 받습니다. reduce 함수에서 acc와 cur의 값이 정확히 어떤 것인지 궁금할 겁니다.

1. **누산기**(acc)
2. **현재 값**(cur)
3. 현재 인덱스(idx)
4. 원본 배열(src)

누산기와 **현재 값**을 의미합니다. reduce는 기본적으로 하나의 결괏값을 반환합니다. 이때 결괏값이 누적된 결과가 바로 누산기입니다. 그러면 다시 정리해서 reduce가 반환하는 값은 누산기(acc)의 최종 형태입니다.

그렇다면 이걸 왜 사용하지 궁금할텐데 정말 간단한 예로 살펴보겠습니다. [1,4,3,2,5,3,1]이라는 배열의 총합을 구하고 싶다고 가정하겠습니다. 이 경우 for문으로 값을 더해가면서 구현할 수도 있습니다.

```
const data = [1,4,3,2,5,3,1];
let sum = 0;

for (let i = 0; i < data.length; i++){
    sum += data[i];
}

console.log(sum);
19
```

[그림 7-8] 배열의 총 합을 구하고 싶을 때의 코드

그렇지만 reduce문을 사용하면 좀 더 쉽고 직관적인 방법으로 구현할 수 있습니다.

```
const data = [1,4,3,2,5,3,1];

const result = data.reduce((acc.cur) => acc + cur, 0);
console.log(result);
19
```

[그림 7-9] reduce로 쉽고 직관적인 방법으로 구현하기

reduce에 전달한 reduce 함수는 현재 누적값에 지금 순회중인 index의 값을 더합니다. 이 과정을 좀 더 쉽게 풀면, 처음 순회할 때 acc의 값은 0입니다. reduce에 두 번째 인자로 0을 초깃값으로 지정하기 때문입니다. cur의 값은 1입니다. 기본적으로 reduce는 배열을 순회하면서 진행합니다. 즉, data 변수의 첫 번째 값은 1, 두 번째는 4, … 이런 식으로 진행됩니다.

이때 reduce 함수의 반환값은 **현재 누적 값(0) + 현재 순회 중인 배열 값(1)**이 더해져 다음 누산기의 값은 1이 됩니다. 이 과정을 배열의 끝까지 반복한다고 생각하면 됩니다.

동작이 조금 헷갈릴 수도 있지만 적응이 되면 정말 쉽게 느낄 것입니다.

acc는 Map 자료구조이고, 이제 .get과 .set 메서드를 설명하겠습니다. .get은 전달받은 키에 해당하는 값을 반환합니다. .set은 첫 번째 인자로 키값, 두 번째 인자로 키에 해당하는 값을 설정합니다. 자바스크립트 객체와 사용법은 다르지만 내용은 거의 동일합니다.

그러면 위의 장바구니 로직도 이해가 쉽게 됩니다. `new Map()`을 통해서 Map 자료구조를 누산기의 초깃값으로 설정하고, ids를 순회하면서 `acc.get`(현재 순회중인 ID)을 해서 그 값이 없다면 1로 설정해 주고, 있다면 기존 값에 1을 더한 값을 `acc.set()` 해주는 겁니다.

이제 위 코드를 실제 shopping_app 코드에 반영하겠습니다. 장바구니 관련 로직은 전부 useCart라는 훅에 있으므로 해당 부분을 수정하고 변경된 인터페이스를 반영하면 쉽게 구현할 수 있습니다.

[함께 살펴봐요 7-1] 장바구니에서 중복되는 현상 막기 코드(useCart의 기존 코드)

```
01  // useCart
02  ...
03      useEffect(() => {
04        if (productIds && productIds.length) {
05          const requestList: Array<Promise<any>> = [];
06          productIds.forEach((id) => {
07            requestList.push(getProductById(id));
08          })
09
10          Promise.all(requestList)
11            .then((response) => {
12              const cartList: ProductType[] = response.map((item) => item.product);
13              setCarts(cartList);
14            });
15        }
16      }, [productIds]);
17
18  ...
```

위 로직은 기존에 구현되어 있던 코드입니다. 이 useCart 코드를 아래와 같이 변경합니다.

[함께 해봐요 7-9] 장바구니에서 중복되는 현상 막기 코드(useCart 수정 코드)

```
01  // useCart.ts
02  import { useEffect, useState } from 'react';
03  import { useMemo } from 'react';
04  import { useCookies } from 'react-cookie';
05  import { ProductType } from '../types';
06
07
```

```
08   type CartType = ProductType & { count: number };
09
10   const COOKIE_KEY = 'cart' as const;
11
12   const useCart = () => {
13     const [cookies, setCookies] = useCookies([COOKIE_KEY]);
14     const [carts, setCarts] = useState<CartType[]>([]);
15
16     const productIds =
       useMemo(() => (cookies[COOKIE_KEY] as string[]) ?? [], [cookies]);
17
18     const addCarts = (id: string) => {
19       const nextCartIds = [...productIds, id];
20         setCookies(
21           COOKIE_KEY,
22           nextCartIds,
23           {
24             path: '/',
25           }
26         );
27     }
28
29     const getProductById = (id: string) => {
30       return fetch('/product/${id}')
31         .then(response => response.json());
32     }
33
34     useEffect(() => {
35       if (productIds && productIds.length) {
36         const requestList: Array<Promise<any>> = [];
37         const requestIds = productIds.reduce(
38           (acc, cur) => acc.set(cur, (acc.get(cur) || 0) + 1),
39           new Map<string, number>()
40         )
41
42         Array.from(requestIds.keys()).forEach((id) => {
43           requestList.push(getProductById(id));
44         })
45         Promise.all(requestList)
46           .then((responseList) => {
47             const cartsData: CartType[] = responseList.map((response) => ({
48               ...response.data.product,
```

```
49                count: requestIds.get(response.data.product.id)
50              }));
51              setCarts(cartsData);
52          })
53      }
54    }, [productIds]);
55
56    return {
57      carts,
58      addCarts,
59    }
60 }
61
62 export default useCart;
```

useEffect 부분과 CartType 부분을 유심히 봐주세요. 이제 useCart 혹에서는 장바구니의 개수도 함께 반환합니다. 그렇기 때문에 &를 통해서 타입을 확장해주었습니다.

```
08   type CartType = ProductType & { count: number };
```

그리고 carts 변숫값도 기존에 ProductType에서 CartType으로 변경하고 useEffect 부분을 앞서 설명했던 로직을 기반으로 변경했습니다.

이제 이 useCart를 사용하는 컴포넌트들을 수정하겠습니다.

[함께 해봐요 7-10] useCart를 사용하는 컴포넌트 수정하기(CartPage.tsx)

```
01 // CartPage.tsx
02 import { Box, Button, Card, Container, Dialog, DialogActions, DialogContent,
   DialogContentText, DialogTitle, Grid, Typography } from "@mui/material";
03 import { useState } from "react";
04 import { useNavigate } from "react-router-dom";
05 import { CartItem } from "../components/cart";
06 import { useCart } from "../hooks";
07
08
09 const CartPage = () => {
10   const navigate = useNavigate();
11   const { carts } = useCart();
12
```

```
13    const totalPrice =
      carts.reduce((prev, cur) => prev + (cur.price * cur.count) , 0);
14
15    const [isModalOpen, setIsModalOpen] = useState(false);
16
17    const handlePurchaseProduct = (event: React.FormEvent) => {
18      event.preventDefault();
19      setIsModalOpen(true);
20    }
21
22    const handlePushHomePage = () => {
23      setIsModalOpen(false);
24      navigate('/');
25    }
26
27    return (
28      <>
29        <Container fixed>
30          <Grid container spacing={3}>
31            <Grid item xs={12} sm={8}>
32              <Typography
33                variant="h4"
34                sx={{ marginBottom: 2 }}
35              >
36                장바구니
37              </Typography>
38              {carts.length === 0 ? (
39                <Typography variant="body1">
40                  장바구니에 담긴 상품이 없습니다.
41                </Typography>
42              ) : (
43                carts.map((cart) => (
44                  <CartItem
45                    key={cart.id}
46                    cart={cart}
47                  />
48                ))
49              )}
50            </Grid>
51
52            <Grid item xs={12} sm={4}>
53              <Typography variant="h4" sx={{ marginBottom: 2 }}>
```

```
54                  결제 정보
55              </Typography>
56              <Box sx={{ position: 'sticky', top: 20 }}>
57                <Card sx={{ padding: 2 }}>
58                  <Typography variant="subtitle1" sx={{ marginBottom: 1 }}>
59                    총 상품 가격: {totalPrice}원
60                  </Typography>
61                  <Typography variant="subtitle1" sx={{ marginBottom: 1 }}>
62                    배송비: 평생 무료
63                  </Typography>
64                  <Typography variant="h6" sx={{ marginBottom: 2 }}>
65                    총 결제 금액: {totalPrice}원
66                  </Typography>
67                  <Button
68                    variant="contained"
69                    fullWidth
70                    onClick={handlePurchaseProduct}
71                  >
72                    결제하기
73                  </Button>
74                </Card>
75              </Box>
76          </Grid>
77        </Grid>
78      </Container>
79
80      <Dialog
81        open={isModalOpen}
82        onClose={handlePushHomePage}
83        aria-labelledby="responsive-dialog-title"
84      >
85        <DialogTitle id="responsive-dialog-title">
86          성공적으로 구매했습니다.
87        </DialogTitle>
88        <DialogContent>
89          <DialogContentText>
90            메인 페이지로 이동합니다.
91          </DialogContentText>
92        </DialogContent>
93        <DialogActions>
94          <Button onClick={handlePushHomePage} autoFocus>
95            확인
```

```
96              </Button>
97          </DialogActions>
98        </Dialog>
99     </>
100   )
101 }
102
103 export default CartPage;
```

총 상품의 가격을 구하는 totalPrice라는 구문을 함께 살펴보겠습니다.

```
const totalPrice = carts.reduce(
  (prev, cur) => prev + cur.price * cur.count,
  0
);
```

reduce 함수는 두 개의 인자를 받고 있습니다.

- 콜백 함수: (prev, cur) => prev + cur.price * cur.count
- 초깃값: 0

콜백 함수는 배열의 각 요소를 순회하면서 실행되며, 순회하는 각 상품의 가격(cur.price)과 순회하는 각 상품의 수량(cur.count)을 곱한 값을 누산기에 더하게 됩니다. 즉, 위 코드는 결과적으로 totalPrice 변수에 배열 carts의 모든 요소의 가격과 수량을 곱한 총합을 할당하게 됩니다.

7.4 장바구니 increase decrease 기능 구현하기

앞선 6장에서 장바구니 개수 추가, 제거하는 작업을 7장에서 한다고 언급했습니다. 이제 장바구니 기능의 기본 틀이 잡혔으니 장바구니 기능을 구현하겠습니다. useCart.ts 파일에서 changeCount라는 함수를 선언하고 구현합니다.

[함께 해봐요 7-11] changeCount 함수를 useCart 훅에 추가하기

```ts
01  // useCart.ts
02  ...
03  const useCart = () => {
04    ...
05
06    const changeCount = (productId: string, mode: "increase" | "decrease") => {
07      const index = productIds.indexOf(productId);
08      if (index === -1) {
09        return;
10      }
11
12      if (mode === "decrease") {
13        const tempArr = [...productIds];
14        tempArr.splice(index, 1);
15
16        setCookies(COOKIE_KEY, tempArr, {
17          path: "/",
18        });
19      }
20
21      if (mode === "increase") {
22        setCookies(COOKIE_KEY, [...productIds, productId], {
23          path: "/",
24        });
25      }
26    };
27    ...
```

```
28    return {
29      carts,
30      addCarts,
31    };
32  };
33
34  export default useCart;
```

작성한 changeCount 함수가 어떤 일을 하게 되는지 하나하나 살펴보겠습니다. 먼저 아래 부분입니다.

```
07  const index = productIds.lastIndexOf(productId);
08  if (index === -1) {
09    return;
10  }
```

productIds는 장바구니에 담긴 id 값을 저장하는 배열입니다.

["장바구니 ID1", "장바구니 ID2", ...]처럼 이제 indexOf라는 메서드를 사용해서 해당 id가 있는 인덱스를 찾게 됩니다. indexOf가 순회하여 값을 찾을 때 해당 값이 productIds에 없다면 -1을 반환하게 됩니다.

그래서 index가 -1일 경우에는 changeCount 함수를 종료하게 되는 것입니다. 해당 값이 없으니, 상품 개수를 변경할 필요도 없기 때문입니다.

그 다음으로 increase, decrease를 하는 핵심 로직입니다.

```
12    if (mode === "decrease") {
13        const tempArr = [...productIds];
14        tempArr.splice(index, 1);
15
16        setCookies(COOKIE_KEY, tempArr, {
17          path: "/",
18        });
19    }
20
21    if (mode === "increase") {
22      setCookies(COOKIE_KEY, [...productIds, productId], {
23        path: "/",
24      });
25    }
```

decrease 조건부에 tempArr라는 변수는 productIds를 복제합니다. 스프레드 연산자는 앞선 장에서 다루었습니다. 그리고 spice 메서드를 통해서 해당 상품 ID를 productIds 배열에서 제거합니다. 그런 다음 변경된 배열을 setCookies 함수를 사용하여 쿠키에 저장합니다.

mode가 "increase"인 경우도 비슷한 방식으로 구현됩니다. productId를 productIds 배열에 추가한 새로운 배열을 생성합니다. 그리고 이 새로운 배열을 setCookies 함수를 사용하여 쿠키에 저장합니다. 불변성을 유지해서 작성하는 게 setState와 비슷합니다.

changeCount 함수는 매개변수로 mode라는 인자를 받습니다. 함수를 사용하는 단에서는 다음처럼 사용합니다.

```
changeCount(상품 id, 'increase')
```

또는 다음처럼 사용합니다.

```
changeCount(상품 id, 'decrease')
```

이렇게 mode를 지정하여 사용하게 됩니다. 해당 기능을 하는 함수 두 개(increaseCount, decreaseCount)를 만들지 않아도 되기도 해서 이렇게 mode 인자를 받는 방식으로 작성했습니다. 물론, 지금은 간단한 기능이라서 이렇게 작성했지만 단순한 increase, decrease가 아닌 좀 더 복잡한 기능이 요구된다면 함수를 분리하는 게 좋습니다.

그리고 decease를 할 때 중요한 사항이 있습니다. 상품이 0 이하로 되면 안 됩니다. 그래서 만약, tempArr에서 productId를 포함하고 있지 않으면 함수를 종료하는 로직을 추가로 작성해야 합니다.

[함께 해봐요 7-12] 상품 개수가 감소될 때 0 밑으로 되지 않게 하는 로직 작성하기

```
01  const changeCount = (productId: string, mode: "increase" | "decrease") => {
02  ...
03
04    if (mode === "decrease") {
05      const tempArr = [...productIds];
06      tempArr.splice(index, 1);
07
08      if (!tempArr.includes(productId)) {
09        return;
10      }
11
12      setCookies(COOKIE_KEY, tempArr, {
13        path: "/",
```

```
14          });
15        }
16
17    ...
18    };
```

이제 기능을 작성했으니 useCart 훅에서 내보내주고 해당 기능을 사용하겠습니다.

```
01   // useCart.ts
02   ...
03   const useCart = () => {
04   ...
05
06     return {
07       carts,
08       addCarts,
09       changeCount,
10     };
11   };
12
13   export default useCart;
```

그리고 CartItem 컴포넌트에 접근합니다. useCart 훅에서 장바구니의 개수도 함께 반환하기 때문에 CartItem의 타입을 변경해야 합니다. 이제 장바구니 아이템 개수도 함께 렌더링합니다. 또한 changeCount 함수를 불러와서 increase, decrease 기능도 함께 구현해주겠습니다.

```
01   ...
02   type Props = {
03     cart: ProductType & { count: number };
04   };
05
06   const CartItem = ({ cart }: Props) => {
07     const { changeCount } = useCart();
08
```

```
09  return (
10    <Card sx={{ display: "flex", marginBottom: 2 }}>
11      ...
12
13        <Grid container justifyContent="space-between">
14          <Grid item>
15            <IconButton onClick={() => changeCount(cart.id, "decrease")}>
16              <Remove />
17            </IconButton>
18            {cart.count}
19            <IconButton onClick={() => changeCount(cart.id, "increase")}>
20              <Add />
21            </IconButton>
22          </Grid>
23  ...
24    </Card>
25  );
26  };
27  export default CartItem;
```

이제 장바구니 상품 증가, 감소 기능이 잘 동작하는지 확인하면 됩니다.

[그림 7-10] 장바구기 기능 확인

7.5 HTTP 요청 부분을 Axios로 변경하기

기존에 우리는 아래와 같이 데이터를 불러왔습니다.

```
fetch("/product")
    .then((response) => response.json())
    .then((data) => {
      setProducts(data.products);
    })
```

이제 HTTP를 요청하는 부분을 한 곳에 묶어서 관리하겠습니다. src 폴더 내에 utils라는 폴더를 만들고 그 안에 api.ts라는 파일을 만들어주세요. 이 파일에는 지금까지 사용된 모든 API가 구현되어 있습니다.

[함께 해봐요 7-15] API를 한곳에 묶어서 관리하기

```
01  // api.ts
02  import { ProductType } from '../types';
03
04  export function getProducts() {
05      return fetch("/product")
06          .then((response) => response.json())
07          .then((response) => response.products);
08  }
09
10  export function getProduct(id: string) {
11      return fetch('/product/${id}')
12          .then((response) => response.json())
13          .then((response) => response.products);
14  }
15
16  export const createProduct = (newProduct: Omit<ProductType, "id">) => {
17      return fetch("/product", {
18        method: "POST",
19        headers: {
```

```
20        "Content-Type": "application/json",
21      },
22      body: JSON.stringify(newProduct),
23    });
24  };
25
26  export const modifyThumbnail = (productId: string, thumbnail: File) => {
27    const formData = new FormData();
28    formData.append("thumbnail", thumbnail);
29    return fetch(`/product/thumbnail/${productId}`, {
30      method: "PATCH",
31      body: formData,
32    });
33  };
34
35  export const deleteProduct = (id: string) => {
36    fetch('/product/${id}', {
37      method: "DELETE",
38    });
39  };
40
41  export const modifyProduct = (updateProduct: ProductType) => {
42    fetch('/product/${updateProduct.id}', {
43      method: "PATCH",
44      headers: {
45        "Content-Type": "application/json",
46      },
47      body: JSON.stringify(updateProduct),
48    });
49  };
```

위 코드처럼 fetch 함수를 이용하여 구현한 방법도 문제는 없지만 좀 더 편리하고 간결하게 요청 부분을 수정할 수 있는 방법이 있습니다. 바로 Axios 모듈을 이용하는 방법입니다. Axios를 이용하게 되면 Promise 기반의 API를 제공하여 비동기적으로 HTTP 요청을 처리할 수 있습니다. 이를 통해 코드를 간결하게 작성하고 비동기적인 작업을 보다 쉽게 관리할 수 있습니다.

fetch 함수의 경우, 일반적으로 체이닝을 사용하여 비슷한 구조를 구현하지만, Axios는 자체적으로 더 간결한 방식으로 요청과 응답을 처리할 수 있게 됩니다. 또 Axios는 JSON 데이터를 자동으로 파싱하여 자바스크립트 객체로 변환해주는 기능도 수행합니다. fetch 함수의 경우, JSON 데이터를 위와 같이 수동으로 변환해야 한다는 단점이 있습니다.

먼저 axios 모듈을 설치하기 위해서 client 폴더에서 다음처럼 실행해주세요.

```
yarn add axios
```

설치가 완료되었다면 위에서 정리한 api.ts 코드를 아래와 같이 수정하겠습니다.

[함께 해봐요 7-16] API를 한곳에 묶어서 관리하기(Axios를 활용한 버전)

```
01  import axios, { type AxiosResponse } from "axios";
02
03  import type { ProductType } from "../types";
04
05
06  type ReturnType<T> = Promise<AxiosResponse<T>>;
07
08  export const getProducts =
    async (): ReturnType<{ products: ProductType[] }> => {
09    try {
10      const response = await axios.get("/product")
11      return response;
12    } catch(error) {
13      throw error;
14    }
15  }
16
17  export const getProduct =
    async (id: string): ReturnType<{ product: ProductType }> => {
18    try {
19      const response = axios.get('/product/${id}')
20      return response;
21    } catch(error) {
22      throw error;
23    }
24  }
25
26  export const createProduct =
    async (newProduct: Omit<ProductType, "id" | "thumbnail">):
    ReturnType<{ product: ProductType }> => {
```

```
27    try {
28      const response = await axios.post("/product", newProduct);
29      return response
30    } catch(error) {
31      throw error;
32    }
33  };
34
35  export const modifyThumbnail =
    async (productId: string, thumbnail: File):
    ReturnType<{ product: ProductType }> => {
36    try {
37      const formData = new FormData();
38      formData.append("thumbnail", thumbnail);
39
40      const response = axios.patch('/product/thumbnail/${productId}', formData);
41      return response;
42    } catch(error) {
43      throw error;
44    }
45  };
46
47  export const deleteProduct = async (id: string) => {
48    try {
49      const resposne = await axios.delete('/product/${id}');
50      return resposne;
51    } catch(error) {
52      throw error;
53    }
54  };
55
56  export const modifyProduct = async (updateProduct: ProductType) => {
57    try {
58      const response =
    await axios.patch('/product/${updateProduct.id}', updateProduct);
59      return response;
60    } catch(error) {
61      throw error;
62    }
63  };
```

axios.get()은 GET 요청을 보내고, axios.post()는 POST 요청을 보내며, axios.patch()는 PATCH 요청을 보냅니다. 또한 axios.delete()는 DELETE 요청을 보내고, 이미지를 업로드하는 경우 axios.patch() 메서드에 FormData를 사용하여 multipart/form-data를 설정했습니다.

ReturnType<T> 구문은 Axios를 사용하여 API 요청을 보낼 때, 해당 요청의 결과로 받아온 데이터를 감싸는 Promise를 나타내는 사용자화 타입입니다. 이렇게 정의된 ReturnType은 코드에서 Axios 요청을 사용하는 함수들의 반환 타입으로 사용되어, API 요청을 통해 받아온 결과를 타입화할 수 있게 됩니다.

또한 Axios의 응답 객체에서 실제 데이터를 얻기 위해 .then((response) => response.data)를 사용했는데, Axios는 응답 객체(response)의 data 속성에 실제 응답 데이터를 담고 있습니다.

이렇게 Axios로 변환하면 fetch 함수보다 더 편리하고 간결하게 HTTP 요청을 처리할 수 있도록 수정했습니다. 그러면 실제로 API를 요청하는 부분들에 Axios로 만든 이 함수들을 연결해야 합니다.

수정해야 할 페이지는 아래와 같습니다.

- ProductPage.tsx
- PurchasePage.tsx

그리고 다음의 컴포넌트에서도 수정해야 할 부분이 있습니다.

- ProductList.tsx
- ProductCreateForm.tsx
- useCart.ts

먼저 ProductPage입니다.

```
useEffect(() => {
  fetch('/product/${productId}')
    .then((response) => response.json())
    .then((data) => setProduct(data.product));
}, [productId]);
```

위 코드를 아래와 같이 수정해주세요. 만든 getProduct 함수를 불러와서 수정합니다.

[함께 해봐요 7-17] API를 한 곳에 묶어서 관리하기(Axios를 활용한 버전) – ProductPage 수정하기

```
01  import { getProduct } from "../utils/api";
02  ...
03    useEffect(() => {
04      if (productId) {
05        getProduct(productId)
06          .then((response) => setProduct(response.data.product));
07      }
08    }, [productId]);
```

PurchasePage도 유사하게 수정하면 됩니다.

```
useEffect(() => {
  fetch('/product/${productId}')
    .then((response) => response.json())
    .then((data) => setProduct(data.product));
}, [productId]);
```

위 코드를 아래와 같이 수정해주세요.

[함께 해봐요 7-18] API를 한 곳에 묶어서 관리하기 (Axios를 활용한 버전) – PurchasePage 수정하기

```
01  import { getProduct } from "../utils/api";
02  ...
03    useEffect(() => {
04      if (productId) {
05        getProduct(productId)
06          .then((response) => setProduct(response.data.product));
07      }
08    }, [productId]);
```

ProductList 컴포넌트도 수정해야 합니다.

```
useEffect(() => {
  setIsLoading(true);

  fetch("/product")
    .then((response) => response.json())
    .then((data) => setProducts(data.products))
    .finally(() => setIsLoading(false))
}, []);
```

위 코드를 Axios로 옮긴 코드로 수정해주세요.

 [함께 해봐요 7-19] API를 한 곳에 묶어서 관리하기(Axios를 활용한 버전) – ProductList 수정하기

```
01  import { getProducts } from "../../utils/api";
02
03  useEffect(() => {
04    setIsLoading(true);
05
06    getProducts()
07      .then((response) => setProducts(response.data.products))
08      .finally(() => setIsLoading(false))
09  }, []);
```

그리고 ProductCreateForm을 수정해야 합니다.

```
const uploadThumbnailRequest = (productId: number, thumbnail: File) => {
  const formData = new FormData();
  formData.append("thumbnail", thumbnail);
  return fetch('/product/thumbnail/${productId}', {
    method: "PATCH",
    body: formData,
  });
};

const createProductRequest = (newProduct: Omit<ProductType, "id">) => {
  return fetch("/product", {
    method: "POST",
    headers: {
      "Content-Type": "application/json",
    },
    body: JSON.stringify(newProduct),
  });
};
```

기존의 uploadThubnailRequest 함수와 createProductRequest 함수를 제거해주세요. 그리고 handleCreateProduct를 Axios에서 만든 함수로 수정해주세요.

```
01  import { createProduct, modifyThumbnail } from "../../utils/api";
02  ...
03    const handleCreateProduct = async (event: React.FormEvent) => {
04      event.preventDefault();
05
06      const { data: { product } } = await createProduct({
07        name,
08        explanation,
09        price,
10      });
11
12      if (thumbnail) {
13        await modifyThumbnail(product.id, thumbnail);
14      }
15    };
```

마지막으로 useCart 함수를 수정하면 됩니다. 아래 코드를 제거합니다.

```
const getProductById = (id: string) => {
  return fetch(`/product/${id}`)
      .then(response => response.json());
}
```

그리고 getProduct 함수를 바로 불러와서 사용해주세요.

```
01  import { getProduct } from '../utils/api';
02  ...
03      useEffect(() => {
04        if (productIds && productIds.length) {
05          const requestList: Array<Promise<any>> = [];
06          const requestIds = productIds.reduce(
07            (acc, cur) => acc.set(cur, (acc.get(cur) || 0) + 1),
08            new Map<string, number>()
09          )
10
```

```
11        Array.from(requestIds.keys()).forEach((id) => {
12          requestList.push(getProduct(id));
13        })
14        Promise.all(requestList)
15          .then((responseList) => {
16            const cartsData: CartType[] = responseList.map((response) => ({
17              ...response.data.product,
18              count: requestIds.get(response.data.product.id)
19            }));
20            setCarts(cartsData);
21          })
22      }
23    }, [productIds]);
```

이제 Axios 코드를 모두 옮겼습니다. 수정했다면 기존 코드에서는 문제가 없는지 확인해주세요.

7.6 useAsync 함수 만들기

기존에는 비동기 요청을 아래와 같이 구현했습니다. loading의 상태를 직접 구현하여 이 비동기가 처리 중인지 아닌지를 판별하는 방식이었습니다.

```
const [products, setProducts] = useProductContext();
const [loading, setLoading] = useState(false);

useEffect(() => {
  setLoading(true);

  fetch("/product")
    .then((response) => response.json())
    .then((data) => {
      setProducts(data.products);
    }).finally(() => {
      setLoading(false);
    })
}, [setProducts]);

if (loading) return <Loading />;
```

하지만 다음처럼 useAsync를 사용하여 구현하면 직접 loading 상태를 구현하지 않고 간단하게 비동기 요청 기능을 구현할 수 있게 됩니다.

```
const { loading, data } = useAsync<ProductType[]>(getProducts);
if (loading) return <Loading />;
…
```

어떻게 이게 가능한 걸까요? 그 비결은 useAsync 훅을 직접 구현하면서 알아보겠습니다. 먼저 useAsync 훅의 완성본을 보겠습니다. 이해하지 못해도 괜찮습니다. 오히려 아래 코드는 쭉 훑어보기만 하고 넘어가주세요. 나중에 하나하나 살펴보겠습니다.

src 〉 hooks 폴더 안에 useAsync.ts 파일을 만들어주세요.

```ts
01 // useAsync.ts
02 import { useEffect, useReducer } from "react";
03
04 type StateType<TData> = {
05   loading: boolean;
06   data: null | TData;
07   error: null | any;
08 };
09
10 type ActionType = Partial<{
11   payload: any;
12   error: any;
13   type: string;
14 }>;
15
16 function reducerFunction<TData>(state: StateType<TData>, action: ActionType) {
17   switch (action.type) {
18     case 'LOADING':
19       return {
20         loading: true,
21         data: null,
22         error: null
23       };
24     case 'SUCCESS':
25       return {
26         loading: false,
27         data: action.payload,
28         error: null
29       };
30     case 'ERROR':
31       return {
32         loading: false,
33         data: null,
34         error: action.error
35       };
36     default:
37       throw new Error('Unhandled action type: ${action.type}');
38   }
39 }
40
```

```
41  const useAsync = <TData = any, TError = any>
    (callback: () => Promise<TData>) => {
42    const [state, dispatch] = useReducer(reducerFunction, {
43      loading: false,
44      data: null,
45      error: null
46    });
47
48    const fetchData = async () => {
49      dispatch({ type: 'LOADING' });
50      try {
51        const data = await callback();
52        dispatch({ type: 'SUCCESS', payload: data });
53      } catch (error) {
54        dispatch({ type: 'ERROR', error });
55      }
56    };
57
58    useEffect(() => {
59      fetchData();
60    }, []);
61
62    return {
63      data: state.data as TData,
64      error: state.error as TError,
65      loading: state.loading,
66      request: fetchData
67    };
68  };
69
70  export default useAsync;
```

위 코드는 useAsync의 내부 구현체입니다. 조금은 낯선 코드를 볼 수 있습니다. useReducer라는 훅을 사용했기 때문입니다. useReducer는 도대체 뭘까요? Array 인스턴스의 메서드인 Array. prototype.reducer()와는 또 다른 걸까요?

useReducer는 리액트에서 상태를 관리하기 위한 방법 중 하나입니다. useState를 사용해서 상태를 관리하는 방법도 있습니다. 하지만 useAsync 함수를 굳이 useReducer로 사용하는 이유는 **상태 업데 이트 로직을 컴포넌트에서 분리**시킬 수 있다는 장점이 있기 때문입니다.

useReducer가 정확히 어떤 동작을 하는지 살펴보겠습니다.

상태의 흐름을 이해하는 데는 counter 예제가 적절합니다. [+] 버튼을 누르면 number가 1 증가하고 [−] 버튼을 누르면 number가 1 감소하는 로직을 작성하면서 설명하겠습니다.

먼저 useState로 구현한 counter의 예시입니다(예시 코드이므로 따라할 필요는 없습니다).

```
const Counter = () => {
 const [number, setNumber] = useState(0);

 const increase = () => setNumber((number) => number + 1);
 const decrease = () => setNumber((number) => number - 1);
  return (
   <>
     <span>{number}</span>
      <button onClick={increase}>+</button>
      <button onClick={decrease}>-</button>
   </>
 );
}

export default Counter;
```

Counter 컴포넌트를 만들었는데 useState 함수로 counter라는 이름의 상태를 선언했습니다. 그리고 그 값을 0으로 초기화했습니다. increase라는 함수는 State Setter 함수를 통해서 이전 number 값을 기반으로 number + 1을 해주고, decrease는 그와 반대의 동작을 수행합니다.

여기까지는 우리가 지금까지 다뤄온 내용과 동일합니다. 그럼 위 Counter 컴포넌트를 useReducer를 사용해서 구현하겠습니다.

```
function reducer(state, action) {
  switch (action.type) {
    case "INCREASE":
      return state + 1;
    case "DECREASE":
      return state - 1;
    default:
      throw Error('Unhandled State');
  }
}
```

```
const Counter = () => {
 const [number, dispatch] = useReducer(reducer, 0);

 const increase = () => dispatch({ type: "INCREASE" });
 const decrease = () => dispatch({ type: "DECREASE" });
  return (
   <>
     <span>{number}</span>
      <button onClick={increase}>+</button>
     <button onClick={decrease}>-</button>
   </>
 );
}

export default Counter;
```

useReducer로 상태를 선언하기 위해서는 reducer라는 함수를 전달해줘야 합니다. 처음에는 reducer 함수의 역할과 개념에 대해서 헷갈릴 수 있는데 쉽게 설명해서 reducer는 상태를 발생한 액션의 타입에 따라서 새로 바뀔 상태를 반환해주는 함수입니다.

좀 더 풀어보면, reducer는 **상태(number)를 발생한(dispatch) 액션의 타입(action 객체)**에 따라서 새로 바뀔 상태를 반환해주는 함수입니다.

사실 말로는 잘 이해가 안 될 수도 있습니다. 이럴 때 그림을 보면 이해가 좀 더 쉽습니다.

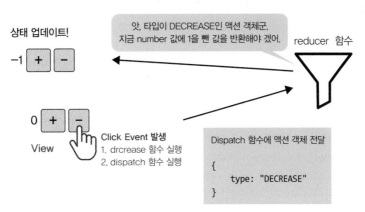

[그림 7-11] useReducer 동작 원리

이 그림의 내용을 통해서 다시 설명하겠습니다.

1. View에서 사용자의 행동(이벤트)으로 인해 decrease 함수가 실행됩니다.
2. decrease 함수는 dispatch 함수를 실행합니다. 그 dispatch 함수에 매개변수로 { type: "DECREASE" } 형식의 객체를 전달했습니다.
3. 그렇게 전달받은 객체는 reducer 함수에 의해 감지되고 해당 action 객체의 타입별로 다음에 어떤 상태로 업데이트할지 결정하게 됩니다.
4. 최종적으로 number 상태가 업데이트됩니다.

이 useReducer의 동작 원리는 중요합니다. 그래서 재차 강조하는 것입니다. 추후에 redux 같은 상태 관리 라이브러리를 사용할 때도 이 개념이 사용되므로 꼭 숙지하기 바랍니다.

그런데 왜 굳이 액션을 객체 형식으로 넘겨주는 걸까요? 우리가 요구하는 것은 타입만 필요하므로 아래와 같이 구현해도 정상적으로 동작하긴 합니다.

```
function reducer(state, action) {
 switch (action) {
   case "INCREASE":
     return state + 1;
   case "DECREASE":
     return state - 1;
   default:
     throw Error('Unhandled State');
 }
}

const Counter = () => {
 const [number, dispatch] = useReducer(reducer, 0);

 const increase = () => dispatch("INCREASE");
 const decrease = () => dispatch("DECREASE");
  return (
   <>
     <span>{number}</span>
      <button onClick={increase}>+</button>
      <button onClick={decrease}>-</button>
   </>
 );
}
```

그러면 액션의 타입으로 객체를 사용하는 이유는 무엇일까요? 바로 확장성 때문입니다. 우리는 지금 특정 값에 대해서 고정적인 업데이트를 수행하고 있는데, 만약 증가되는 값이 유동적으로 변경되게 하려면 어떻게 하면 될까요? 다시 말해서 "N만큼 증가하고 N만큼 감소하는" 기능을 구현하려면 어떻게 할까요?

이 기능을 구현하려면 아래처럼 action 객체를 사용하면 됩니다.

[함께 살펴봐요 7-2] 확장성을 위한 action 객체 사용

```
01  function reducer(state, action) {
02    switch (action.type) {
03      case "INCREASE":
04        return {
05          ...state,
06          number: state.number + state.step
07        };
08      case "DECREASE":
09        return {
10          ...state,
11          number: state.number - state.step
12        };
13      case "STEP_CHANGE":
14        return {
15          ...state,
16          step: action.payload
17        };
18      default:
19        throw Error('Unhandled State');
20    }
21  }
22
23
24  const Counter = () => {
25    const [state, dispatch] = useReducer(reducer, {
26        number: 0,
27        step: 1
28    });
29
```

```
30    const increase = () => dispatch({ type: "INCREASE" });
31    const decrease = () => dispatch({ type: "DECREASE" });
32    const stepChange = (event) =>
      dispatch({ type: "STEP_CHANGE", payload: parseInt(event.target.value) });
33     return (
34      <>
35        <span>{state.number}</span>
36         <button onClick={increase}>+</button>
37        <button onClick={decrease}>-</button>
38
39        <input
40          type="number"
41          value={state.step}
42          onChange={stepChange}
43        />
44      </>
45    );
46  }
```

코드가 굉장히 길어졌습니다. 하지만 앞서 간단한 counter에서 조금 응용한 버전이니 크게 어렵지 않습니다. 개념 자체는 동일하기 때문입니다.

이 코드에서 집중적으로 봐야 하는 부분은 reducer 함수입니다. STEP_CHANGE라는 이벤트가 추가되었습니다. "N만큼 증가하고 N만큼 감소하는"에서 Step이 N의 역할을 하는 겁니다. 그러면 Step이라는 상태가 추가되었으니 초기 상태를 기존에는 number에 대해서만 지정해서 다음과 같이 한 것입니다.

```
useReducer(reducer, 0);
```

이젠 number, step 두 가지 상태에 대해서 다뤄야 해서 다음처럼 작성했습니다.

```
useReducer(reducer, {
    number: 0,
    step: 1
})
```

원래 우리가 간단하게 counter를 구현했을 때는 number에 1을 더한 값/뺀 값을 반환했습니다. reducer에서 반환하는 값은 다음에 업데이트될 상태가 되기 때문입니다.

```
    case "DECREASE":
      return {
        ...state,
        number: state.number - state.step
      };
```

그런데 위와 같은 코드는 이해하기 어렵습니다. ...state는 왜 하는 것일까요? 이유는 간단합니다. 다시 얘기하지만 reducer에서 반환하는 값은 다음 업데이트될 상태의 값이라고 했습니다. 그러면 "업데이트될 number에 대해서만 명시하면 되는거 아닌가?"라고 생각할 수도 있습니다. 아래와 같이 말입니다.

```
    case "DECREASE":
      return state.number - state.step
```

그런데 이는 잘못된 사고입니다. 위 코드는 이렇게 동작하게 됩니다.

[표 7-1] 코드의 전과 후

원래 상태	다음에 변경될 상태

{
    number: 0,
    step: 1
}
	-1

초깃값으로 number와 step을 선언했고 다음처럼 작성하게 된 코드는 기존에 선언한 형태의 객체를 유지하면서 반환하는 것이 아니라 숫자형 데이터 자체를 반환함으로써 예기치 못한 업데이트가 진행됩니다. 그래서 ...state와 같이 기존 상태 객체를 복사한 다음에 업데이트를 진행해야 합니다.

```
    case "DECREASE":
      return state.number - state.step
```

당연한 얘기지만, 이 부분에서 실수를 많이 하고, reducer 함수로 상태 업데이트를 하는데, 예기치 못하게 동작한다면 해당 부분을 확인해보면 큰 도움이 될 겁니다.

이 동작이 이해가 되었다면 useAsync 훅을 다시 한 번 살펴보겠습니다.

```ts
01  // useAsync.ts
02  import { useEffect, useReducer } from "react";
03
04  type StateType<TData> = {
05    loading: boolean;
06    data: null | TData;
07    error: null | any;
08  };
09
10  type ActionType = Partial<{
11    payload: any;
12    error: any;
13    type: string;
14  }>;
15
16  function reducerFunction<TData>(state: StateType<TData>, action: ActionType) {
17    switch (action.type) {
18      case 'LOADING':
19        return {
20          loading: true,
21          data: null,
22          error: null
23        };
24      case 'SUCCESS':
25        return {
26          loading: false,
27          data: action.payload,
28          error: null
29        };
30      case 'ERROR':
31        return {
32          loading: false,
33          data: null,
34          error: action.error
35        };
36      default:
37        throw new Error('Unhandled action type: ${action.type}');
38    }
39  }
40
```

```
41  const useAsync = <TData = any, TError = any>(callback: () => Promise<TData>) => {
42    const [state, dispatch] = useReducer(reducerFunction, {
43      loading: false,
44      data: null,
45      error: null
46    });
47
48    const fetchData = async () => {
49      dispatch({ type: 'LOADING' });
50      try {
51        const data = await callback();
52        dispatch({ type: 'SUCCESS', payload: data });
53      } catch (error) {
54        dispatch({ type: 'ERROR', error });
55      }
56    };
57
58    useEffect(() => {
59      fetchData();
60    }, []);
61
62    return {
63      data: state.data as TData,
64      error: state.error as TError,
65      loading: state.loading,
66      request: fetchData
67    };
68  };
69
70  export default useAsync;
```

먼저 useReducer 선언부를 보겠습니다.

```
42  const [state, dispatch] = useReducer(reducerFunction, {
43    loading: false,
44    data: null,
45    error: null
46  });
```

이 코드를 통해 loading, data, error 이 세 가지 상태를 객체로 묶어서 초기 상태로 선언했다는 것을 알 수 있습니다. 그러면 reducer 함수가 어떻게 동작하는지 확인해봐야 합니다.

```
16  function reducerFunction<TData>(state: StateType<TData>, action: ActionType) {
17    switch (action.type) {
18      case 'LOADING':
19        return {
20          loading: true,
21          data: null,
22          error: null
23        };
24      case 'SUCCESS':
25        return {
26          loading: false,
27          data: action.payload,
28          error: null
29        };
30      case 'ERROR':
31        return {
32          loading: false,
33          data: null,
34          error: action.error
35        };
36      default:
37        throw new Error('Unhandled action type: ${action.type}');
38    }
```

LOADING 액션 타입이 핸들링되면 loading을 true로, data, error는 null 값으로 유지해줍니다.

SUCCESS 액션 타입이 핸들링되면 loading은 완료되었으니 true로, data에는 payload로 전달된 값을 할당해주고 error는 발생하지 않았으니 null로 유지합니다.

ERROR 액션 타입이 핸들링되면 loading은 false, data도 없으니 null, error는 action 객체에 전달된 error 값을 그대로 할당해줍니다. 그 외의 액션 타입이 핸들링되는 경우에는 사용자가 dispatch 단계에서 잘못 전달해준 것이니 Error를 throw하는 것입니다.

이렇게 useReducer의 핵심인 reducer 함수도 살펴봤고, 다음은 fetchData 함수를 살펴볼 차례입니다.

```
48    const fetchData = async () => {
49      dispatch({ type: 'LOADING' });
50      try {
51        const data = await callback();
52        dispatch({ type: 'SUCCESS', payload: data });
53      } catch (error) {
54        dispatch({ type: 'ERROR', error });
55      }
56    };
```

이 함수는 기본적으로 데이터를 불러옵니다. 우리가 기존에 데이터를 불러올 때 작성했던 로직은 어떻게 작성했는지 기억하나요?

```
useEffect(() => {
  setLoading(true);

  fetch("/product")
    .then((response) => response.json())
    .then((data) => {
      setProducts(data.products);
    }).finally(() => {
      setLoading(false);
    })
}, [setProducts]);
```

이렇게 loading 상태를 할당했습니다. 그러므로 fetchData 함수의 로직은 기본적으로 동일합니다. 추가로 fetchData는 erorr 상태까지 핸들링을 해주고 있습니다.

fetchData에서는 async/await 문법을 사용하고 있습니다. .then을 사용해서 비동기 데이터를 처리하는 방법과 async/await은 어떤 차이점이 있을까요? 결론부터 얘기하면 동작 자체는 동일합니다. async/await은 그저 Promise를 좀 더 쉽게 사용하기 위한 문법 설탕(Syntax Sugar)이기 때문입니다.

여기서 잠깐

문법 설탕

읽는 사람 또는 작성하는 사람에게 편하게 디자인된 문법이라는 뜻입니다.

async가 붙은 함수는 반드시 promise를 반환합니다. await의 뜻은 무엇일까요? 직역하면 "기다리다"라는 의미가 있습니다.

```
await callback();
```

따라서 위 코드는 callback 함수의 Promise 상태가 완료될 때까지 기다리라는 의미입니다. 그러면 아래 data에 할당되는 값은 .then에 전달됐던 response가 그대로 할당됩니다.

```
const data = await callback();
```

그럼 .catch는 어떻게 구현할 수 있을까요? try~catch문으로 오류를 핸들링할 수 있습니다. catch문에서는 error 객체가 전달되는데, 그 error 객체를 dispatch 함수를 통해 reducer 함수에 전달해서 error 핸들링을 합니다.

> **여기서 잠깐**
>
> async/await
>
> 아래 링크를 참조하면 async/await에 대해서 좀 더 많고 유익한 내용을 자세히 다룹니다.
>
> • https://ko.javascript.info/async-await
>
> 추후에 여러분이 흥미가 생기고 여유가 있다면 우리가 만들고 있는 shopping_app도 비동기 함수들을 async/await으로 마이그레이션하는 작업도 해보면 좋겠습니다.

이제 useAsync 훅의 동작 원리도 이해했으니 기존 레거시 코드들을 useAsync로 옮기는 작업을 하나하나 하겠습니다.

먼저 ProductList.tsx를 아래와 같이 수정합니다.

 [함께 해봐요 7-23] 기존의 레거시 코드를 useAsync로 적용하기(ProductList.tsx 수정)

```
01  // ProductList.tsx
02  import { CircularProgress, Grid } from "@mui/material";
03  import { ProductItem } from ".";
04  import useAsync from "../../hooks/useAsync";
05  import { NotFoundPage } from "../../pages";
06  import { getProducts } from "../../utils/api";
07
```

```
08  const ProductList = () => {
09    const {
10      loading,
11      data
12    } = useAsync(getProducts);
13
14    if (loading) return <CircularProgress />;
15    if (!data) return <NotFoundPage />;
16
17    return (
18      <Grid container spacing={3}>
19        {data.data.products.map((product) => (
20          <ProductItem
21            key={product.id}
22            product={product}
23          />
24        ))}
25      </Grid>
26    );
27  };
28
29  export default ProductList;
```

기존 코드와 비교해서 정말 간단하게 변경된 모습을 확인할 수 있습니다. 계속 진행하겠습니다.

ProductPage.tsx에 useAsync를 도입하려고 하는데, 한 가지 문제점이 있습니다. 상품의 데이터를 가져오는 부분은 useAsync를 도입하면 되지만, 수정/삭제는 useAsync를 사용하게 되면 문제가 발생합니다. 컴포넌트가 렌더링되자마자 useEffect가 실행되면서 수정/삭제가 발생하기 때문입니다.

이 부분을 해결할 수 있는 방법에는 두 가지가 있습니다.

- useAsyncRequest라는 useEffect를 뺀 새로운 훅을 만들어서 구현합니다.
- **기존에 useAsync 훅에 flag를 추가해서 조건부로 처리합니다.**

취향 차이겠지만 우리는 두 번째 방법을 사용하겠습니다. useAsync에 두 번째 인자값으로 options를 받고 설정한 옵션에 따라 동작을 다르게 한다는 의미입니다.

```ts
01  // useAsync.ts
02  ...
03
04  type Options = {
05    initialRequest?: boolean;
06  }
07
08  const INTIAL_OPTIONS: Options = {
09    initialRequest: true
10  }
11
12  ...
13
14  const useAsync =
    <TData = any, TError = any>(callback: () =>
    Promise<TData>, options = INTIAL_OPTIONS) => {
15    ...
16
17    useEffect(() => {
18      if (options.initialRequest) {
19        fetchData();
20      }
21    }, [options.initialRequest]);
22
23    return {
24      data: state.data as TData,
25      error: state.error as TError,
26      loading: state.loading,
27      request: fetchData
28    };
29  };
30
31  export default useAsync;
```

먼저 Options라는 타입을 지정합니다. 두 번째 매개변수로 전달해줄 옵션 객체에 대한 타입이고, initialRequest라는 값을 기반으로 true면 초기에 요청하고, false면 초기 요청하지 않는 식으로 동작하는 것입니다.

INITIAL_OPTIONS라는 상숫값을 선언해서 이 훅의 기본 옵션값을 지정해주었습니다. 그리고 options = INTIIAL_OPTIONS로 기본 할당을 했습니다.

다음으로 봐야 하는 부분은 useEffect입니다. options.initialRequest 값을 기반으로 조건부 처리를 해주고 있습니다.

이제 ProductPage.tsx를 useAsync 혹으로 구현하겠습니다.

 [함께 해봐요 7-25] 상품 페이지에 useAsync 적용하기

```
01  // ProductPage.tsx
02  import { Box, Button, ButtonGroup, CircularProgress, Container, Dialog,
    DialogActions, DialogContent, DialogContentText, DialogTitle, Typography }
    from "@mui/material";
03  import { useState } from "react";
04  import { useNavigate, useParams } from "react-router-dom";
05
06  import Edit from '@mui/icons-material/Edit';
07  import Delete from '@mui/icons-material/Delete';
08  import { useCart } from "../hooks";
09  import { deleteProduct, getProduct } from "../utils/api";
10  import useAsync from "../hooks/useAsync";
11  import { NotFoundPage } from ".";
12
13
14  const ProductPage = () => {
15    const navigate = useNavigate();
16    const { productId } = useParams<{ productId: string }>();
17    const { addCarts } = useCart();
18
19    const {
20      loading: getProductLoading,
21      data
22    } = useAsync(() => getProduct(productId!));
23
24    const {
25      request: deleteProductRequest,
26      loading: deleteProductLoading
27    } = useAsync(() => deleteProduct(productId!), {
28      initialRequest: false
29    });
30
31    const [isModalOpen, setIsModalOpen] = useState(false);
32    const [isDeleteModal, setIsDeleteModal] = useState(false);
33
```

```
34    const handleAddCard = () => {
35      if (product) {
36        addCarts(product.id);
37        setIsModalOpen(true);
38      }
39    };
40
41    const handlePushPurchasePage = () => {
42        if (productId) {
43            navigate('/purchase/${productId}')
44        }
45    }
46
47    const handlePushHomePage = () => {
48        navigate('/')
49    }
50
51    const handlePushCartPage = () => {
52        navigate('/cart')
53    }
54
55    const handleDeleteProduct = async () => {
56      setIsDeleteModal(false)
57      await deleteProductRequest();
58      handlePushHomePage();
59    }
60
61    if (!productId || !data) return <NotFoundPage />
62    if (getProductLoading || deleteProductLoading) return <CircularProgress />
63
64    const product = data.data.product;
65
66    return (
67      <>
68          ...
69      </>
70    )
71  };
72
73  export default ProductPage;
```

코드를 보면서 사용법에 관한 설명을 더하겠습니다. 앞서 ProductList에서 getProducts를 호출했을 때는 useAsync(getProducts)의 형식으로 사용할 수 있었습니다. 매개변수로 아무 값을 전달하지 않아도 되기 때문이었습니다.

그런데 API 함수에 매개변수가 요구된다면 어떤 방식으로 구현할 수 있을까요?

```
useAsync(deleteProduct)
```

이렇게 하면 id를 전달하지 못해서 타입스크립트 오류가 발생합니다. 그러면 곤란하기 때문에 아래와 같은 형식으로 작성하면 됩니다.

"useAsync(()를 deleteProduct(id))로 변경한다."

원리를 설명하자면, deleteProduct는 함수입니다. () => { ~~~ }의 형태도 함수입니다. 따라서 useAsync 입장에서는 deleteProduct든, () => deleteProduct(id)든 콜백으로 바라봅니다. 그래서 뭐가 됐든 실행을 하는 것입니다.

그럼 deleteProduct를 실행하면 어떻게 될까요? 예상할 수 있듯 상품 삭제 관련 로직이 실행됩니다. () => deleteProduct(id)를 실행해도 마찬가지입니다. 이 함수도 deleteProduct를 실행합니다. 결국 매개변수를 전달했느냐 하지 않았느냐의 차이만 있을 뿐입니다. 추가로 useAsync(deleteProduct)와 useAsync(() => deleteProduct())는 동일합니다.

그래서 이런 방식으로 매개변수에 데이터를 전달했고, request 값을 가져와서 [삭제] 버튼을 누르면 handleDelete 핸들러가 실행되고 내부에 request 함수를 실행하게 되는 것입니다. await으로 동작을 "기다린" 후 완료되면 setProducts를 통해서 상품의 값들을 변경합니다.

그리고 useAsync로 묶어서 loading 상태도 표현할 수 있으니 작업이 수행 중이면 아래와 같이 Loading 컴포넌트가 렌더링되도록 구현하면 좋습니다.

```
if (getProductLoading || deleteProductLoading) return <CircularProgress />
```

또한 데이터가 없을 때나 productId가 없을때 NotFoundPage를 렌더링하는 로직도 추가해주세요.

```
if (!productId || !data) return <NotFoundPage />
```

계속 작업을 진행하겠습니다. 이번에는 ProductCreateForm.tsx입니다. 이 작업을 하려면 바로 섬네일을 업로드하는 부분을 조금 생각해봐야 합니다. 섬네일을 업로드하기 위해서는 상품의 ID, Thumbnail의 정보가 필요하기 때문입니다.

섬네일 업로드 방식을 다시 한 번 살펴보면 "**상품 생성 → 서버 응답값으로 상품 ID 제공 → 해당 ID를 기반으로 thumbnail 업로드**" 순입니다. 즉, 아래와 같이 여러 매개변수를 전달하는 로직을 작성할 수 없다는 의미입니다.

```
const { request: thumbnailUpload } = useAsync(()
=> modifyThumbnail(productId, thumbnail), {
  initialRequest: false
});
```

그러면 어떻게 하면 될까요? 바로 request 함수 호출 단계에서 값을 전달하면 됩니다. useAsync 훅을 아래와 같이 수정해주세요.

[함께 해봐요 7-26] 섬네일 업로드를 위해 useAsync 수정하기

```ts
01  // useAsync.ts
02  import { useEffect, useReducer } from "react";
03
04  type StateType<TData> = {
05   loading: boolean;
06   data: null | TData;
07   error: null | any;
08  }
09
10  type ActionType = Partial<{
11   payload: any;
12   error: any;
13   type: string;
14  }>;
15
16  type Options = {
17   initialRequest?: boolean;
18  }
19  const INTIAL_OPTIONS: Options = {
20   initialRequest: true
21  }
22
23  function reducerFunction<TData>(state: StateType<TData>, action: ActionType) {
24   switch (action.type) {
25     case 'LOADING':
26       return {
27         loading: true,
```

```
28        data: null,
29        error: null
30      };
31    case 'SUCCESS':
32      return {
33        loading: false,
34        data: action.payload,
35        error: null
36      };
37    case 'ERROR':
38      return {
39        loading: false,
40        data: null,
41        error: action.error
42      };
43    default:
44      throw new Error('Unhandled action type: ${action.type}');
45  }
46 }
47
48 const useAsync =
   <TData = any, TError = any>(callback: (...args: any[]) =>
   Promise<TData>, options = INTIAL_OPTIONS) => {
49  const [state, dispatch] = useReducer(reducerFunction, {
50      loading: false,
51      data: null,
52      error: false
53  });
54
55  const fetchData = async (...args: any) => {
56      dispatch({ type: 'LOADING' });
57      try {
58        const data = await callback(...args);
59        dispatch({ type: 'SUCCESS', payload: data });
60        return data;
61      } catch (error) {
62        dispatch({ type: 'ERROR', error });
63        throw error;
64      }
65  };
66
```

```
67  useEffect(() => {
68    if (options.initialRequest) {
69      fetchData();
70    }
71  // eslint-disable-next-line
72  }, [options.initialRequest]);
73
74  return {
75    data: state.data as TData,
76    error: state.error as TError,
77    loading: state.loading,
78    request: fetchData
79  };
80  }
81
82  export default useAsync;
```

이렇게 되면 useAsync에 request 함수에 매개변수를 전달할 수 있게 됩니다. useAsync의 단점을
보완했으니 ProductCreateForm을 아래와 같이 수정하겠습니다.

[함께 해봐요 7-27] ProductCreateForm 수정하기

```
01  // ProductCreateForm.tsx
02  import { Button, Container, Dialog, DialogActions, DialogContent,
    DialogContentText, DialogTitle, TextField, Typography }
    from "@mui/material";
03  import { useState } from "react";
04  import { useNavigate } from "react-router-dom";
05  import { ThumbnailUploader } from ".";
06  import useAsync from "../../hooks/useAsync";
07  import { createProduct, modifyThumbnail } from "../../utils/api";
08
09  const ProductCreateForm = () => {
10    …
11    const { request: createProductRequest } = useAsync(createProduct, {
12      initialRequest: false
13    });
14
```

400

```
15   const { request: thumbnailUploadRequest } = useAsync(modifyThumbnail, {
16     initialRequest: false
17   });
18
19   ...
20
21   const handleCreateProduct = async (event: React.FormEvent) => {
22     event.preventDefault();
23
24     const createProductResponse = await createProductRequest({
25       name,
26       explanation,
27       price,
28     })
29
30     if (thumbnail) {
31       await thumbnailUploadRequest
   (createProductResponse.data.product.id, thumbnail);
32     }
33
34     setCreatedProductId(createProductResponse.data.product.id);
35     setIsModalOpen(true);
36   };
37
38   return (
39     <>
40       ...
41     </>
42   );
43 };
44
45 export default ProductCreateForm;
```

동작하는 로직 자체는 기존과 동일하지만 async/await 문법으로 변경했다는 점에서 조금 차이가 있습니다. 마지막으로 PurchasePage.tsx를 수정하면 됩니다.

```tsx
01  // PurchasePage.tsx
02  import { useParams } from 'react-router-dom';
03
04  import { Card, CardContent, CardMedia, CircularProgress, Container, 그리드,
    Typography } from "@mui/material";
05  import { PurchaseForm } from '../components/purchase';
06
07  import { getProduct } from '../utils/api';
08  import useAsync from '../hooks/useAsync';
09  import { NotFoundPage } from '.';
10
11
12  type ParamsType = {
13    productId: string;
14  }
15
16  const PurchasePage = () => {
17    const { productId } = useParams<ParamsType>();
18    const { data, loading } = useAsync(() => getProduct(productId!));
19
20    if (loading) return <CircularProgress />
21    if (!data) return <NotFoundPage />;
22
23   const product = data.data.product;
24    return (
25     ...
26    )
27  }
28
29  export default PurchasePage;
```

이제 모든 API 요청 함수들을 useAsync라는 훅으로 마이그레이션하는 작업을 완료했습니다.

7.7 concurrently로 클라이언트와 서버를 동시에 실행하기

'1.6 완성본 프로젝트 살펴보기' 절에서 yarn run:both를 명령어를 사용하여 클라이언트와 서버를 동시에 실행하는 것을 미리 경험했습니다. 어떤 방식으로 실행되는지 1.6절의 설명을 기반으로 같이 구현해보면서 알아보겠습니다.

먼저, 터미널에서 루트 디렉터리에 접근합니다. client와 server 상위 디렉터리로 이동하면 됩니다. 그리고 루트 디렉터리에서 yarn init이라는 명령어를 사용하여 의존성 초기 설정을 합니다. 그러면 초기 설정을 하려고 다양한 질문을 할텐데, 아래와 같이 작성하면 됩니다. 해당이 없는 질문에 대해서는 〈Enter〉만 눌러주세요. 이 경우에는 기본값으로 설정됩니다(이조차 귀찮은 분들은 자동으로 설정해주는 옵션인 yarn init -y를 사용하세요).

```
question name : shopping_app_example
question version (1.0.0):
question description: 쇼핑몰 앱의 루트 디렉토리
question entry point (index.js):
question repository url (https://github.com/Hong-JunHyeok/shopping_app_
example.git):
question author (Hong-JunHyeok <edb1631@naver.com>):
question license (MIT):
question private:
success Saved package.json
Done in 129.01s.
```

완료되었다면 루트 디렉터리가 아래와 같이 설정되어야 합니다. package.json이 새로 생겼네요.

[그림 7-12] 새로 생긴 package.json 파일

이제 package.json을 수정해야 합니다. 아래와 같이 수정해주세요.

```json
// package.json
{
    ... // 여러분이 설정한 기본 값
    "devDependencies": {
      "concurrently": "^8.0.1"
    },
    "scripts": {
      "run:client": "cd client && yarn install && yarn start",
      "run:server": "cd server && yarn install && yarn start",
      "run:both": "yarn install && concurrently \"yarn run:server\" \"yarn run:client\""
    }
}
```

dependencies와 devDependencies는 여러분의 프로젝트에 어떤 모듈을 사용했는지 명시하기 위한 목적으로 사용했다고 했습니다. devDependencies는 개발에 필요한 목적으로 모듈을 기록하는 곳입니다.

우리는 concurrently라는 모듈을 사용할 겁니다. 이는 동시에 명령어를 실행할 수 있게 해주는 모듈입니다. 즉, client 실행 명령어와 server 실행 명령어를 동시에 실행하고 싶을 때 사용할 수 있습니다.

그래서 run:client에서는 클라이언트 실행 관련 명령어, run:server에서는 서버 실행 관련 명령어를 작성했습니다.

복습하자면 run:client 명령어가 실행되는 절차는 아래와 같다고 했습니다.

1. cd client // 클라이언트 폴더로 이동한 다음
2. yarn install // 패키지들을 설치한 다음
3. yarn start // 실행해 줘

명령어들 사이의 &&는 순차적으로 실행하라는 뜻입니다. run:server도 이와 마찬가지입니다. 그러면 run:client와 run:server를 동시에 실행하기 위해서 concurrently를 사용한 것입니다.

concurrently의 기본적인 사용 방식은 아래와 같습니다.

```
concurrently  "실행할 명령어 1"  "실행할 명령어 2"
```

이제 구현이 되었으면 루트 디렉터리에서 다음 명령어를 입력해보세요.

```
yarn run:both
```

그리고 package를 설치해서 node_modules가 생겼는데 이를 깃허브에 그대로 올리면 용량이 커지니
루트 디렉터리에 .gitignore 파일을 생성해서 아래와 같이 입력해주세요.

```
// .gitignore
node_modules
```

이제 최종적인 파일의 구조는 다음처럼 되었습니다.

[그림 7-13] 최종 파일 구조

이해가 가지 않는다면 1.6절을 다시 한 번 살펴보기를 추천합니다. 추가 설명이 필요하면 백문불여일
타 카페에 문의해주세요.

지금까지 작성된 코드, 즉 최종 코드는 아래 URL에서 확인할 수 있습니다. 따라하면서 잘 되지 않는
부분이나 이상한 부분은 최종 코드를 확인하면서 수정하기를 바랍니다.

- https://github.com/Hong-JunHyeok/shopping_app_example

정리하며

이 장을 끝으로 리액트로 쇼핑앱을 만들어보는 미션을 마쳤습니다. 6장에서 react-cookie로 구현한 로직을 useCart라는 커스텀 훅을 만들어서 좀 더 사용하기 편하게 수정했습니다. 그리고 쿠키를 사용하면서 생기는 용량 관련 문제가 있었는데 이를 해결하기 위해 상품 장바구니의 정보를 ID 기반으로 데이터를 저장하고 각 ID를 순회하여 데이터를 API에서 불러오는 식으로 문제를 해결했습니다.

그리고 ID가 중복되는 문제가 있었는데 새로운 자료구조인 Map을 이용하여 쿠키의 저장구조를 변경했습니다.

또한 HTTP 요청하는 부분을 Axios라는 외부 라이브러리를 사용하여 좀 더 직관적인 비동기 처리를 할 수 있게 되었습니다. 그리고 API 요청하는 부분이 많아짐에 따라서 복잡해지는 상태를 useAsync 훅을 직접 만들어서 해결했습니다.

유연한 사고를 하는 개발자가 되기를 바랍니다

프런트엔드라고 생각하면 단순히 자바스크립트나 HTML 또는 CSS 정도만 잘 알면 된다고 생각하는 분이 많을 겁니다. 하지만 프런트엔드 또한 백엔드와 지속적으로 소통하고 백엔드가 처리한 데이터를 프런트엔드 단에서 사용자에게 어떻게 보여줄 것인가에 따라서 백엔드의 부하를 줄여줄 수도 있고 사용자의 경험이 좋아질 수 있습니다.

마지막으로 리액트는 프런트엔드를 표현하는 하나의 수단이라고 생각해주세요. 결국에 여러분은 프런트엔드 개발자지만 리액트에만 의존해서 프런트엔드를 개발하게 된다면 확장적이지 못한 개발자가 될 가능성이 있습니다. 예를 들어, 여러분이 리액트를 열심히 연마해서 웹사이트를 만들 수 있는 능력이 생겼다고 가정하겠습니다. 그리고 회사에 입사하여 프로젝트를 진행하는데, 리액트가 아니라 앵귤러를 이용하여 진행한다고 결정이 났습니다. 물론, 여러분이 제로베이스에서 프로젝트를 시작하는 단계에서 회사를 들어가는 입장에서는 리액트를 사용하자고 의견을 내 볼수는 있겠지만 프로그램이 이미 앵귤러 혹은 다른 기술로 깊고 복잡하게 구현되어 있다면 리액트를 사용하자고 할 수도 없는 노릇입니다.

그러므로 여러분이 집중적으로 봐야 하는 부분은 리액트가 아닙니다.

지금까지 리액트로 열심히 프로젝트를 만들어왔는데 그게 무슨 김빠지는 소리냐고 생각할 수도 있습니다. 하지만 그것이 현실입니다. 언제까지 리액트에서는 상태 관리를 이렇게 관리하는데 여기서는 다르게 한다고 투덜거릴 수만은 없으니까요. 상태 관리뿐만 아니라 다른 모든 부분도 마찬가지입니다.

실제로 필자도 리액트를 열심히 배우고 첫 회사에 입사했을 당시 사용했던 기술은 리액트가 아니라 웹 컴포넌트라는 다소 생소한 기술이엇습니다. 코어 자바스크립트에 익숙하지 않았던 저는 당시에 적응을 잘 하지 못했고 생산성도 떨어졌습니다. 그때부터 크게 느낀 것을 여러분께 말씀드리고 싶습니다. 여러분이 가장 중요하고 견고하게 다져야 하는 기술은 무엇일까요? 답은 멀리 있지 않습니다.

결국 코어를 견고하게 다지는 것이 중요하고, 코어란 바로 자바스크립트 그 자체입니다.

언어를 매우 잘 이해하고 자바스크립트 엔진의 동작 구조를 이해한다면 여러분은 어떠한 프레임워크/라이브러리를 만나도 유연하게 코드에 적응할 수 있는 능력이 생깁니다. 때에 따라, 상황에 따라 여러분에게 맞는 프레임워크, 라이브러리를 선택하여 유연한 사고를 하는 개발자가 되기를 바랍니다.

그리고 자바스크립트를 잘 연마했다면 모듈 번들러, 패키지 매니저 등의 동작 구조도 살펴보고 다른 사람들이 만든 모듈도 코드를 뜯어가면서 이해하는 시간을 가진다면 그 모든 코드들이 전부 본인의 것이 되어 있을 겁니다.

요즘 챗GPT 같은 대화형 AI가 매우 잘 발달되고 있습니다. 가끔은 AI가 발전함에 따라서 프런트엔드 시장이 점점 수요가 낮아지는 게 아닌가 하는 생각에 잠기곤 합니다. 저도 이런 고민에 깊게 빠진 적이 있는데요, 긴 시간 고민한 제가 낸 결론은 실제 상용화된 프로덕트는 아직 AI가 점령하기엔 멀었다는 것입니다.

복잡한 상태관리, 데이터가 많아짐에 따라서 어떤 식으로 구조를 효율적으로 관리할 것인가, 접속하는 사용자의 수가 많을 때 효율적으로 처리를 하는 방법 등 우리가 풀어나가야 할 숙제는 많습니다. 이는 AI가 관리하기에는 이릅니다. 프로젝트 전체 코드가 AI한테 맡기기에는 너무나 방대하고 복잡하기 때문입니다. 결국 이것을 해결하는 것은 여러분, 프런트엔드 개발자라고 생각합니다.

저는 AB180이라는 실시간으로 들어오는 많은 데이터를 관리하는 회사에서 근무한 경력이 있는데 처리해야 하는 데이터가 너무 많다보니 데이터 처리 속도가 느려지는 문제가 발생했습니다. 이러한 문제를 인지한 AB180은 회사 독자적인 데이터베이스를 구현하여 효율적인 구조로 데이터를 처리하여 이러한 문제를 해결했습니다. 이런 해결 방법은 AI한테 물어봐도 알 방법이 없겠죠?

결국 AI는 인간이 하나의 큰 프로젝트를 만들기 위한 수단으로써는 훌륭한 도구라고 생각합니다. 그러나 그 이상, 그 이하도 아니라고 생각됩니다.

긴 글을 마치며, 이 책에서는 작은 쇼핑몰 서비스를 예로 들었지만 결국 여러분이 만들 거의 모든 서비스는 앞선 장에서 설명한 CRUD 구조로 유사합니다. 거기에서 얼마나 고도화 되었는지의 차이지 큰 틀은 바뀌지 않습니다. 그러므로 이 기본 구조와 코어 자바스크립트를 잘 이해하고 있다면 거기서 얼마나 더 추가할 것인지는 여러분의 몫입니다.

지금까지 책을 잘 따라와 주어서 감사합니다. 클론 코딩은 여러분의 실력을 크게 늘려주지는 않습니다. 따라하며 쓴 코드를 이해하고 여러분만의 독자적인 프로젝트를 개발하여 여러분의 것으로 만들어 보는 것은 어떨까요?

지금까지 저자 홍준혁이었습니다. 감사합니다.

찾아보기